BİR DEMOKRASİ TARTIŞMASI
TÜRKİYE'DE KADINLARIN SİYASAL TEMSİLİ (1935-1999)
AYŞEGÜL YARAMAN

Bağlam Yayınları 139
İnceleme/Araştırma 85
ISBN 975-6947-21-7

Ayşegül Yaraman
Türkiye'de Kadınların Siyasal Temsili
© Ayşegül Yaraman
© Bağlam Yayınları
Birinci Basım: Kasım 1999
Kapak ve Sayfa Düzeni: Canan Suner
Baskı: Kardeşler Matbaası

BAĞLAM YAYINCILIK Ankara Cad. 13/1 34410 Cağaloğlu-İstanbul
Tel: (0212) 513 59 68

Can dostlarıma ve herzaman Su'ya

İÇİNDEKİLER

GİRİŞ

Kamusal yaşam-özel yaşam farklılaşmasının cinsiyetler arasındaki hiyerarşik işbölümüne kodlanışı biçiminde somutlanan ayrımcılığı temel alan söylem ve uygulamalar, kadın ile siyasal erkin bütünleşememesinin kaynaklandığı ana sorunsaldır.

Ataerkil düzenin cinsiyetçi işbölümü uyarınca kadın özel alanla ilişkilendirildiği için kamusal yaşama kadını içermeyen ve hatta kadına karşı değerler atfedilmiştir. Dünya genelinde yaklaşık iki yüzyıldır verilen savaşım, önemli bölümü 20. yüzyılın ilk yarısında gerçekleşen yasal değişikliklere neden olmuş, kadınların önündeki kamusal yaşama giriş engeli bu sayede kısıtlanmış, ancak zihniyet kalıpları, tutum ve davranışlar ise, henüz aynı yaygınlıkla dönüşmemiştir. Kadınların yasalarla güvenceye alınan seçme ve seçilme hakkını erkeklerle aynı oranda yaşama geçir(e)medikleri, kamusal alanın özellikle siyaset bileşeninde nicel açıdan kısıtlılıklarını, nitel açıdan yokluklarını sürdürdükleri gözlemlenmektedir.

Özellikle siyasal temsil açısından değerlendirildiğinde, 21. yüzyıl arefesinde herşeyden önce nicel bir eksiklik göze çarpmaktadır: Kadın meclis üyelerinin oranı İsveç'te %42.7, Danimarka'da %37.4, Finlandiya'da %37, Norveç'te %36.4, Hollanda'da %36, Almanya'da %30.9, Güney Afrika'da %29.5, Arjantin'de %27.6, Çin'de %21.8, İspanya'da %21.6, İsviçre'de %21, Kanada'da %20.6, Lüksemburg'da %20, İngiltere'de %18.4, Portekiz'de %13, ABD'de %12.9, Belçika'da %12, İtalya'da %11.1, Fransa'da %10.9, İsrail'de %7.5, Irak %6.4, Yunanistan'da %6.3, İran'da %4.9, Japonya %4.6, Türkiye'de %2.4.[1]

Bir başka deyişle ulusal meclislerdeki kadın milletvekillerinin dünya ortalaması 12.7'dir. Bizim hipotezimize göre, cinsiyetçi işbölümü, siyasal iktidarın erkeksi nitelikleri ve bu alanda

---

[1] Parlamentolararası Birliğin elektronik veri tabanından derlenen bu bilgiler 1 Ocak 1999 tarihine kadar olan katılım yüzdelerini içermektedir. Türkiye'de bu oran 18 Nisan 1999 genel seçimlerinden sonra %4.3'e yükselmiştir.

işlevini doldurarak ket vurucu özelliğe bürünen 'erkekle birebir eşitlik/biçimsel eşitlik' söylemi Türkiye'de de, tüm dünyada olduğu gibi kadınların siyasal temsilciliğini engelleyen başlıca etmenlerdir. Kadının siyasal temsilciliğine yüklenen simgesel anlam cumhuriyetin ilk yıllarından beri sürekliliğini ve önemini korumaktadır. Ancak diğer ülkelerde sık rastlanmayan başbakanlık, içişleri, dışişleri ve ekonomi alanlarında bakanlıklara ulaşan Türkiye'deki kadınların meclisteki sayısal sınırlılığı 'simgesellik' açısından paradoksal görünse bile, aslında birbirini tamamlayıcı sonuçlardır. Söz konusu simgelik durumu, demokrasi anlayışı ve uygulamasındaki aksaklıklarla beslenmekte ve kaynaklandığı aksaklıkları pekiştirerek yalnızca kadınlar değil, özellikle toplumsal çıkarlar açısından değerlendirilmeyi hak etmektedir; siyasal iktidar başta olmak üzere diğer karar mekanizmalarında nüfusun yarısının eksikliği demokrasinin de yokluğunun birincil göstergelerinden biridir. Bu yüzden bu çalışmada, en genel anlamda demokratik mekanizmaların kadınların siyasal katılımıyla ilişkisini incelemek amaçlanmıştır.

Çalışmamızda siyasal gündemi ve kamuoyunu yansıtan hatta giderek belirleyen niteliğiyle basın gündemi demokratik işleyiş göstergelerinden biri bağlamında ele alınarak, bu değişkenin kadın siyasal temsilci sayısıyla ilişkisinin altmışdört yıl içinde yaşanan seçim dönemleri açısından yorumlanması amaçlanmaktadır; bir yandan da kaçınılmaz olarak, birinci bölümünü 19. yüzyılın ikinci yarısından itibaren yoğunlaşan ve etkinleşen eylemler sonucunda kadınların dünya genelinde 20. yüzyılın ilk yarısında hemen hemen tamamlanacak bir biçimde, eğitim alanında ve ekonomik, medenî, siyasal açıdan yasalar önünde erkekle birebir eşitlik kazanmalarının oluşturduğu kadın tarihinin Türkiye'deki ikinci perdesinin yansıtılması söz konusudur. Ancak, bu süreçte ayrıntılandırılacak olan yasalar önünde erkekle birebir eşitliğin sağlandığı 5 Aralık 1934'ten son genel seçimlerin gerçekleştiği 18 Nisan 1999 tarihine dek kadınların siyasal katılımıdır. Türkiye'yi kaynak alan böyle bir araştırmanın temelini, kadın ve siyaset ilişkisini irdeleyen genel kuramsal tartışmalar ile bu tarihsel ve kuramsal birikimden damıtılan kişisel yorumlarımıza dayandırmak ise zorunludur.

Bölüm I

SİYASAL TEMSİLCİ OLARAK KADIN

Siyasal katılım bireysel ve toplumsal olmak üzere iki yönlü değerlendirilmektedir. Bireysel siyasal katılım özellikle oy verme davranışına ilişkindir ve aslında seçmenin, tutumun belirlenmesi sürecini konu dışı tutarsak, tek başına yerine getirebileceği bir eylemdir; tutum ve dolayısıyla davranış nesnesi kamusal alana aitse de, öznenin bu yolla kurduğu kamusal yaşam ilişkisi dolaylıdır. Oysa toplumsal siyasal katılım siyasal partiye üye ya da siyasal kadroya aday olma biçiminde gerçekleştirilir; tümüyle ve doğrudan bir kamusal alan etkinliğidir.

Oy verme davranışı açısından değerlendirildiğinde Türkiye özelinde seçim istatistiklerinin tutuluş biçimi dolayısıyla seçime katılan seçmenlerin cinsiyet açısından dağılımını ortaya koymak olanaklı değildir; ancak tüm dünyada kadınların, erkeklere oranla seçmenliğe nicel açıdan daha düşük düzeyde rağbet ettikleri saptanmıştır. Ayrıca Türkiye'de de erkeklerin kadınlara oranla daha sık ve daha düzenli oy kullandıklarını ortaya koyan araştırmalar mevcuttur; ancak aradaki nicel fark pek anlamlı bulunmamaktadır.[2] Bu konuda önemli olan kadınların oy verme davranışlarında erkek egemenliğini aşamadıklarını belgeleyen verilerdir. Prof. Dr. Yılmaz Esmer'in İstanbul'da bir grup kadın üzerinde gerçekleştirdiği araştırmaya göre, kadınların 2/5'inin oylarının kocalarına bağımlı olduğu saptanmıştır.[3] On bir il, yirmi dokuz ilçede yaklaşık iki bin kadın üzerinde yapılan bir başka araştırmaya göre ise, kadınların %52.4'ünün eş, baba, ya da aileden diğer bir erkeğin etkisiyle oy kullandığı ortaya konmuştur.[4] Kanımızca, gerek evrensel gerek ulusal boyutta değerlendirildiğinde bir yüzyıllık bir uygulama süresine dahi

---

[2] E. Kalaycıoğlu; *Karşılaştırmalı Siyasal Katılma,* İ.Ü.S.B.F. Yayınları, İstanbul, 1983, s.119

[3] *Güneş* Gazetesi, 12 Ekim 1991

[4] *Cumhuriyet* Gazetesi, 26 Eylül 1991

ulaşmayan oy hakkı kazanımının böyle bir uyma sürecinden geçmesi doğaldır. Mutlak doğru olarak niteleme yanılgısına düşüldüğü için erişilmesi amaçlanan erkek değerlerine uygun davranış önceleri 'erkek gibi yapmayı' gerektirmiş, üstelik bu davranış yasalardaki değişikliklerin alışkanlıklara derhal dönüşememesi nedeniyle ilişkilerin erkek egemenliğinde sürmesi gerçeğiyle pekişmiştir.

Diğer bir deyişle kadınlar hem/ya doğru olduğuna inandıkları hem de/ya da ilişkisel olanaksızlıkların bağımsızlıklarına izin vermediği erkek değerlerini benimsemişler, onlarla özdeşleşmişler veya onlara itaat etmişlerdir. Sonuç olarak (yeniden) üretilen erkeklerin oy verme davranışıdır. Ancak bu aynı zamanda bir öğrenme sürecidir; öğrenme ise davranışçı okulun kalıplarıyla düşünürsek *feedback* mekanizmasına dayanır; tepkisine/davranışına bir ödül değil, ceza alan kişinin bu davranışı sürdürmemesi, dönüştürmesi beklenir. Nitekim oy verme davranışındaki erkeğe bağımlılık bir yandan kadınların eğitim ve çalışma yaşamındaki oranlarının artışına paralel olarak toplumsal nedenlerle çözülürken, bir yandan da erkek gibi davranmanın getirdiği kadınsı değerlerin küçümsenmesi ve dışlanması cezası kadınları psikolojik nedenlerle de bir bağımsızlığa zorlamaktadır. Dolayısıyla oy verme davranışı açısından kadınların yurttaşlık statüsü, daha sonra irdeleyeceğimiz toplumsal siyasal katılımda da görüldüğü gibi çeşitli aşamalardan geçmektedir: Psikolojik planda önce erkeği taklit yoluyla öğrenme, bunun sonuçlarının başarısız olmasının ardından bağımsızlaşma süreci gelmektedir; psiko-sosyal planda ise erkek modeliyle özdeşleşme yerini farklılığın yaşama geçirilmesi sürecine bırakmaktadır.

Öte yandan cinsiyetçi ayrımcılık nedeniyle özel alanla özdeşleştirilen kadın, süreç içerisinde çeşitli dinamiklere bağlı olarak kamusal alana da girebilme olanağını kazanmış, ancak aslî yükümlülüklerini özel alandan soyutlayamamıştır. Bu dönemeçte siyasal haklarını yasalar önünde elde eden kadınların, onları kamusal yaşama dolaylı yoldan dahil eden ancak özel yaşamın kemikleşmiş cinsiyetçi niteliklerine bir tehdit oluşturmayan oy verme davranışını, bir başka deyişle bireysel siyasal katılımı yukarıda belirtilen sürecin başından itibaren eksikliklere rağmen sergilemeleri ataerkil düzen içerisinde fazla engellenmeden sürmektedir. Ancak siyasal hakların ikinci bölümünü oluşturan ve tümüyle kamusal eylem niteliği taşıyan siyasal temsil açısından değerlendirildiğinde engellerin varlığı belirginleşmektedir; kadınların siyasal karar mekanizmalarına katılımı, yurttaşlık hakkının ancak kısmî bir biçimde ifası olan, nicel ve nitel açıdan halihazırda 'eşitliği' tartışmalı oy verme davranışından bile önemli oranda eksikli bulunmaktadır. Genel olarak irdelendiğinde, cinsiyet-siyasal katılım ilişkisiyle ilgili nedensel değerlendirmeler bir *consensus* (oydaşım) oluşturmamaktaysa da, bulgular, genellikle, kadınların tüm siyasal etkinliklere erkeklerden daha az katıldıklarını belgelemektedir.

A- Siyasal Yaşamda Cinsiyetlerin Eşit Temsili

Siyasal yaşamdaki cinsiyetçi eşitsizliğe herşeyden önce soyut adalet kavramı çerçevesinde karşı çıkılmakta, kadının siyasal alanda da erkekle birebir eşitliği savunulmaktadır. Böylesi bir yaklaşım 20. yüzyılın ilk yarısındaki kadınlar lehine yasal dönüşümlerin temelini oluşturmuştur; ancak bunun ötesinde içeriğe dair bir öneri taşımamaktadır.

Öte yandan, 20. yüzyılın sonunda , siyasal alanda cinsiyetler açısından farklılıklara karşın eşitlik önerisi gündemdedir: Bu söylem bağlamında, yasal dönüşümlerin günlük yaşam pratiğine girebilmesi amacıyla cinsiyete dayanan toplumsal roller ve bu rollere atfedilen değerler ele alınmakta, diğer bir deyişle cinsiyetçi işbölümü ve hiyerarşide somutlanan ataerkil düzen sorgulanmaktadır.

Kadınların siyasal alanda eşit temsilinin önündeki temel engellerden biri olarak iktidarın cinsiyetiyle ilgili tartışma ve araştırmalar aracılığıyla kavramlara sinmiş cinsiyetçi ögelerin irdelenmesi ve dönüştürülmesi ikinci dalga kadın hareketinin bir diğer amacıdır.

Diğer taraftan, kadınlar açısından temel sorun artık yasalar önündeki bireysel seçme ve seçilme hakkından grup çıkarlarının savunulmasına doğru evrilmektedir. Bu bağlamda değerlendirildiğinde, siyasal karar mekanizmalarında yer alan kadınların sayıları kadar, söz konusu kadınların kadın çıkarlarını ne denli temsil ettikleri de önem kazanmaktadır.

Kamusal yaşam ile özel yaşam arasındaki yapay cinsiyetçi ayrımın ve kişisel ile siyasal arasındaki kurmaca karşıtlığın çözülüşünde son erkek tekeli siyasetin yasal ve içeriksel açıdan kadın varlığına yönelik bilinçli ya da bilinçaltı sınırlamalardan soyutlanması birbirini izleyen, dönüştüren, tamamlayan, biri diğeri için *sine quo non* (olmazsa olmaz) değer taşıyan biçimsel olduğu kadar toplumsal ve psikolojik bir süreçtir. Siyasal temsil, cinsiyetler arasındaki nicel eşitsizliğin en vurgulu olduğu etkinliklerden biri olarak tanımlanmaktadır; zira dünya ortalamaları açısından değerlendirildiğinde gerek çalışma yaşamı gerek eğitim açısından kadınların yaklaşık 1/3 oranında erkeklerin yanında yer aldığı görülmektedir. Siyasal temsil alanında eşitliğin sağlanabilmesi amacıyla %30'lar civarında bir kota istenmesinin sayısal gerekçesi de buradan doğmaktadır.

1. Biçimsel Yasal Eşitlik

1789 Fransız Devrimi'ni belirleyen eşitlik, özgürlük, insan hakları gibi kavramlar, aynı sınıfsal temellere dayalı dönüşümleri aşağı yukarı eşzamanlı yaşayan ve hatta bu açıdan gecikme gösteren toplumlarda nüfusun yarısını oluşturan kadınların erkeklerle eşit haklara sahip olması fikrinin gündeme gelmesinde etkili olmuştur.

J. J. Rousseau'da kaynağını bulan eşitlik ve eşitsizlik kavramlarının toplum içinde anlamlandığı, tarihsel süreç içinde kazanılmış olduğu düşüncesi kadınlar için eşit hak talebinin temellerinden biridir. Olympe de Gouges'un 1791'de, ölümü pahasına kaleme aldığı *Déclaration de Droit de la Femme et de la Citoyenne* '*i (Kadın ve Kadın Yurttaş Hakları Bildirisi)* ve onu izleyen Mary Wollstonecraft'ın, 1792'de İngiltere'de yayımladığı *Vindication of the Rights of Women (Kadın Hakları Savunması)* başlıklı kitabı bu bağlamda birer manifesto niteliğindedir. Kadın ve erkek arasındaki eşitlik, öncelikle, bireylere gizilgüçlerini ortaya koyma olanağı veren fırsat eşitliği niteliğindedir ve bu amaçla yasalar karşısında kadının erkeğe denk statüye kavuşması gündeme gelmiştir. Mülkiyet ve miras hakkı, çocuğun velâyeti, eğitim ve çalışma haklarıyla ilgili talep ve buna bağlı dönüşümleri, 19. yüzyılın sonunda ekonomik ve toplumsal eşitliği yönlendirebilmek amacıyla seçme ve seçilme hakkı mücadelesi izlemiştir. Yasal eşitliğin toplumsal eşitsizliği otomatikman ortadan kaldıracağını savlayan bu yaklaşım kadın hak mücadelesinin temelidir. Bu yaklaşıma göre, kadınlar yasalar önünde erkeklerle eşit haklara sahip oldukça gizilgüçlerini yaşama geçirmekte bir başka engelle karşılaşmayacaklardır; üst yapısal/biçimsel düzenlemelerin kadın-erkek eşitsizliğinin temel çözümü olduğu düşüncesi cinsiyet ayrımcılığına karşı mücadeleyi yasaların bu yönde dönüştürülmesiyle sınırlandırmıştır.

Liberal ideolojiden kaynaklanan bu eşitlik taleplerinde cinsiyetlerüstü birey kavramının egemen olduğu görülmektedir; kadın-erkek eşitliğinin amacı cinsiyet ayrımı yapılmaksızın tüm bireylerin gizilgüçlerini ortaya çıkarabilecekleri bir fırsat eşitliği ortamı yaratmaktır. Modern ulus-devlet kavramı ve kuruluşuyla koşut gelişen eşitlikçi feminizm, bu siyasal yeniden yapılanmaya uygun değerlere tâbi olmuş veya hatta onlarla birlikte varolmuş, yurttaşlık kavramı da bu bağlamda gelişen milliyetçiliğin tektipleştirici potası içinde eritilmiştir. Ancak her ne kadar cinsiyetsizliği savlansa da ataerkil bakış açısının ürünü olan birey erildir; kadının ulaştırılmak istendiği statü erkekle, erkek değerlerinde eşitliktir; norm erkektir. Bu görüşü 'gönüllü olarak' erkeklerle paylaşan kadınlar da olsa kadının ataerkil toplumsallaşma sürecinde benimsetilen bu yönlenmede edilgen bir konumda bulunduğunun altını çizmemiz gerekir. Nitekim sosyal psikoloji alanında gerçekleştirilen yakın tarihli araştırmalarda bile iki karşıt cinsiyetten deneğin birbirleriyle benzerliklerini saptamaları istendiğinde, bir kadının erkeğe benzediğini erkeğin kadına benzediğinden daha çok savladığı ortaya konmuştur. Bu sonuç erkek kategorisinin daha olumlu bulunduğunu, karşılaştırma içinde evrensel norm ve prototip işlevi gördüğünü, bir başka deyişle 'doğru değer'in erkekle özdeşleştirilmesinin hâlâ sürdüğünü göstermektedir. Siyasal eşitlik söz konusu olduğunda da seçme ve seçilme hakkını elde edecek kadın yurttaş statüsüne ulaşacaktır; bu yurttaş da, tıpkı birey gibi erildir. Toplumsal açıdan değerlendirildiğinde bireyin, siyasal açıdan değerlendirildiğinde ise yurttaşın verili cinsel kimliği tartışılmamakta, böylece kadının erkeğe eşit yasal/biçimsel haklar kazanması aslında erkek değerlerinin yeniden üretilmesi anlamını taşımaktadır. Böylesi katı eşitlik yasaları kadınlara biçimsel fırsat eşitliği olanağı sunsa dahi, pratikte onları kendilerine, gereksinimlerine, çıkarlarına ait olmayan bir role özendirmekte ve konumlamaktadır.

20. yüzyılın sonunda retrospektif olarak yönelttiğimiz tüm bu eleştiriler liberal nitelikli eşitlik taleplerinin yol açtığı bu yasal dönüşümlerin kadınların sınırlandırıldıkları özel alandan kamusal alana çıkabilmeleri amacıyla kuşkusuz zorunlu ve son derece önemli adımlar olduklarını yadsıdığımız anlamına gelmez; dünya genelinde yaklaşık bir yüzyıl önce eyleme dökülen, 20. yüzyılın ilk yarısında yasalara yansıyan bu görüşler kadınların kamusal alana biçimsel katılımına olanak vermiştir. Ancak kanımızca kadınların bütünleşmesine olanak verildiği savlanan kamusal alanın içeriğinin tartışılmaması nicel katılımın nitelik dönüşümüne yol açacak denli yoğunluk kazanmamasının en önemli nedenlerinden birini oluşturmuştur. Bu bağlamda liberal ideolojiye dayandırılan bir eşitlik söz konusudur; dönemi belirleyen eşitlikçi feminizm bu ideolojinin egemenliği altındadır; özgün bir siyasal görüşe sahip değildir. Nicel ve nitel açıdan erkek egemenliğindeki siyasal alanda kadınların sayısal varlığı talep edilmiş, siyasetin geleneksel/ataerkil niteliği sorgulanmamıştır. "Erkekle aynı" olma amacındaki bu eşitlik kaçınılmaz bir biçimde "erkek gibi" olmaya yönlendirmiştir. Kadınlar oy hakkını elde etmiş, ama oylarını erkeklere, çok genelde erkek iktidarına vermişlerdir.

Vurgulamak istediğimiz de jure (yasal) ve de facto (olgusal) eşitlik arasında kendiliğinden çözülmesi beklenen dengesizliğin 20. yüzyıl sonunda dünya genelinde vahim farkını korumasının bu ideolojik boşlukla temelden ilişkili olduğudur. Pek doğaldır ki bu saptamamız, kadınlar lehine yasal kazanımların ve onun kaynaklandığı hareketin küçümsenmesi/yadsınması anlamını taşımamakta, ancak siyasal alanda süregelen nicel ve nitel kadın yokluğunun tartışılmasını tarihsel ve ideolojik bir zemine dayandırmayı amaçlamaktadır. Bu eleştiriden/saptamadan çıkarak, kadın haklarının yasal ve sosyo-kültürel bağlamda kazanılması sürecinde eşitlik-farklılık bir ikilem gibi değil, bir bütünlük içerisinde ortaya konulmalıdır, gibi güncel bir çözüm yoluna ulaşmak olanaklıdır.

2. İşlevsel Toplumsal Eşitlik

20. yüzyılın son çeyreğinde dünya genelinde süren siyasetteki erkek tekeli, birçok yaşam pratiğindeki gibi, salt yasal çözümlerin cinsiyetler arasındaki eşitsizliği ortadan kaldırmada yetersiz kaldığı savının güçlenmesine yol açmıştır. Böylesi bir tesbit ve aşma isteğiyle biçimlenen ikinci dalga kadın hareketine bağlı kadın araştırmaları, çeşitli düzlemlerdeki kadın-erkek eşitsizliği durumunu irdelerken geleneksel/ataerkil/cinsiyetçi işbölümünün dönüşüm ivmesinin düşüklüğü nedeniyle ket vuruculuğu, verili kavramların erkeksi niteliği, kadınların bir çıkar grubu olarak kendi gereksinimlerini dile getirmeleri üzerinde durmaktadırlar. "Cisimleşmiş kimliği ciddiye almak, -biri eril, biri dişi- iki figür için alan açmak üzere üniter eril bireyin terk edilmesi"[5], siyasal bağlamda ise yurttaşın benzer bir yenidenyapılandırılmaya tâbi tutulması gündemdedir.

a. Cinsiyete Dayalı Geleneksel/Ataerkil İşbölümü

Özel yaşam ve kamusal yaşamın cinsiyetçi ayrımı/karşıtlığı yasalarda kadını erkeğe eşitlemek için yapılan dönüşümlerden beklenildiği kadar otomatik ve hızlı bir biçimde etkilenmemiş, bin yılların birikimi toplumsal değer ve yapılar karmaşık etki-tepki süreçlerine dayalı bir direnç göstermişlerdir. Kuşkusuz kamusal alandaki erkek egemenliği büyük bir sarsıntı geçirmektedir; ancak genelde ataerkil işbölümü bir takım görüntüsel farka karşın ideolojik baskınlığını sürdürmektedir. Bu konuda öncelikle vurgulanması gereken geleneksel yapısı içindeki aile kurumunda süren erkek egemenliğinin devlet yönetimini fazlasıyla etkilemesi ve kadının aile içindeki tâbîliğinin siyasal alana da yansımasıdır.

---

[5] C. Pateman; *The Sexual Contract*, Polity, 1988, s.224'ten aktaran A. Phillips; Demokrasinin Cinsiyeti, Metis Yay., İstanbul, 1995, s.53

Kadının siyasal alandaki nicel ve nitel sınırlılığının en önemli nedenlerinden biri aile kurumunun yapısıyla derinden ilişkili olarak kadının çalışmaması durumudur. Nitekim çeşitli araştırmalarda özellikle küçük çocuk sahibi olma, eviçi rollerle sınırlanma ve kamusal ilişkilerdeki kısıtlılığın kadınların siyasal katılımına ket vurduğu ortaya konmuştur. Ayrıca çalışan kadınların siyasal kampanya etkinliklerine ev kadınlarından daha çok katıldıklarını gösteren bulgular yaygındır. Oysa, 1984'te Carol Tavris ve Carole Wade, hemen hemen tüm kadınların çalıştığı toplumları da incelemişlerdir. "Örneğin, dağılmadan önceki Sovyetler Birliği ve Çin kadın rollerinde bir devrim gerçekleştirmiştir. Aynı biçimde İsrail'de kibutslar kadınları ev içi işlerden özgürleştirmiştir. Ancak şimdiye dek bu toplumsal deneyimlerden hiçbiri eşitlikçi amaçlara ulaşmayı başaramamıştır. Bu toplumlarda kadınlar toplumsal ve siyasal iktidara erkeklerden daha az sahiptirler. Örneğin Sovyetler Birliği'nde işgücünün hemen hemen yarısı, ama Komünist Parti Merkez Komitesi'nin yalnızca %5'i kadınlardan oluşmaktadır. (...) Onlara "kreşlerde kim çalışıyor?" ve "yemeği kim hazırlıyor?" diye sorulduğunda, Amerika Birleşik Devletleri'ndeki yanıt duyulmaktadır. Kadınlar giderek ekmeklerini daha çok kendileri kazanmakta, ama çoğunlukla yemeği de onlar pişirmektedirler."[6] Nitekim geçtiğimiz yıllarda Türkiye'de gerçekleştirilen bir araştırmaya göre, siyasal etkinliklere yeteri kadar katılamadıklarını bildiren çalışan kadınların oranı %85 olup, bunların %49'unun belirttiği en önemli katılamama nedeni yeterince zaman bulamamaktır.[7]

Görüldüğü gibi kamusal yaşama, çalışma yaşamına katılmaları kadınlara nicel eşitliğin ötesinde nitel bir dönüşümü sağlamaktan henüz uzaktır; zira cinsiyetler arasında paylaşımcı bir işbölümü gerçekleşmediği sürece kamusal yaşama katılım kadın için 'çifte sömürü' sorununu gündeme getirmektedir. Kadının özel yaşama ait geleneksel sorumluluğu sürdükçe tam anlamıy-

---

[6] C. Tavris, C. Wade; *The Longest War: Sex Differences In Perspective, Harcourt Brace Jovanovich,* New York, 1984'ten aktaran D.G. Myers, L. Lamarhe; *Psychologie Sociale,* McGraw Hill, Québec, 1990, s.185

[7] "Kadın Neden Siyasete Giremiyor?" *Cumhuriyet* Gazetesi, 26 Mart 1989

la özgürleşebilmesi olanaksızdır. Bölünmüş bir kimliğin her iki alanda da başarılı olması beklenmektedir; oysa kadınların çalışma yaşamına girmelerine karşın karar mekanizmalarında yer alamamalarının temel nedenlerinden biri özel alan ile kamusal alanda bölünmüş kimliklerinin neden olduğu performans düşüklüğü ve zaman kullanımı, daha açık bir deyişle zamansızlıktır. Toplumsal karar mekanizmalarında yer alamayan kadınların daha bütünsel kapsamlı siyasal karar mekanizmalarındaki nicel eksikliklerinin, cinsel rollerde henüz kadın için çifte sömürü anlamı taşımanın ötesine geçemeyen dönüşümle ilgisi olsa gerektir. Bir diğer deyişle eğitim ve büyük ölçüde buna bağlı çalışma yaşamı, içinde bulunduğumuz geçiş sürecinde bir yandan kaçınılmaz olarak kadın statüsünde önemli olumlu değişikliklere neden olsa da, bir yandan da kadınların yüklerini artırmaktadır. Bu noktada 'eşit' eğitim ve çalışma haklarından yaralanmak için fazla yasal eksiklikleri bulunmayan kadınların kamusal yaşamla bütünleş(eme)mesinin önündeki geleneksel/ataerkil işbölümünden kaynaklanan bir diğer engel olarak kadınların yeni rollerine yönelmelerine karşılık erkeklerin bu dönüşümü bütünleyecek bir rol değişikliğini benimseyememeleri, bir diğer deyişle kamusal alanda yasalar çerçevesinde sağlandığı düşünülen cinsiyetlerarası eşitliğin davranışlara tam olarak yansıtılamaması durumu karşımıza çıkmaktadır. 1947-1989 yılları arasında çalışan Amerikalı kadınların oranı %32'den %57'e yükselirken; 1965-1985 yılları arasında ev işi yapan erkeklerin oranı %15'ten ancak %33'e yükselmiştir.[8]

Diğer yandan ev işinde makine kullanımındaki artışın cinsiyetçi işbölümünü ortadan kaldıracağı beklenmektedir. Ancak ev işlerinin bir düğmeye basılmasına indirgenmesi şimdilik yalnızca zaman ve emek açısından kadın için bir tasarruf sağlanması anlamını taşımaktadır. Oysa işlerin örgütlenmesi ve genel düşünsel yükü zihinsel özgürleşme açısından daha önemlidir; dolayısıyla yalnızca düğmeye basmakla sınırlansa bile sorumluluğun kadına ait olması karar mekanizmalarına katılım açısından kadının özde geleneksel rolünü sürdürmesi riskini taşımaktadır. Zamana kavuşan kadının zihinsel bölünmüşlüğü üstün

---

[8] D.G. Myers, L. Lamarche; *a.g.e.*, s.184

başarı talep eden üst düzey kamusal sorumluluklar için engelleyici niteliğini korumaktadır.

Cinsel rollerin gerektiği gibi değişmediğini gösteren bir diğer veri de kadınların kamusal yaşama geleneksel ev içi rollerinin uzantısı anlamında katılmalarıdır. Örneğin kadınlar çalışma yaşamında hemşirelik, öğretmenlik vb., sivil toplum çalışmalarında yardım dernekleri vb., siyasal partilerde kadın kolları vb. alanlarında yoğunlaşmakta, böylelikle kamusal yaşamda da geleneksel ataerkil rollerini yeniden üretmektedirler. Üstelik sayısal açıdan kadın egemenliğine giren bu alanların değer ve saygınlık yitirdiği gözlemlenmektedir. Örneğin Eski Sovyetler Birliği'de doktorluk, A.B.D.'de eğitim ve sekreterlik, Avrupa'da 19. yüzyıl sonundan itibaren romancılık, Nijerya'da maniyoka yetiştirmek kadın egemenliğine girince statü yitirmiştir. Siyasal karar mekanizmaları açısından da benzer bir örnek yaşanmıştır. 1986'da Almanya'da kurulan Birleşik Sosyalist Parti'nin Merkez Komitesi 1992-1993 yıllarında yalnızca kadınlardan oluşmaktaydı. Parti içi tartışmaların yoğun olduğu bu dönemde tartışmalar partinin yayın organı aracılığıyla yürütülmekteydi; partinin iktidar organı bu gazeteydi ve gazetede erkekler egemendi. Merkez Komitesi kadınlara bırakılmıştı; zira Merkez Komitesi'nin iktidar aygıtı olma özelliği kalmamıştı; yahut Merkez Komitesi kadınların egemenliği altına girdiğinden iktidarla ilişkisini yitirmişti.[9]

Geleneksel roller açısından ele alındığında sıfatların da cinsiyetlere göre değerlendirilmesi sürmektedir. Örneğin her iki cinsiyetten birçok seçmen, kadınların saldırgan, hırslı, mücadeleci, açık sözlü olmasını hoşgörmemektedir; oysa bunlar erkek ya da kadın tüm siyasal temsilci adaylarının seçimleri kazanmasını sağlayabilecek niteliklerdir. Yine aynı biçimde, üst düzey siyasal temsilcilerde (başkan, başbakan) bulunması gerektiğine inanılan katılık, askerî yetenek gibi sıfatların cinsiyetlere atfedilen geleneksel/ataerkil kodlar nedeniyle kadına özgü olarak nitelenmemesi, kadının bu gibi görevlere adaylığının önündeki önemli engellerden biridir. Oysa, Hindistan'da İndra Gandi

9 BSP Merkez Komitesi üyesi Barbara Schultz'la yapılan görüşme, *Kadınlara Mahsus Pazartesi Gazetesi,* No.:3, Haziran 1995, s.6-7

20

1971 Pakistan Savaşı'nda; İsrail'de Golda Meir 1973 Kipur Savaşı'nda; İngiltere'de Margaret Thatcher 1982 Falkland Savaşı'nda kadınların savaş sırasında ülke yönetimi ve zafer konusunda 'başarıları'nı kanıtlamışlardır. Ancak, Norveç örneğinden çıkarsanacağı gibi, siyasal temsilcilik açısından cinsiyetler arasında eşitliğin ötesinde, siyasetin kadınlaşması (feminization)[10] sürecinin yaşanmasında söz konusu ülkenin pek fazla önemli dış sorununun bulunmamasının payı büyük olsa gerektir.

Öte yandan gelişim psikolojisi içinde, çocukların toplumsal ilişki kurallarını büyük ölçüde yalıtılmış aynı cinsiyetten gruplar içerisinde öğrendiklerine ve bu öğrenileni ergin toplumsal ilişkilere taşıdıklarına dayanan cinsiyetler açısından 'ayrı kültür' fikri çok yaygındır. Bu bağlamda, cinsiyetçi işbölümü kapsamında kadının çocukluktan itibaren karşı karşıya kaldığı toplumsallaşma süreci siyasal alandaki kadın katılımının yasaların ötesinde bir takım engellerle karşı karşıya bulunduğunun bir diğer göstergesidir. Genel olarak ilkokul çocuklarıyla yapılan araştırmalarda cinsiyetler arasında siyasetle ilgili temel değerler açısından (partizanlık, kutuplaşma, siyasal çözüm, siyasal ilgi) yalnızca küçük farklar bulunduğu saptanmıştır. Ama "toplumsal-siyasal çevre ile birey arasında yaşam boyu süren dolaylı ve doğrudan etkileşim sonucunda, bireyin siyasal sistemle ilgili görüş, davranış, tutum ve değerlerinin gelişmesi"[11] biçiminde tanımlanan siyasal toplumsallaşma süreci cinsiyetlerin siyasete bakış ve siyasete katılışlarında farklılaşmalara yol açmaktadır. Bu süreçle birinci dereceden bağlantılı olan ailenin yönelimi açısından ele alındığında, Türkiye'de kız çocuğun siyasal kadrolarda yer almasına erkek çocuğa göre daha çok karşı çıkılmaktadır. (Kız çocuk için bu oran %67.4 iken, erkek çocuk için %42.6'dır.)[12]

---

[10] Eylül 1993 genel seçimlerinde, geleneksel yapıdaki Merkez Parti dahil üç büyük partinin başında da birer kadın lider bulunmaktaydı.

[11] T. Alkan, D. Ergil; *Siyaset Psikolojisi;* Turhan Kitabevi; Ankara, 1980, s.7

[12] A. Güneş-Ayata; "Türkiye'de Kadının Siyasete Katılımı", içinde Ş.Tekeli; *Kadın Bakış Açısından 1980'ler Türkiye'sinde Kadın,* İletişim Yayınları, İstanbul, 1991, s.273. Bu veriye ileriki bölümlerde tekrar değinilecektir.

Pek çok ülkede, 1990'larda kadınların resmî siyasetteki nicel ve nitel yokluğu, söz konusu ülkelerin araştırmacılarına göre başlıca iki klasik görüşe dayanmaktadır: Özellikle çocuk bakımı ve ev işlerinde yoğunlaşan kadınların toplumsal olarak biçimlendirilmiş 'seçimleri'; 'siyasal toplumsallaşma'yı yaratan uygun siyasal faaliyetle ilgili cinsiyete dayalı küçük büyük binlerce kuralı içeren toplumsal normlar. Özetle yinelemek gerekirse yasal eşitliğin otomatikman ortadan kaldıramadığı toplumsal cinsiyet kadınların siyasal temsil alanındaki yetersiz sayısının temel nedenlerinden biridir. Geleneksel cinsiyet rollerinin siyasal katılımı yönlendirişini ataerkil işbölümü, toplumsallaşma ve normlarla açıklamaya çalıştıktan sonra siyasal faaliyetin özünü oluşturan iktidar kavramının bu değerlerle yakından ilişkili cinsiyetçi yapısının tartışılması kanımca yukarıdaki saptamalara önemli bir katkıda bulunacaktır.

b. Siyasal İktidarın Cinsiyeti

İktidar kişisel değil ilişkisel bir kavramdır ve siyasal çözümlemelerin ele aldığı en temel unsurlardan biridir. M. Foucault'ya göre iktidar ilişkileri olmayan bir toplum ancak bir soyutlamadır. "İktidar ilişkileri (...) çözümlenmesi, incelenmesi, sorgulanması bitmeyen siyasal bir görevdir; ve hatta bu siyasal görev tüm toplumsal varlığa içkindir."[13] Farklılıklar iktidar ilişkisinin hem önkoşuludur; hem de ondan etkilenir. Bu bağlamda değerlendirildiğinde cinsiyet farklılığı da iktidar ilişkisinin hem nedeni hem sonucudur. İktidar ilişkisinin amaçları ayrıcalıklar elde etmek, çıkar sağlamak, diğeri üzerinde otorite kurmaktır; araçları ise, silahlı tehdit veya kadın erkek ilişkisinde karşılaşıldığı gibi söylem, karmaşık kontrol mekanizmaları ve gözetim sistemleridir. İktidar ilişkileri gelenekler, yasal yapılar, aile, din ve alışkanlıklarda kurumsallaşır. Genel bir meşruiyet oluşturma işlevine sahip olan, tümel kontrola olanak veren, düzenleyen ve bir ölçüde verili bir toplum içinde tüm iktidar ilişkilerinin dağılımını gerçekleştiren devlet ise, egemen iktidar sahibinin dayattığı ilişkilerin en üst düzeydeki kurumlaşmış biçimidir. Devlet

---

[13] H. Dreyfus, P. Rabinow; *Michel Foucault Un Parcours Philosophique*, Folio, Paris, 1992, s.316

iktidar ilişkilerinin sembolik yansımasıdır; bu yüzden devleti yönetme sanatı olarak tanımlanabilecek siyaset ile kadınların ilişkisi(zliği)ni incelerken kaynaklandığı/yansıttığı iktidarın cinsiyetini tartışmak kaçınılmazdır. Ataerkil düzenin yöneten-yönetilen ilişkileri bağlamında ele alındığında her siyasal iktidar kadına karşı kurulmak zorundadır. Böylece siyasal iktidar kadın erkek eşitsizliğinden, erkek egemenliğinden doğduğu gibi onu ussallaştırır, kurumlaştırır, meşrulaştırır ve yeniden üretir; dolayısıyla yasalar karşısında kadının erkeğe eşitliği, siyasal iktidarın hizmet ettiği egemenlik ilişkisi sorgulanmadıkça ve buna bağlı olarak içeriği dönüştürülmedikçe siyasal alanda, görünür hiçbir engel bulunmamasına karşın, kadın temsilcilerin nicel ve nitel açıdan bir anlam kazanması güçtür. Zira ataerkil ideoloji eşitsiz iktidar ilişkilerinin ve kaynakların iktidar sahibinin/erkeğin elinde toplanmasını sağlar; bu muktedir (iktidar sahibi)[14] gruba, söz konusu iktidarın egemenliğindeki grubun (kadınların) da tanımlanması yetkisini verir.

İktidar kavramı davranışsal olarak irdelendiğinde ise, şu dört unsurdan oluşur: Zorlama, otorite, entrika, kandırma. Kadınların, etkiyi temel alan hiyerarşiye göre sıraladığımız bu unsurlardan en yabancı oldukları zorlamadır. Otorite kavramı ise, gerek siyasal gerek toplumsal kontekste daha çok erkeklere yakıştırılır. Meşruiyeti şaibeli entrika, kandırma kavramları ise, iktidarın en zayıf biçimleridir ve genellikle kadına atfedilir.[15] Tâbi bir grup olarak kadınlar, kişiler arası ilişkiler açısından bir takım hünerler geliştirmişlerdir; hem kişisel hem toplumsal ilişkilere duygusal bir nitelik katarlar. İşte bu yüzden kadınların bu gücü erkeklerce entrika olarak isimlendirilmiştir. Oysa bu entrika değil, idaredir. Egemen grup olarak erkekler toplumu kon-

---

[14] Muktedir ve iktidar sözcükleri bilindiği gibi kudret sözcüğünden türetilmişlerdir. Kudret sözcüğünün kuvvet, güç dışında Allah'ın ezeli gücü anlamını taşıması (Bkz. F. Develioğlu, *Osmanlıca Türkçe Ansiklopedik Lûgat,* Aydın Kitabevi, Ankara, 1986, s.628) ataerkil düzende iktidarın eril niteliğiyle ilgili tartışmaların yalnız dünyevî sınırlarda kalmadığını da göstermektedir.

[15] J. Jaquette; "Power As Ideology: A Feminist Analysis", in H. Stiehm (ed.); *Women's Views Of The Political World Of Men,* Transnational Publishers, New York, 1984, s.10

trol eder; yasa, toplumsal siyasa ve askerlik gibi makro düzeydeki idarelere dayanırlar. Kadınlar ise, zekâ, sezgi, cazibe, cinsellik, düşkırıklığı gibi mikro düzeyde idareleri kullanırlar.[16] Ancak Time dergisinin 1990 yılındaki özel sayısında 'kadın tarzı yeni bir yönetim biçiminin doğuşu' ele alınmaktadır. Amerikan toplumunun heterojen yapısı üzerinde kadınların 'esnek yaklaşımı'nın çok yaşamsal bir anlam taşıyabileceği savlanmaktadır.

İktidarın tanımı ve kullanımı iki cinsiyete göre farklılıklar gösterir. Çağdaş feminist kuramlara göre kadın iktidar kavramına "birşeye gücü olmak" (power to), erkekler ise "birşeyin üzerinde gücü olmak" (power over) anlamını yüklerler. "Birşeyin üzerinde gücü olmak" bir egemenlik, başkalarını zorlama, kontrol sorunudur; "birşeye gücü olmak" ise, yetenek ve enerjinin nasıl yönlendirileceğini seçme sorunudur.[17]

Ancak sosyal psikologlar iktidar davranışı ile cinsiyet farkları ilişkisi üzerine yaptıkları araştırmalarda anlamlı farklılıklar bulamamışlardır. İktidarın olumsuz etkisinden kaçınabilmek için alışılagelmiş liderlik sistemini kullanmayan feminist örgütlenmelerde dahi enformel liderlerin ortaya çıkmasının bu bulgularla ilişkisi olsa gerektir. Diğer yandan bir sonraki bölümde ayrıntılarıyla tartışılacağı gibi kadınlar verili ataerkil düzen içerisinde erkek değerlerinde bir eşitliğe maruz kaldıkları için, iktidarla ilgili özgün davranışlarını ortaya çıkaramamakta, erkek değerlerini yeniden üretmektedirler; bu yüzden iktidar davranışlarında cinsiyetler arasında belirgin farklılıklar saptamak güçleşmektedir.

Öte yandan cinsiyetler arasında karşılıklı bağımlılık söz konusudur; ancak karşılıklı bağımlılık her zaman eşitsizlikle eş anlamlı olmayabilir. Aralarında tamamlayıcı ilişki bulunan iki taraf kaynaklara eşit oranda sahip olduğunda güç de eşittir. Ancak ataerkil düzende ayrıcalıklar, kaynaklar ve hatta sorumluluklar erkek egemenliğinde bulunduğu için iktidar eşit paylaşılamamaktadır. Psikolojik veriler ışığında değerlendirildiğinde

---

[16] R. Rowland; *Woman Herself A Transdiciplinary Perspective On Women's Identity;* Oxford University Press, Oxford, 1989, s.174

[17] Ayrıntılı bilgi için bkz. L.L. Duke; *Women In Politics: Outsiders or Insiders?,* Prentice Hall Inc., New Jersey, 1993 ve R.Rowland; *a.g.e.*

ise, bir önceki bölümde görüldüğü gibi cinsiyetçi kodlarlarla kadın ve erkek davranışına değerler atfedilmektedir; bu bağlamda kuvvet, dayanıklılık, sağlamlık gibi kadınlarla pek de olumlu bir biçimde özdeşleştirilmeyen 'erkek özellikleri' iktidarın temel belirleyicileri olmayı sürdürmektedirler.

Siyasal iktidarın örgütlenişi ise, siyasal partilerde gerçekleşmektedir. Siyasal partilerdeki, özellikle geleneksel rollerin uzantısı hizmetlerin verildiği kadın kolları hariç, kadın sayısı diğer kamusal alan faaliyetlerinden anlamlı bir biçimde düşüktür; zira diğer alanlarda yer alabilmek için bilimsel, sanatsal, eğitsel vb. yetenekler gerekliyken ve bilimsel bilgi, sanatsal yaratı, parasal kazanç vb. amaçlanırken, siyasal partilerde iktidarı ele geçirmek için 'iktidar yeteneği'ne sahip olmak gerekmektedir; ataerkil toplumda 'iktidar' gibi 'iktidar yeteneği' de erkek değerleriyle belirlenmiştir. Kadınların kamusal alanın diğer faaliyetlerinde yer alıp, bu faaliyetlerin karar organlarında anlamlı sayılara ulaşamamaları da aynı nedenden kaynaklanmaktadır.

Ataerkil düzene son vermek ve gerçekten eşit bir toplum kurmak için kadınların da siyasal, ekonomik, kültürel iktidara gereksinimi vardır; ancak düzeni değiştirebilmek amacıyla iktidarı paylaşabilmek için iktidar kavramına kadın bakış açısının eklemlenmesi gerekmektedir; aksi taktirde kadınların kendilerine karşı yapılandırılmış bir iktidar anlayışı içerisinde kendi kimlikleriyle nicel olarak anlamlı bir biçimde varolabilmeleri olanaksızdır.

c. Siyasal Alanda Kadınların Kadınları Temsili

Nüfusun %50'sinin siyasal kadrolara nicel ve nitel açıdan yansıtılması en genelde demokrasinin bir gereği biçiminde gündeme getirilmekteyse de, ataerkil zihniyet soyut demokrasi kavramının yozlaştırılarak uygulanmasına neden olmakta, kadınların eğitim alanındaki görece geri düzeyleri ve siyasete isteksiz yaklaşımları gibi gerekçelerle bu duruma meşruiyet kazandırmaktadır. Oysa yükselen kadınlık bilinci ve siyasal sistemin zaman zaman içine düştüğü kriz sonucunda aranılan yüzeysel çözümler kadın siyasal temsilci talebinin kamuoyunda yer bulmasına neden olmakta, ancak halihazırda siyasal alana nitel ve nicel açıdan güdümlü ve güdük sonuçlar yansımaktadır.

aa. Kadınların Kadınlarca Temsil Edilmesinin Nedenleri

Kadınların kadınlarca temsil edilmesi kadın çıkarları ve mevcut sistemin yüzeysel olarak yenilenmesi gibi nedenlerle gündeme gelmiştir. İlk amaç feminist , ikinci amaç ise özünde ataerkil söylemle örtüşmekte; birincisi siyasal alanda radikal, diğeri ise reformist bir yaklaşımı içermektedir. Öte yandan bu iki görüş bağlamında değerlendirildiğinde, siyasal alana giren kadınların her zaman kadın çıkarlarını savunmadığı, kimi kez mevcut ataerkil düzeni yenidenüreterek bir anlamda 'erkekleştikleri', bir başka deyişle kadın temsilciler düzeni değiştiremeden düzenin onları değiştirdiği gözlemlenmektedir. Gerek feminist/radikal gerek ataerkil/reformist yaklaşım toplumsal çıkar adına siyasal alandaki kadın sayısını arttırmak için çeşitli uygulamalara baş vurmaktadır.

- Kadınlık Bilinci: Kadın Çıkarları İçin Siyasal Temsil Ve Kadınlar

1980'lerin başından itibaren, özellikle V. Sapiro'nun önerisiyle[18] kadınların kadın çıkarları için, tekil yurttaşlar olarak değil, bir çıkar grubu üyeleri gibi temsil edilmeleri feminist tartışma gündemine girmiştir. Bilindiği gibi baskı grupları, çıkarlarına uygun kararlar aldırmak için siyasal iktidar üzerinde bir baskı gerçekleştirmek ve çıkarlarını savunmak için oluşturulmuş geçici ya da uzun süreli, enformel yahut formel örgütlenmelerdir. Baskı grupları, çıkar grubu ve fikir grubu olmak üzere ikiye ayrılır; ancak bu ayrım çıkar grubunun yalnızca maddi yarar, fikir grubunun ise yalnızca ahlakî ve ideolojik neden üzerine kurulu olduğu savına dayanarak gerçekleştirilmiştir ve sosyo-politik gerçeklere denk düşmez; zira çıkar gruplarında her iki yönelim büyük ölçüde içiçe geçmiştir ve çıkar grubu bu amaçlarını gerçekleştirmek adına iktidara baskı yapar; diğer bir

---

[18] V. Sapiro; "Research Frontier Essay: When Are Interests Interesting? The Problem Of Political Representation Of Women", *The American Political Science Review,* 1981, Vol.:75, No:3, s.701-716

deyişle baskı grubu özünde çıkar grubudur.[19] V. Sapiro kadın çıkarlarının ancak kadınlar tarafından temsil edilebileceğini savlamakta ve bu öneriyi basit bir biçimde ussal temele dayandırmaktadır:

"Örneğin kızıl saçlı bir kadın olduğumu düşünelim. Niçin bir kadın tarafından temsil edilmeliyim? Birçok kişi gibi, bana benzediği için beni daha iyi temsil eder, diyebilirim.

- Bunu nereden biliyorsun? (diye sorar dikkatli bir okuyucu.)

- Çünkü o kadın benimle aynı durumdadır ve benim için eylemde bulunabilir. (Diye yanıtlarım.)

- 'Aynı durum' dediğinizde, kadınlığı mı, kızıl saçlılığı mı kastediyorsunuz?

- Kadınlığı tabii ki.

- Niçin kadınlığı da, kızıl saçlılığı değil?

- Çünkü kızıl saçlı olmanın değil, kadın olmanın siyasetle ilgisi var."[20]

Öte yandan demokratik toplumlarda genellikle grup çıkarlarının temsili açısından iki boyut söz konusudur:

1. Karar mekanizmalarında grup üyelerinin fiilen yer alması

2. Karar mekanizmalarında grup çıkarlarının gözetilmesi.

Kadınların bir grup olarak temsil edilmesi amacıyla bu iki boyutun tek tek varolması, diğer bir deyişle grup üyelerinin yer alması ama bunların grup çıkarlarını gözetmemesi yahut grup üyelerinin bulunmaması ama grup çıkarlarının ele alınması siyasal mekanizmalarda kadınların hem nicel hem nitel yokluğunu doğurmaktadır; 20. yüzyılın ilk yarısında kadınların siyasal haklarının yasallaşması böylesi bir demokrasi anlayışında ger-

---

[19] Bu yüzden kadın araştırmacılarınca ve Amerikan siyaset bilimcilerince yaygınlıkla yeğlendiği gibi ben de bu araştırma boyunca, baskı grubu yerine çıkar grubu kavramını kullanacağım.

[20] *ibid.*, s.702. Bu kelimesi kelimesine alıntı, siyaset gibi bir ucu felsefeye açılan konularla ilgili tartışmaların dilinden çok farklı olması nedeniyle aktarılmıştır. Kadın ve siyaset ile ilgili birçok tartışmada mutlak değinilen ve kadınların bir grup olarak çıkarlarının bilincinde olmalarının ilk kez gündeme sokulduğu yaklaşımlardan birini içeren bu makalede kullanılan dil, kadınların anlamdan önce anlatımı önemsenen mevcut siyasal dile ne denli uzak bulunduklarını göstermesi bakımından kanımızca çok iyi bir örnektir.

çekleştiği için eksiklidir. Oysa karşılıklı ilişki içinde bulunan bu her iki boyutun birlikte yürürlükte olması, yani karar mekanizmalarında kendi çıkarlarını gündeme getiren ve kollayan kadınların fiili varlığı cinsiyetler açısından ele alındığında, siyasal alanda sayısal ve kavramsal eşitliğin önemli bir aşamasıdır.

Kendi aralarında sınıfsal, ırksal farklar gösterseler de kadınlar bir grup olarak, başka gruplarla ortak olmayan özel toplumsal, ekonomik, siyasal sorunları paylaşırlar. Sorunlar ortak olduğuna göre, sorunların çözümü, bir başka deyişle çıkarlar da ortaktır; dolayısıyla bu grubun, başka gruplardan farklı olan çıkarlarını ancak bu grup üyeleri, yani kadınlar temsil edebilirler. Nitekim Amerika Birleşik Devletleri Kongresi'nde ve eyalet parlamentolarında gerçekleştirilen yakın tarihli araştırmalara göre, erkeklerle karşılaştırıldığında kadınların özel tutumları olduğu, bu tutumlarının davranışlarına ve yasal öncelikli konularına yansıdığı saptanmıştır. Yukarıda sözü edilen feminist kuramda öngörüldüğü gibi kadın temsilciler kadın, çocuk ve aile ile ilgili konulara, bir başka deyişle ortak sorun ve dolayısıyla çıkarlarına öncelik vermektedirler. Ancak aslında kadın ve erkek siyasal temsilciler arasında varsayımsal olarak beklenenden daha az farkla karşılaşılmıştır. Kullandıkları katılım modelleri, başvurdukları yollar, faaliyetleri için kullandıkları yöntemler ortaktır; ancak ele aldıkları konular farklıdır. Ancak kadınların siyasal temsilciliği açısından yapılan uluslararası sıralamalarda son seçimlere dek en düşük düzeylerde yer alan Fransa'da Şubat 1997'de meclise verilen soru önergeleri incelendiğinde kadın ve erkek milletvekillerinin ele alınan konular ve yoğunlukları açısından bir değişiklik sergilemedikleri ortaya çıkmıştır.[21] Oysa yine Fransa'da 1992-1994 yılları arasında gerçekleştirilen bir araştırmaya göre çeşitli siyasal, ekonomik, toplumsal yapılardan seçilen kadınların siyaset konusundaki düşünceleri erkeklerden farklı hemcinslerine benzer nitelikler taşımaktadır. Kadınları gerek sorunlar ve gerek çözümler açısından acil, somut, etkin önerilere sahiptirler. 'İzmler' gibi çeşitli soyut kavramlardan uzak durmakta, somut 'insan örnekleri'nden hareket

---

[21] N. Belloubet Frier; "Sont-elles Différentes?", *Pouvoir*, No:82, s.72

etmektedirler. Özel ve kamusal yaşamı içice yaşadıkları için siyasal faaliyet ile eviçi faaliyet de içiçe geçmektedir.[22]

Öte yandan, Amerika'da henüz yöntemsel farklar sergileyecek, Fransa'da ise farklılıkları yukarıdaki genel araştırmada belgelendiği halde siyasal karar mekanizmalarında bunu ne yöntemsel ne içeriksel olarak uygulayabilecek sayısal varlığa ulaşamayan kadınların nicel açıdan anlamlı düzeyde ve önemli karar mekanizmalarında bulundukları İsveç'te çalışma zamanı ve yerini değiştirmeye başladıkları gözlemlenmektedir: Akşamüstü saat beşten sonra toplantılar azalmaktadır; zira bazı genç kadın bakanlar çocuklarını okuldan almak zorundadır. Ayrıca yeni tekniklerden yararlanarak en azından bir bölüm işi evden yönetebilmektedirler.[23] Bu durum bir yandan kadının geleneksel rollerinin sürdürülebilmesine olanak verirken, bir yandan da bu geleneksel işbölümü nedeniyle uzak kaldığı siyasal alana girebilmesini sağlamaktadır. Kadınların karar mekanizmalarına katılmasını sağlayacağına göre ve 'özel olanın siyasal olduğu' zaten kabul edildiği için böyle bir dönüşümün geleneksel kamusal alan-özel alan ayrımını yenidenüretmeyeceği açıktır; bu teknolojik ve toplumsal gelişme zaten özel alan ve kamusal alanın cinsiyetlerden bağımsız yeniden tanımını gerektirecektir.

Görüldüğü gibi cinsiyetler arasında, her zaman kendi cinsiyet grubunun yararına olmakla açıklanamayan ve her iki cinsiyetin bir arada bulunmasıyla çeşitlenen, hatta tamamlanan farklar da bulunmaktadır. Erkek temsilciler maddi konulara ağırlık verirken, kadınlar kente, vatandaşa ait sorunlara öncelik tanımaktadırlar. Kadın temsilciler siyaseti kişisel çatışmalar için değil, halkın ortak iyiliğinin arayışı için çözüm üretilen bir arena olarak değerlendirmektedirler. Dolayısıyla kadın siyasal temsilcilerin nicel ve nitel açıdan anlamlı varlığı yalnızca kadınların değil, tüm toplumun yararına bir bütünselliğe neden olacaktır.

---

[22] J. Mossuz-Lavau, A. de Kervasdoué; *Les Femmes Ne Sont Pas Des Hommes Comme Les Autres,* Ed. Odile Jacob, Paris, 1997, s.155-180

[23] N. Bellobet-Frier; a.g.y., s.67

- Mevcut Siyasal Düzenin Çıkarları Ve Kadın Siyasetçiler

Henüz nitel anlamıyla karışık (mixed) olmayan toplumlarda kadının siyasete girmesi eski modellere uyum sağlamasını gerektirmektedir. Böylesi değerler sistemi içerisinde "kadınların iktidara alt basamaklardan yükselerek değil, tepeden atanma yoluyla ulaştıkları"[24] gözlemlenmektedir. Bu uygulama daha çok kadınların simgesel anlamlarının öne çıkması, 'vitrin olarak kullanılmaları' durumunda söz konusu olmaktadır. Kadınların cinsiyetlerinden kaynaklanan çıkarlarını gündeme getirmek amacına dayanan kendi iradeleri dışında, bir anlamda ataerkil çıkarlar gereği siyasal karar mekanizmalarında yer almalarının nedenleri şöyle açıklanabilir:

1. Ölüm, yasaklama gibi nedenlerle siyasal alandan uzak kalması durumunda ailenin erkeği yerine bir kadın üyesi görevi devralmaktadır. Örneğin Pakistan'da başbakanlık yapan Benazir Butto babası Zülfikâr Ali Butto'nun, Bangladeş'te başbakanlık yapan Begüm Halide Ziya eşi Ziya ur-Rahman'ın, yine Bangladeş'te başbakanlık yapan Hasina Wajed babası Mucib ur-Rahman'ın, Sri Lanka Devlet Başkanı Chandirika Kumarantuga babası Solomon Bandaranaike ve annesi Sirimavo Bandaranaike'nin ki kocasının öldürülmesi üzerine başbakan olan S. Bandaranieke dünyada bu görevi üstlenen ilk kadındır, Hindistan'da başbakanlık yapan İndira Gandi babası Nehru'nun yerine siyasal görevler üstlenmişlerdir.

2. Özellikle 1960'ların sonlarından itibaren, ikinci dalga feminist hareketin toplumsal etkilerine koşut olarak kadınların kadın çıkarlarını gözeten siyasal partileri yeğledikleri gözlenmiştir. Bu oyları hedefleyen, diğer bir deyişle toplumun %50'lik bir grubunu gözden çıkarmak istemeyen siyasal partilerin vaadettiği kadınlara yönelik eylemlere kadınları peşinen inandırabilmesini sağlayacak bir yöntem olarak kadın aday gösterdikleri bilinmektedir. Kadınlarla erkekler arasında oy verme davranışı açısından çok büyük farklılıklar henüz saptanamamış olsa da; son verilere göre Arjantin, Almanya, Avusturya, İskandinav ül-

---

[24] 1936 yılında Fransa'da Léon Blum'un, içinde Irène Joliot Curie'nin de bulunduğu üç kadın bakanı hükümete seçerken yaptığı bu saptama, bir ölçüde de olsa hâlâ Türkiye'de ve dünya genelinde geçerliliğini korumaktadır.

keleri, Kolombiya ve Polonya'da kadın oylarıyla partilerin kadın adaylara yer vermesi, kadın çıkar ve görüşlerini temsil etmesinin açık bir biçimde karşılıklı ilişki içinde bulundukları görülmektedir.[25]

Ayrıca kadın adayların yalnızca kadın değil, tüm seçmen oyları için çekici niteliğinin arttığı gözlenmektedir. Fransız milletvekili Huguette Bouchardeau'nun aktardığı deneyimler partilerin böylesi bir amaca yönelik tutum değiştirme sürecini örneklemek açısından anlamlıdır:

"Seçimlerde ilk kez aday olduğumda arkadaşlarım nazikçe 'Bu bizim alışık olduğumuz oy oranından %5 düşmesi demektir; zira bir kadın oy kaybettirir.' diyorlardı. Bu 1968'den önceydi. Daha sonra kadın adaylar olmasının bir kazanç olduğu, bunun oy kaybettirmeyip, kazandırdığı farkedildi. Birden, bir kadın olmak iyi olabildi. İmge olarak iyi, oy çekmek için iyi. Böylece on yıl arayla ben tartışmanın tümüyle değiştiğini gördüm. Özellikle 1979'da PSU'nun başına getirildiğimde -ki bu bildiğim partiler arasında seçimi en çok önemseyendi.- bana niteliğin önemli olmadığı, iki yıl sonra cumhurbaşkanlığı seçimlerinin yapılacağı ve cumhurbaşkanlığı seçimlerinde bir kadın adayın iyi olacağı söylendi."[26]

3. Kadınların demokrasi/çağdaşlık/modernlik gibi değerleri simgeleme işlevi göz önünde bulundurulmaktadır. Türkiye Cumhuriyeti'nin kuruluşunu izleyen yıllarda kadınların medenî ve siyasal haklarında gerçekleştirilen yasal değişiklikler sonucunda on sekiz milletvekili kadının parlamentoda yer alması bu konuya somut bir örnektir.

4. Özellikle siyasal bunalım dönemlerinde gündem değiştirmek amacıyla kadın siyasetçilere önemli görevler verilmektedir. Kasım 1996'da devlet-mafya-polis ilişkisinin sorgulanmasına yol

---

[25] *Convention On The Elimination Of All Forms Of Discrimination Against Women*, 30 November 1993, s.6

[26] H. Bouchardeau; "Un Parcours Politique", in M.Riot-Sarcey; Femmes Pouvoirs, Eds. Kimé, Paris, 1993, s.54. Nitekim Fransız kamuoyundaki bu değişme, 1997 yılında daha belirgin gözlemlenebilmektedir: Seçmenlerin %90'ı başbakanın, %84'ü ise cumhurbaşkanının bir kadın olmasının istemektedirler. Bkz. Le Nouvel Observateur, No:1697, 15-21 Mai 1997, s. 24-25

açan Susurluk kazası ertesinde İçişleri Bakanlığı görevine ilk kez bir kadın bakanın (Meral Akşener) atanmasıyla ilginin bu yöne çekilmek istenmesi söz konusu duruma bir örnek oluşturmaktadır.

5. Başarısızlığı örtmek amacıyla değişme/yenilik göstergesi olarak kadın siyasetçilere yer verildiği görülmektedir. Fransa'da 1991'de kamuoyu araştırmalarına göre Sosyalist Parti'nin büyük bir destek yitimine uğramasının ertesinde dönemin Cumhurbaşkanı F. Mitterand'ın ülke tarihinde ilk kez bir kadın başbakanı (Edith Cresson) göreve getirerek eski seçmenlerini kazanmayı denemiştir.

6. Kitle tabanını değiştirmek/genişletmek amacıyla kadın siyasetçilerin kullanıldıklarına tanık olunmaktadır. Türkiye'de 1993 yılında Süleyman Demirel'in cumhurbaşkanlığına seçilmesinin ertesinde Tansu Çiller'in parti başkanı seçilmesiyle, o zamana dek geleneksel kırsal oylara dayanan partinin, sayısı artan kentsel seçmeni cezbedebilmek için 'imaj' değiştirmesini böyle bir çerçeve içinde ilişkilendirmek olanaklıdır.

bb. Siyasal Karar Mekanizmalarında Yer Alabilen Kadınların Çıkmazı

Siyasal karar mekanizmalarında bir çıkar grubu temsilcisi olarak kadınların yer alması ataerkil değerlerle biçimlenmiş, sayısal erkek egemenliğiyle pekişmiş siyasal alanda her zaman kadın çıkarlarının gündeme gelmesine neden olamamaktadır. Ayrıca mevcut ataerkil sistemin 'reformu' bağlamında siyasal alana dahil edilen kadın temsilciler de söz konusudur ki, bunların kadınlık bilincinin çoğu kez parti bilincinin altında kaldığı görülmektedir. Siyasal karar mekanizmalarının işlev ve işleyişinin yeniden tanımlanmadığı aşamada, genellikle, kadın siyasetçilerin bazıları, aslında erkeklerin onlara atfettiği, partilerin onlardan beklediği rollere uygun olmaya çalışırlar. Diğerleri ise tersine erkekler gibi olmayı ve onlar gibi yapmayı denerler. Birinci durumda geleneksel kadın imgesiyle , ikinci durumda erkekle özdeşleşme söz konusudur. Böyle bir yenidenüretim olgusu içinde kamusal alana çıksa dahi kadın ev içi rollerinin uzantısıyla sınırlanmakta veya 'erkekleşmek'tedir. C. B. Akal ise bu iki 'seçeneğe' karşın varolan ataerkil düzenin yenidenüretimi durumu saptamasını bir başka tanıyla zenginleştirmekte, iktidar sahibi kadınların ne tam kadın, ne de tam bir erkek olan çelişkili bir ara konumda bulunduklarını, bir tür siyasal travestizm ya da iktidarlı iktidarsızlık yaşadıklarını savlamaktadır.[27] Bu durumda değerler ve simgeler açısından kadının 'ikinci cins'liği sürmektedir; sağlandığı savlanan cinsiyetlerarası eşitlik henüz bir yanılsamadır. Siyaset erkek kodlarıyla belirlendiğinde, özellikle sınıfsal ve eğitimsel durumun geleneksel siyasal katılımla doğrusal bir ilişki içinde bulunduğu; seçkin kadın ve seçkin erkek arasında ortak çıkarlarını korumak amacıyla toplumsal açıdan ayrıcalıksız kadın ve erkeklerin sosyo-ekonomik gereksinimlerine karşıt bir işbirliği geliştiği gözlemlenmektedir.

W. Mills iktidar seçkinleri arasında kadınların zaten hiç yer alamayacağını düşünürken[28], V. Pareto'nun 'hükümet seçkinleri' kavramı içinde değindiği Perikles'in Aspasia'sı, XIV. Louis'nin Maintenon'u, XV. Louis'nin Pompadour'una (Jeanne-Antoinette Poisson) siyasal etkinlik açısından 8,9 gibi yüksek notlar vermiştir[29]; ancak bu kadınlar önemli roller üstlendikleri siyasal alanda hüküm süren ataerkil zihniyete tehdit oluşturmamış, onunla bütünleşebildikleri için bu güce ulaşmışlardır. Tarih içinde kadınların böylesi yöntemlerle 'iktidar' edinmeleri baskı altında ve yoksun konumlardakilerin sergiledikleri bir pratik zekâ göstergesi olarak değerlendirilebilse de, ataerkil sisteme tehdit oluşturmadığı için bireysel kurtuluşu amaçlayan bir işbirliğinin yansıması olarak da yargılanabilir.

cc. Siyasal Kadrolarda Kadın Temsilcilerin Sayısının
   Artırılmasıyla İlgili Uygulamalar
- Kadın Adaylara Kadın Seçmen Desteği:
   Bir grup olarak kadınların kendi çıkarlarını savunması gereği saptamasından yönlenen bu çözüm örgütler aracılığıyla özellikle seçim dönemlerinden önce çeşitli ülkelerde gündeme gel-

---

[27] C. B. Akal; *Siyasi İktidarın Cinsiyeti*, İmge Kitabevi, Ankara, 1994, s.22

[28] "İktidar seçkinleri, durumun, sıradan erkek ve kadınların sıradan ortamını aşabilmesine izin verdiği erkeklerden oluşur." W. Mills; *The Power Elite*, Oxford Uni. Press, London, Oxford, New York, 1959, s.3-4

[29] V. Pareto; *Traité de Sociologie Générale*, Librairie Droz, Genève, 1968, s.1296

mektedir. Ataerkil değerler içinde biçimlenen kadın bilinci bilindiği gibi zaman zaman erkekten daha kuvvetli bir *misogynie* örneği gösterebilmektedir. Birçok ezen-ezilen ilişkisinde ortaya çıktığı gibi ezilen, bazı ödüller karşılığında ezenle işbirliğine girmektedir. Erkek değerlerinde eşitlik anlayışına, dolayısıyla bir anlamda erkekle özdeşleşmeye dayanan birinci dalga feminist hareketin de bu tutumu beslediği görülmektedir. Ancak dünya genelinde yeni kuşak kadınların kadın kimliğine ve dolayısıyla kadın dayanışmasına daha duyarlı olduğu ortaya çıkmaktadır. Kadın seçmenler ya partilerini daha fazla kadın aday göstermeye ve onların seçilme olasılığı yüksek konumlarda bulunmasına teşvik etmekte ya da daha çok ve daha seçilebilir konumda kadın aday gösteren partilere oy vermektedirler. Seçimlerden sonra ise, gözlem komiteleriyle oylarına sahip çıkmaktadırlar.

Kadınların kadın siyasal temsilcilerin sayısını arttırmak ve onları gözlemlemek amacıyla bir çıkar grubu olarak çalışmalarının bir örneği Japonya'da yaşama geçirilmiştir. Parlamenterlerin ve yerel yönetimlerin %30'unun kadınlardan oluşmasını amaçlayan Siyasal Kadın ve Feminist Parlamenterlerin 1992'de kurduğu *AFER* isimli iki dergi kadın seçmen ile kadın çıkarlarının siyasal alanda temsili için yayın yoluyla özendirmede, yönlendirmede bulunmaktadırlar.

- Kota:

Birleşmiş Milletler'in yayınladığı1979 tarihli Kadınlara Karşı Her Türlü Ayrımcılığın Önlenmesi Sözleşmesi tüm ülkeleri kadın ve erkek arasındaki eşitlik ilkesini anayasalarına ve diğer yasalara eklemlemeye ve bu ilkenin yaşama geçirilmesi için tüm önlemleri almaya davet etmiştir. Sözleşmenin birinci bölümünün dördüncü maddesinde "Kadın-erkek eşitliğini (olgusal olarak) *de facto* sağlamak ve hızlandırmak için taraf devletlerce alınacak geçici ve özel önlemler, işbu sözleşmede belirtilen cinsten bir ayrım olarak düşünülmeyecek ve hiçbir şekilde eşitsiz ya da farklı standartların korunması sonucunu doğurmayacaktır. Fırsat ve uygulamada eşitlik amaçlarına ulaşıldığı zaman, bu önlemlere son verilecektir." hükmü yer almaktadır.[30] 1996 yılında ise, Parlamentolararası Birlik Konseyi, yalnızca kadınları değil, her iki cinsiyetin de eşit temsilini amaçlayarak kota olumlu ayrımcılığını çalışma planına katmıştır. Zira kadınların siyasal haklarını kazanmalarının üzerinden önemli bir zaman geçtiği halde, bu sürenin uzamasıyla kadın siyasal temsilci sayısının artışı arasında anlamlı bir ilişki görülememektedir. Kadınların karar mekanizmalarına tam bir eşitliğe ulaşacak bir biçimde artarak girmelerini sağlayacak doğal bir evrimden söz etmek bugünkü verilerle olanaksız görülmektedir.

Örneğin İngiltere'de kadınlar 1918 yılından itibaren siyasal haklarına sahiptirler; ancak parlamentoda anlamlı bir sayıya ulaşabilmeleri ancak 1997 seçimlerindeki kota uygulamasından sonra gerçekleşmiştir. Türkiye'de 1934 yılından beri seçme ve seçilme hakkı yasalarda yer aldığı halde kadın temsilci oranı hâlâ çok düşüktür. Oysa 1973'te bu hakka kavuşmalarına karşın İsviçreli kadınlar şu anda parlamentoda %21 oranında temsil edilmektedirler. Bir diğer deyişle kadın parlamenter sayısı kadınların siyasal haklarının yasallaşmasının tarihinin eskimesinden değil, kuşkusuz sosyo-kültürel etkilerle belli coğrafyalardan etkilenmektedir veya doğal akışına bırakıldığında evrimin ivmesi çok düşüktür. Bu nedenlerle parlamentolarda kadın sayısının artırılması için kota gibi yasal ama yapay önlemler dünya gündeminde yerini almaya başlamıştır. Kadınların siyasal alandaki yoklukları önündeki pratik engellerin en önemlilerinden biri partilerdir. Bunu ortadan kaldırmak amacıyla olumlu ayrımcılık çerçevesinde gündeme gelen kota uygulaması yasal açıdan aşılan ama yapısal açıdan süren kadın-erkek siyasal eşitsizliğini önlemek için pek çok ülkede pek çok parti tarafından çeşitli oranlarda uygulanmaktadır. Bu uygulama iki biçimde gerçekleştirilmektedir:

---

[30] Bu sözleşme BM Genel Kurulunun 18 Aralık 1979 tarihli oturumunda 34/180 sayılı önergeyle kabul edilmiş, 1 Mart 1980'de imzaya açılmış, 3 Eylül 1981'de yürürlüğe girmiştir. Türkiye'nin ise 20 Aralık 1985'te imzaladığı bu sözleşme TBMM'den geçirilerek yasalaşmış ve 14 Ekim 1985 tarihli Resmi Gazete'de yayımlanarak yürürlüğe girmiştir. Bkz. *Kadınlara Karşı Her Türlü Ayrımcılığın Önlenmesi Sözleşmesi*, İÜ Kadın Sorunları Araştırma Ve Uygulama Merkezi Yayınları, İstanbul, 1990

1. Geçici Kota: Engel bir kez ortadan kaldırıldığında ve bu sayede kadınlar siyasette deneyim kazandığında kotanın gereksizleşeceği düşünülmektedir.

2. Tartışılabilen/Esnek Kota: Gerektiği düşünüldüğünde uygulanan bu yönteme göre 'gerekliliğin' saptanıp, kadın adaylara yer verilmesi yerel parti sorumlularına bırakılmıştır.

Ancak kota uygulamalarına yönelik çeşitli eleştiriler bulunmaktadır. Öncelikle bu tür bir uygulamanın olumlu dense dahi eşitlikleri zedeleyen bir ayrımcılık olduğu, oy kaygısıyla kadın adayları kullanmak amacı taşıdığı, anayasaya aykırılığı, kadınları geçici de olsa bir barajla sınırladığı öne sürülmektedir. Felsefî ve ilkesel bir eleştiri ise, doğası gereği kotanın azınlıklar için uygulanması gerektiği biçimindedir; dolayısıyla kadınları bu uygulamaya aday göstermek onları azınlık statüsüne indirgemektedir. Öte yandan yerleşik işbölümü değişmeksizin, bir anlamda tepeden inme gerçekleştirilecek kadın milletvekili sayısındaki artışın ne denli kadın çıkarlarına hizmet edeceği özellikle iki yönden tartışmalıdır. Öncelikle 'kadınlara hakların verildiği' biçimindeki kadınları zımnen kendi haklarını bile arayamayacak denli âciz kabul eden ataerkil söylem bu uygulamayla pekişecektir. Diğer taraftan barajı doldurmak amacıyla saptanacak kadın adayların erkeklerin egemenliğindeki partilerde sorun çıkarmayacak nitelikte olanlardan seçileceği düşünülebilir. Bunların ne derecede kadın çıkarlarına hizmet edecekleri tartışmalıdır; ne de olsa, bir anlamda erkekler tarafından 'atanacaklardır.' Kota sisteminin başarısı o ülkedeki kadınlık durumu ve mücadelesiyle yakından ilişkilidir. İsveç örneğinde görüldüğü gibi kadınların bir parti kuracakları tehdidi. Bu bir blöf olmayıp ciddi bir oy kaybı olasılığı taşıdığı için partilerin kota uygulaması nicel ve nitel başarıyla sonuçlanmıştır; zira kadın hareketinin ciddi bir çıkar grubu olarak gündemi lehine çevirebilecek güçte olduğu bilinmektedir. Yapay bir siyasal gündemle gerçekleşen kota sonucunda parlamentoya giren kadınların eylemleri ile kadınların ve giderek kamuoyunun baskısı sonucunda gerçekleşen kotaya bağlı olarak siyasal temsilci seçilen kadınların eylemleri, kota uygulaması aynıymış gibi görünse de, varlıklarını borçlu oldukları mekanizmalara göre değişiklik gösterir. Bu yüzden herhangi bir kota değil, ideolojik ve toplumsal kaynağı ile gündemini kadınların oluşturduğu bir kotanın gerçek siyasal eşitlik için hızlandırılmış bir adım oluşturacağı savlanabilir.

- Kadın Partileri:
   Mevcut partilerde örgütlenmek yerine kadınların biraraya gelip oluşturdukları siyasal partilerdir. İlk örneklerinden biri, bir sonraki bölümde ayrıntılarına ineceğimiz 1923'te İstanbul'da kurulan Kadınlar Halk Fırkası'dır. 1990'larda Rusya'da kurulan ve Duma'ya giren Rusya Kadınları Partisi ve İzlanda Kadın Partisi ise yakın tarihli diğer örneklerdendir. Rusya Kadınları Partisi yalnızca üyelerinin cinsiyetiyle değil, siyasal davranışlarının radikalliği nedeniyle de dikkat çekmektedir; toplumsal konulara ağırlık vermekte, diğer partilerin kadın temsilcileriyle oluşturdukları dayanışma sayesinde aile ve kadın sorunlarının siyasal gündemde sık sık yer almasını sağlamaktadırlar.[31] 1981'de kadın grupları koalisyonu olarak kurulan İzlanda Kadın Partisi ise ertesi yıl yapılan il meclisi seçimlerinde Akureyri ve Reykjavik'te elde ettikleri önemli başarılar sonucu seçilen kadın siyasetçilerin denetleneceği ve yönlendirileceği haftalık toplantılar örgütledilerse de, deney, kadınların geleneksel işbölümü dolayısıyla yaşadıkları yorgunluk ve vakitsizlik nedeniyle başarılı olamadı.[32]

   Yalıtılmış bir kadın partisi uygulamasını siyasal iktidarın cinsiyetinin nicel ve nitel egemenliği karşısında bir kurtarılmış bölge düzeyinde kalmaya mahkûm olacağı, bu nedenle içinde bulunması ve dönüştürmesi gereken ilişkilerden kopacağı, kısacası sistem dışına düşeceği gerekçesiyle eleştirilmek gerekmektedir

- İktidara Muhalif Bir Örgütlenme Biçimi Olarak
   Kadın Hareketi:
   Böylesi bir görüş, en azından bu aşamada kadınların erkeklerin egemenliğindeki siyasal iktidara muhalif bir siyasal davranış içinde bulunmalarını öngörmektedir. Bu bağlamda iktidar-

---

[31] "Les Dames De La Douma", in *Courrier International,* Hors Série No.:10, Octobre 1994
[32] A. Phillips; a.g.y., s.177-178

la/erkek egemen zihniyetle uzlaşma olarak nitelenerek kadınların siyasal alanda temsili durumu reddedilmektedir; kadınların çıkarlarını savunabilmenin yolu erkek egemenliğindeki siyasal iktidarla bütünleşmekte değil, kadınların kendi örgütlenme biçimlerini yaşama geçirebildikleri kadın örgütlerinde gerçekleştirilmelidir. Bu görüşe göre feminist hareket, ataerkil olduğu sürece düzenin her kurumuna muhalif olmak ve bir sivil toplum faaliyeti olarak kalmak durumundadır.

Siyasal yaşamda cinsiyetlerin eşit temsili doğaldır ki kadın mücadelesi ve kadın statüsünün dönüşümüyle yakın bir ilişki içerisindedir. Kadınların özel yaşamla sınırlanmışlıklarından kamusal yaşamla bütünleşmeye geçişi dünya genelinde yaklaşık yüz elli yıllık bir tarihe sahiptir. Oysa kadınlarınkini de içeren toplumsal bilinç ve bilinçaltına bin yıllardır ataerkil zihniyet biçim vermektedir; dolayısıyla cinsiyete dayalı özel ve kamusal iktidar ilişkisinin en üst aşaması olan devlet yönetiminde henüz nicel ve nitel açıdan erkek egemenliğinin sürmesi çok şaşırtıcı değildir. Ancak insanlık tarihiyle kıyaslandığında küçümsenebilecek olan bu son yüz elli yıllık süreç kadınların bir çok alanda (çalışma, eğitim) %30'luk sayısal başarıya ulaştığına tanıklık etmektedir. İstisnai durumlar bir yana, sayısal da olsa bu gelişmeden payını alamayan hemen hemen tek kurum olan siyasal karar mekanizmalarının cinsiyetçi açıdan eşitlikçi bir biçimde yeniden yapılandırılması sürecini hızlandırmak, devletin ataerkil ideoloji ve söylemi yeniden üretimindeki işlevi nedeniyle büyük önem taşımaktadır. Öncelikle kadınlar lehine gibi görünse de toplumsal çıkar olarak değerlendirilmesi gereken bugüne kadar gerçekleşen dönüşümlerin geri dönüşsüz kılınması için bu gereklidir. Görüldüğü gibi dünya genelinde 20. yüzyıl ortasına kadar büyük ölçüde tamamlanan yasal kazanımlar cinsiyetler arası eşitliğin biçimsel temelini oluşturmaktadır. Bu kazanımın devamı ve tamamlayıcısı olan toplumsal açıdan eşitlik için cinsiyetçi işbölümünün dönüşmesi, iktidar başta olmak üzere değer ve kavramların yeniden tanımlanması, kadınların çıkarlarının bilincinde bir grup olarak davranabilmesi ve bunu bir toplumsal gündem maddesine dönüştürmeleri önem taşımaktadır; bu süreç kadının siyasal alandaki nicel ve nitel varlığıyla karşılıklı derin bir ilişki içinde bulunmaktadır.

B- Türkiye'de Tarihsel Süreç İçerisinde Kadınların Siyasal Temsilciliği

Türkiye'de kadınların siyasal temsilciliği, diğer ülkelerde olduğu gibi kadının değişen rol ve statüsüyle ve bununla karşılıklı ilişkili olarak da kadın hareketi tarihiyle paralellik içindedir. Bu saptamadan çıkarak varılmak istenen nokta Türkiye'nin ve diğer ülkelerin iç ve dış dinamiklerinin söz konusu duruma etkisini yadsımak değil; bu tarihsel gerçekleri, konunun nesnesi olarak kabul edilegelmiş kadının özne kimliğini de ortaya koyarak bir bütünlük içinde ele almaktır. Kadınların siyasal temsilciliği, diğer bir deyişle siyasal karar mekanizmalarında yer alması, onların özel alanın sınırlarını zorlayarak kamusal alanla bütünleşmelerinden ayrı olarak düşünülemez; zira feminist ideolojide yer alan 'özel olan siyasaldır' saptaması genel anlamıyla makûl görünse bile, dar anlamıyla devlet yönetme sanatı diye tanımlanabilecek siyasal etkinlikler kamusal alana aittir. Bu bağlamda siyasal temsil, kadınlar açısından değerlendirildiğinde diğer kamusal etkinliklerle benzer engellere sahiptir; ancak siyaset, iktidar ilişkilerinin ideolojik söylemini üretme, kurumsallaştırma ve yenidenüretme bağlamındaki işlevleri gereği 'modern' de olsa ataerkil düzenin temel belirleyicilerindendir; dolayısıyla eğitim, çalışma yaşamı gibi diğer kamusal alan etkinliklerinde en azından nicel anlamda aşılmaya yüz tutan kadın-erkek eşitsizliğine karşın siyaset belirgin bir biçimde erkek egemenliğinde sürdürülmektedir.

Kadının siyasal toplumsal katılımı irdelendiğinde ortaya çıkan veriler gelişim ve güncel durum açısından Türkiye'nin dünya geneliyle kronolojik, nicel ve nitel benzerlikler gösterdiğini belgelemektedir. Tarihsel bir yaklaşım ile değerlendirildiğinde yirminci yüzyılın ilk yarısında gerçekleşen yasal dönüşümler siyasal temsil açısından kadın-erkek eşitsizliğini biçimsel düzeyde düzenlemeyi amaçlarken; yine aynı yüzyılın son çeyreğinde gündeme gelen işlevsel eşitlik anlayışıyla söz konusu yasal düzenlemelerin yaşama geçiril(e)memesine çözüm üretilmeye çalışılmaktadır. Aslında karşılıklı ilişki içerisinde bulunan, birbirini izleyen ve içeren bu dönüşümler siyasal alanda sayısal olduğu kadar nitel değişikliklere de yöneliktir; ancak bu soyut eşitlik söyleminin yaşama geçirilmesini engelleyen, bir önceki bölümde irdelemeye çalıştığımız olgular kuramın pratikle örtüşmesini engellemektedir; ayrıca genelde insanlık, özelde kadının 'ikinci cinsliği'nin tarihi karşısında cinsiyetler arasındaki eşitlikçi çabaların geçmişi gerek toplumsal bilinçaltını, gerek davranışları henüz yeniden yapılandıramayacak denli kısadır. Bu bölümde, Türkiye'de kadının siyasetle ilişkisi, yasal eşitliği hazırlayan siyasal bilincin oluşması ve yasal eşitliğin oluşturduğu zemin üzerinde siyasal temsilin yaşama geçirilmesi bağlamında ortaya konmaya çalışılacaktır. Siyasal bilincin oluşması, yurttaş statüsünün kazanılması süreci ve kadın hakları mücadelesinin karşılıklı etkileşimi biçiminde ele alınacak ve siyasal haklar açısından cinsiyetlerarası yasal eşitliğin ön koşulu olarak irdelenecek, böylelikle tarihsel resmî kalıp yargılara çeşitlilik katılırken, bir yandan da yine aynı amaçla dönemin iktidarının müdahale ve kaygılarına yer verilecektir. Yasal engelin ortadan kalkmasını izleyen siyasal temsil davranışı ise, Türkiye'de kadının parlamento serüveni ve bunun nicel, nitel anlamlılığı/anlamsızlığı biçiminde tartışılarak yansıtılacaktır. Böylelikle, aynı zamanda tarihsel bir sürece denk düşen iki aşamada Türkiye'de kadının siyasal toplumsal katılımı değerlendirilecektir.

1. Siyasal Haklar Açısından Yasal Eşitliğin Kazanılması Süreci

Cinsiyet kültürü açısından değerlendirildiğinde İslamiyet'in kabulü öncesinde Türklerde kadın ve erkeğin eşit toplumsal konumlarda bulundukları gerek bilimsel gerek ideolojik olarak çeşitli kaynaklarda tartışılagelmiştir. Siyaset bağlamında ele alındığında ise hemen hemen tüm araştırmacıların değindiği "hakan ile hatunun eşitliği" savı ortaya çıkmaktadır. Bu ve bununla ilişkili savlar cinsiyetlerin toplumsal hiyerarşik değerlendiriliş süreci açısından aslında dünya tarihiyle paralellikler göstermektedir. Eski Türk toplumu hakkındaki son araştırmalarda da savlandığı gibi[33] şaman kalıntılarında ve mitolojide rastlanan anaerkillik izleri devletin, özel mülkiyetin olmadığı bir döneme

---

[33] Bkz. Ü. Hassan; *Eski Türk Toplumu Üzerine İncelemeler,* Kaynak Yayınları İstanbul, 1985

40

aittir ve bu durum F. Engels'in klasik yapıtı *"Ailenin, Özel Mülkiyetin ve Devletin Kökeni"*ndeki evrensel saptamalara uygundur.

Öte yandan İslam Devletleri tarihinde, Orta Çağ Avrupası'nda kökenini bulan Salien yasasının (La Loi Salique) benzerlerinin genel uygulamada yer almadığı görülmektedir. Frankların bir kolu olan Salienlerden adını almış olan bu yasaya göre taşınmaz mallarda kızların miras hakkı bulunmamaktadır. O dönemde özel ve kamusal hukuk açısından bir farklılık gözetilmediği için devlet de hükümdarın miras bırakabildiği bir malı olarak kabul edilmekte olduğundan söz konusu yasa uyarınca miras hakkı bulunmayan kız çocuklar devlet yönetiminden de uzak tutulmaktaydılar. Oysa İslam devletlerinde Türk kadın hükümdarlar bir yönetim geleneğinin kanıtını oluşturmasalar bile çeşitli tekil örnekler sunmaktadırlar: 1236'da Delhi Müslüman Türk Devleti'nde tahta çıkan Raziyye Hatun ; yine aynı dönemlerde Mısır'da Şecer üd-dür; daha sonra Kutluk Devleti'nin dördüncü hükümdarı Türkan Hatun ve onun kızı Padişah Hatun (tahta çıkışı 1292); 1263-1286 yılları arasında Salgurlular'ın hükümdarlığını yapan Ebeş (Abiş) Hatun; 1316'da Hurşitoğullarının on dördüncü hükümdarı olarak tahta çıkan Devlet Hatun; Celayirliler'de Döndü Hatun; 1600 yıllarında Kasım Hanlığı'nda Fatma Sultan Begüm. B. Üçok bu örnekleri tarihsel koşulları içinde ayrıntılı olarak tanıtırken "Osmanlılar'da taht varissiz kalmadığı için bir kadın hükümdarla karşılaşmamaktayız."[34] savında bulunmakta ve bu görüşünü ispatlamak için aşağıdaki olayı aktarmaktadır: "Kasım 1809'daki Yeniçeri ayaklanmasında II. Mahmud, kardeşi IV. Mustafa'yı öldürttüğü zaman, Yeniçeriler Osmanlı tahtının sahibi ve tek varisi II. Mahmud'u tahttan indirmeye karar verdiler. Bunun üzerine onlara: 'Peki kimi padişah ideceksiniz? diye soruldu. Onlar 'Esma Sultan (IV. Mustafa'nın kız kardeşi) olsun; her kim olursa olsun, ●adişah da bir adam değil mi? Kim olursa olsun Allah ocağımıza zeval vermesin' diye bağırarak cevap vermişler-

---

[34] B. Üçok *İslam Devletlerinde Türk Naibeler ve Kadın Hükümdarlar,* Kültür Bakanlığı Yayınları, Ankara, 1993, s.208

dir."[35]"Gerek Türk gerek Türk-İslam kültürünün kadının devlet yönetiminde yer almasıyla ilgili uygulamalarına yukarıdaki olumlu örnekler verilse dahi, söz konusu örnekler kadının siyasal temsili açısından değil, iktidarın verasetle aktarıldığı dönemler için anlamlıdır. Böylesi mutlakıyet yönetimlerinde iktidar değişikliği siyasal olduğu kadar mirasla ilgili bir sorundur ve çok genel bir değerlendirmeyle bir ailenin içinde 'çözülmektedir.' Oysa siyasal toplumsal temsil kavramı yöneticilerin seçimini (seçim biçimi tartışılsa bile) zorunlu kılmaktadır. Dolayısıyla Türk ve Türk-İslam tarihiyle ilgili örnekler gelenek ve dolayısıyla toplumsal bilinçaltı açısından olumlu bir birikim olarak değerlendirilebilir; ancak kadınların siyasal temsilciliği tartışmaları yöneticilerin seçimle işbaşına geldikleri düzenler (meşrutiyet, cumhuriyet) ya da bu düzenler için yapılan mücadele içinde ele alınmak durumundadır.

Böyle bir yaklaşımla ele alınıp Türkiye özelinde değerlendirildiğinde kadının siyasal toplumsallaşması açısından 19. yüzyılın ikinci yarısı önemli bir dönüşümün ilk belirtilerini içermektedir. Bu dönemde, Fransız Devrimi'nin ertesinde dünyaya yayılan fikirlerin Osmanlı İmparatorluğu'nun sorunlarına aranan çözümlerle ilişkilendirilmesi düzenin reformuna yönelik bir muhalefet hareketinin biçimlenmesine yol açmış, kadın konusu bu bağlamda gündemin temel maddelerinden birini oluşturmuştur. Böyle bir hareket için kadınlık durumu bir yandan mevcut düzenin neredeyse müsebbibi, diğer yandan da gerçekleştirilmesi amaçlanan düzenin vitrini olma işlevini yüklenmiştir. Bir başka deyişle kadınlık durumu siyasal ve toplumsal düzenin turnusol kağıdı niteliğinde ele alınmıştır. Ancak amaç ve araç birbirine karışmış görünse dahi, Osmanlı İmparatorluğu'nun son döneminde ortaya çıkan ve Türkiye Cumhuriyeti'nin de temelini oluşturacak olan bu arayışlar dünya geneliyle kronolojik ve içeriksel benzerlikler sunan bir biçimde kadının en azından yasal açıdan özel alanla sınırlanmışlıktan kamu alanına girebilme olanağına kavuşmasına yol açmıştır.

Siyasal temsilcilik bağlamında 1930'lu yıllarda gerçekleşen yasal dönüşümler kadınların da yer aldıkları mücadeleler sonu-

---

[35] E. Z. Karal; *Osmanlı Tarihi,* Cilt:5, s.100'den aktaran *ibid.* s.208

cunda ortaya çıkan bir dizi irili ufaklı kazanımın sonucu niteliğindedir. Bu evrim içerisinde kadınların yukarıda belirtilen amaçlara sahip erkek yandaşlara da sahip olmaları kazanımların bağışlandığı anlamına gelemez; zira yasal dönüşümlere yol açan ve dünyada da Türkiye'dekinden çok küçük tarihsel farklılıklarla ortaya çıkan birinci dalga kadın hareketi kendisine, örneğin Avrupa'da da Condorcet, J. S. Mill gibi önemli müttefikler bulmuştur. Egemen söylemin çarpıttığı gerçekler açısından değerlendirildiğinde Türkiye ve Orta Doğu ülkelerine mahsus bir 'erkek feminizmi'nden söz edebilmek bizce salt bu nedenle dahi anlamsızdır.

Seçme ve seçilme hakkı yukarıda da değinildiği gibi seçilecek ve seçilinebilecek siyasal organların varlığını zorunlu kılan kavramlardır; dolayısıyla bu anlamıyla Türkiye gündemine girişi 1876 Kanun-u Esasi'sinin kabulünden sonra gerçekleşmiş, daha sonra parlamentolu yaşam kesintiye uğradığı için 1908'e kadar askıya alınmıştır. Ancak II. Meşrutiyet'ten itibaren siyasal partiler seçimlere katılabilmiştir. Ama 'sınırlı oy' uygulaması Cumhuriyet yönetimiyle ve tedricen ortadan kaldırılmıştır. Oy hakkı 1877'de yalnız emlak sahibi erkeklere, 1908'de belli bir miktarın üzerinde vergi veren erkeklere tanınırken, 1923'te ekonomik sınırlamalar kaldırılmış, ancak seçme ve seçilme hakkına yönelik cinsiyetçi ayrımın yasalardan çıkarılabilmesi için 1934 yılına dek beklemek gerekmiştir. Görüldüğü gibi erkek ve kadınları yaş dışında bir ayrım yapılmaksızın siyasal haklara ulaşma açısından karşılaştırdığımızda aradaki fark yalnızca on bir yıl, diğer bir deyişle üç genel seçim(1924, 1927, 1931) dönemidir. Dolayısıyla kadınları siyasal haklar için mücadele vermemekle suçlayanların, servet temeline dayanan ayrımcılığa karşı erkekler de belli bir mücadele sergilemediğine göre, onlara 1924'te tanınan hakları da bir bağış olarak nitelemeleri gerekmektedir. Ancak, zaten kadınların siyasal talepleri olmuştur; ayrıca yalnızca siyasal değil tüm hakların, mücadele kadar o hakkı elde etmeye layık bir evrim geçiren gruplara tanınması da evrensel bir olgudur. Nitekim konumuz bağlamında değerlendirildiğinde Fransız kadınları bu sava iyi bir örnek oluşturmaktadırlar. 1789 Fransız Devrimi'nden itibaren sürdürdükleri oy hakkı mücadelesine karşın ancak II. Dünya Savaşı'nda gösterdikleri işgale karşı direnişler sonrasında (1944) siyasal haklarını kazanmışlardır.

Osmanlı İmparatorluğu'nun son döneminde eğitim, çalışma ve medeni haklarda geçirdikleri dönüşümler ile kadınların özellikle örgütleri aracılığıyla kamusal yaşama açılmaları[36] karşılıklı bir etkileşim içerisine girmiştir. 1900'lerin ilk yıllarında yayın ve toplantılarında siyasal haklarını talep etmekten çok, "İyi eş, iyi anne, iyi Müslüman" olabilmek için eğitim olanağı isteyen Osmanlı kadınlarının bu açıdan da Batı'daki benzerleriyle, örneğin Mary Wollstonecraft ile fazla farklılaşmadığı görülmektedir.[37] Ancak bu taleplerle paralel giden eğitim olanaklarının gelişmesinin ve birbiri ardısıra gelen savaşların etkisiyle özellikle İstihlak-ı Milli Kadınlar Cemiyeti ve Kadınları Çalıştırma Cemiyet-i İslamiyesi gibi dernekler aracılığıyla kadınlar çalışma yaşamına katılmışlar ve erkekler arasında da yeni yeni yükselmeye başlayan yurttaşlık bilincine ulaşmanın yansımalarından örnekler sergilemişlerdir.

II. Meşrutiyet Dönemi'nde Cevdet Paşa'nın kızı Emine Semiye Hanım Osmanlı Demokrat Fırkasında ve İttihat ve Terakki Cemiyeti'nde; Şerif Paşa'nın eşi Prenses Emine ise İslahat-ı Esasiye-i Osmaniye Fırkası'nda aktif siyaset yapan tekil örnekler olarak kalsalar da, özellikle Balkan ve Kurtuluş Savaşı yıllarında çeşitli örgütler içerisinde oluşturulan siyasal taleplerde kadınların bir yurttaş olarak etkin konumlarda bulundukları gözlemlenmektedir. Balkan Savaşları sırasında Teâli-i Nisvan Cemiyeti'nde beş bin kadının katıldığı iki toplantı düzenlenmiş, Türk kadınları ikinci Edirne seferinin masraflarına katkıda bulunmuşlardır. Bu toplantılarda, Halide Edib'in tanımıyla, "Ulusun tarihinde ilk kez erkekler ve kadınlar ulusal konularda bir-

---

[36] Ayrıntılı bilgi için bkz. A.Yaraman-Başbuğu;"Türk Kadınının Toplumsal ve Yasal Statüsünün Dönüşmesi Sürecindeki Önemli Değişkenlerden Biri Olarak Kadın Örgütleri", *M.Ü.İ.İ.B.F. Dergisi*, 1991, Cilt:8, Sayı:1-2

[37] Dönemin talepleriyle ilgili bir karşılaştırma için bkz. A. Yaraman-Başbuğu; "Kadın Tarihinin Evrenselliği Açısından Ş. Sami'nin 'Kadınlar' Risalesi", *Toplumsal Tarih Dergisi*, Mart 1997, No:39, s.61-64

likte yer aldılar."[38] Yine 1913 yılındaki bir başka toplantıda, yine Halide Edip Türk kadınının siyasallaşmasını şöyle yansıtmaktadır: "Eskiden böyle milli felaketlerde kadınlar büyük işlere karışmaz,(...) bigâne kalırlarmış.(...) (Şimdi) Milletin kadınları ilk defa milletin hakiki anası ve efradı gibi bu felakete müşterek, felaketle mütehassis oluyor, onu konuşmak ona çare bulmak için biraraya toplanıyor."[39]

Kadınları da içine alan toplumsal seferberlik Osmanlı Donanma Cemiyeti ve Türk Ocağı gibi derneklerde de çeşitli vatanperver toplantılara neden olmuştur. Daha sonra Kuvay-ı Milliye'ye destek vermek için biraraya gelip 1918'de Milli Kongre'yi oluşturan elli bir örgütün on altısı çeşitli amaçlarla kurulmuş kadın derneklerinden oluşmuştur. 15 Mayıs 1919'da İzmir'in işgalini izleyen günlerde İstanbul'da düzenlenen protesto mitinglerinde gerek konuşmacıların gerek dinleyicilerin çoğunluğu ulusal çıkarlarının bilincindeki kadınlardan meydana gelmiştir. Bilindiği gibi bu mitinglerin en ünlü hatibi olan Halide Edip, 23 Mayıs 1919 günü Sultanahmet Meydanı'nda, Sabiha Sertel'in aktardığına göre[40], çoğunluğunu her katmandan kadınların oluşturduğu iki yüz bin kişilik bir kalabalığa seslenerek onlara bağımsızlık yemini ettirmiştir. Böylesi bir *de facto* (olgusal) siyasal katılım soyut siyasal hak taleplerinden daha etkili olmuş, bir anlamda kendiliğindenliğin doğurduğu doğal bir süreç içerisinde geliştiği için, İngiltere ve Fransa başta olmak üzere diğer bazı ülkelerde görünen muhalefetle karşılaşmamıştır. Kadın artık kamuoyunun bir parçasıdır; kamuoyunun gündeminin oluşmasında payı vardır; dolayısıyla bu gündeme çözüm üretecek siyasal karar mekanizmalarında yer alabilmesi için yasal engellerin aşılması gerekmektedir; toplumsal meşruiyet yasal dönüşümü gerekli kılmaktadır. Nitekim aynı yıl içindeki seçimlerde, kadınların yasal seçme ve seçilme hakkı olmamasına karşın erkek seçmenlerin bir kadına oy verdikleri görül-

---

[38] "The Awakening Of Turkish Woman", *The American Review Of Reviews,* Cilt:49, Haziran 1914, s.744

[39] H. Edip; "Felaketlerden Sonra Milletler"; *Türk Yurdu,* 16 Mayıs 1329, s.521

[40] S. Sertel; *Roman Gibi 1919-1950,* Cem Yayınevi, İstanbul, 1978, s.27

mektedir: Halide Edip aday olmamasına ve yasal engele karşın Beyşehir'de on, Beypazarı'nda yirmi, Giresun'da sekiz, Erzurum'da üç, İstanbul'da bir oy almıştır. Nicel değil, nitel bir anlam taşıyan bu oyları sayısal açıdan küçümsememek için o dönemde seçimlerin genel oy biçiminde olmadığını ve "ikinci seçmenlerin" seçim sonucunu belirlediğini, dolayısıyla seçmen sayısının zaten az olduğunu anımsamakda yarar bulunmaktadır; bir örnek vermek gerekirse yukarıda yirmi oyun Halide Edib'e verildiği belirtilen Beypazarı'nda toplam oy sayısı zaten yirmi ikidir. Toplumsal beklenti ve onayı yansıtması açısından Halide Edib'in yazarı bulunduğu *Vakit* gazetesinin yorumu da anlamlı bir veridir: "Muhterem edibemizi (...) bu muvaffakiyetinden dolayı tebrik eder ve kendisini bundan sonraki intihabın mebusları arasında görmek temennisini izhar ederiz."[41]

Zaten seçim öncesinde de aynı gazetede kadınların oy hakkıyla ilgili bir araştırma yapılmış ve bu amaçla Halide Edip ve Nakiye (Elgün) ile görüşülmüştür. Halide Edip, yirmi yaşındaki tüm kadınların seçmen ve otuz yaşındaki kadınların milletvekili adayı olabileceğini, Millet Meclisi'nin bu amaçla bir sonraki seçimlerden önce yasal değişikliği gerçekleştirmesi gerektiğini ve buna Türk erkeklerinin, örneğin İngiltere'deki gibi karşı çıkmayacağını belirtmiştir.[42] Nitekim Halide Edib'in öngördüğü gibi bir sonraki seçim döneminden önce kadınlar lehine yasal değişiklik Meclis gündemine gelmiş, ancak kadınlar bu arada başta Anadolu Kadınları Müdafaa-i Vatan Cemiyeti aracılığıyla olmak üzere yaygın bir coğrafyada vatan savunmasına yönelik cephe gerisi faaliyetler yürüttükleri ve hatta bilfiil Kurtuluş Savaşı'na katıldıkları halde, sonuç onun iyimserliği doğrultusunda gerçekleşmemiştir. Nisan 1923'te Bolu milletvekili Tunalı Hilmi Bey kadınlara en azından seçme hakkının verilmesini talep etmiş, ancak büyük bir tepkiyle susturulmuştur. 1924'te Anayasa tartışmaları sırasında konu bir kez daha gündeme gelmiş, ama tekrar reddedilmiştir. Ancak bu tartışmaları izleyen seçimlerde

---

[41] *Vakit,* 1.Kanunuevvel.1335
[42] "Kadınlara İntihab Hakkı Verilmeli Mi?", *Vakit,* 25 Teşrinievvel. 1335

yine kadınlara oy verilmiş, Halide Edip ve Lâtife Hanım İzmir'de birer, Halide Edip Konya'da otuz yedi oy almıştır.

Öte yandan *Vakit* gazetesinde yayımlanan yukarıda sözü edilen görüşme içinde Halide Edib kadınların adaylıklarını mevcut partiler aracılığıyla koyabilecekleri gibi, "bir halk fırkası da teşkil edebileceklerini" öngörmüştür. Nitekim 1923 yılı Haziran ayında Nezihe Muhiddin başkanlığında Kadınlar Halk Fırkası kurulmuştur. Yalnız yukarıda *Vakit* gazetesinde yayımlanan görüşmede Halide Edip kadınların yalnız başlarına parti kurmalarına taraftar olmadığını da belirtmiştir. Ona göre kadınların "klübleri ayrı olabilir ama erkek kadın fırkası bir olmalıdır." Nitekim "toplumsal ve siyasal yaşamda kadının hak ettiği yeri almasını" amaçlayan, "kamu yaşamına katılımın hareket noktası olarak kadınlara oy ve seçilme hakkı" talep eden Kadınlar Halk Fırkası da Mustafa Kemal ve arkadaşlarının kuracağı partiyle aynı adı taşıdığı için kısa bir süre sonra kapanmıştır. Bu gelişme üzerine kurulan ve Kadınlar Halk Fırkası'nın devamı olan Kadın Birliği tüzüğünde ise siyasal amaç ve taleplere yer verilmediği gibi, Nizamname'nin üçüncü maddesinde, "Birliğin siyasetle alâkası yoktur" içerikli özel bir madde bulunması dikkat çekicidir. Ancak 1925'te yayımlanmaya başlayan *Türk Kadın Yolu*'nun ilk sayısından itibaren siyasal haklar tekrar gündeme girmiştir. 1926'dan itibaren kadınların siyasal haklarıyla ilgili olarak İstanbul'la sınırlı kalmayan bir kampanya yürütülmüş, 1927 Mart'ında yapılan Kadın Birliği'nin İstanbul'daki kongresinin ana gündem maddesini de bu konu oluşturmuştur. Buna bağlı olarak Birliğin tüzük değiştirme talebi ise İstanbul Valiliği tarafından reddedilmiş, ancak hükümet valinin bu değişikliği onaylamasını istemiştir.

Haziran 1927'de kadınların siyasal hakları konusu yeniden gündeme gelmiş, yapılan konuşmalarda bu hakların tanınmasından yana tutum sergilenmiş, ancak zamanın uygun olup olmadığı ve Kadın Birliği'nin bu amaçla uyguladığı yöntemler nedeniyle sonuç alınamamıştır. Bunun üzerine yaptığı açıklamada Nezihe Muhiddin, "Biz seçim haklarımızı elde etmeye dayalı olan idealimizden vazgeçmiş değiliz. Zira bundan vazgeçersek derneğimizin hiç bir varoluş nedeni kalmaz."[43] diyerek, Kadınlar Halk Fırkası olarak kurulduğunda temel aldığı siyasal amaçları derneğe dönüştüğünde reddeden Kadın Birliği'nin o dönemde belli zorunluluklardan dolayı böylesi bir karar aldığını sezdirmiştir. Bu tavır alıştan itibaren derneğin siyasal iktidarla arasında belirgin bir anlaşmazlık su üstüne çıkmıştır. Nitekim Meclis tartışmaları sırasında Kadın Birliği'nin konuyla ilgili tutum ve davranışlarına onay verilmemiş, basında da derneğe, siyasal talepleri kastedilerek ılımlılaşması önerilmiştir. Siyasal iktidar ve basının bu tutumunun bir uzantısı olarak Eylül 1927'de Nezihe Muhiddin ve yönetim kurulu üyeleri yönetimden uzaklaştırılmış, polis dernek merkezinde arama yaparak idarî usulsüzlük gerekçesiyle kayıtları mühürlemiş, bir süre sonra talepleri ve iktidarla ilişkileri açısından ılımlı Latife Bekir Birlik başkanlığına getirilmiştir.

3 Nisan 1930'a kadar Kadın Birliği'nin herhangi bir eylemine rastlanmamış ve âdeta bu sessizliğin mükâfatı olarak bu tarihte yürürlüğe giren kadınlara belediye meclislerine seçme ve seçilme hakkını tanıyan yeni Belediye Kanunu'nun kabulünden sonra 11 Nisan'da Sultanahmet Meydanı'nda bir teşekkür mitingi düzenlenmiştir. Bu yasal değişiklik üzerine Kadın Birliği'nin başta Nezihe Muhiddin olmak üzere eski yöneticileri Cumhuriyet Halk Fırkası'na üyelik için başvurmuş, ancak bu talep kabul edilmemiştir. Buna karşılık bir anlamda atanmış olan Latife Bekir başkanlığındaki Birlik'in yeni yönetimi İstanbul ve İzmir'de Şehir Meclisi üyeliklerini kazanmışlardır. İktidarla işbirliği içinde bulunan bu yeni yönetimin belediyecilik aracılığıyla siyasal yaşama katılma konusundaki yorumları da ilginçtir. Latife Bekir, "belediyecilik her şeyden evvel büyütülmüş bir ev idaresi demektir."[44] diye açıklamada bulunup böylesine önemli bir kazanımı kadının geleneksel rollerinin uzantısı gibi değerlendirirken; Nezihe Muhiddin, Suat Derviş gibi adaylar kadın hareketinin ve buna bağlı siyasal hak mücadelesinin içinden

---

[43] A. Demiröz; "Kadınların Siyasal Haklarının 50. Yıldönümünde Binbir Çilenin, Acının, Engelin İçinden", *Saçak*, Sayı:11, Aralık 1984, s.11

[44] *Milliyet*, 27 Mart 1930, s.1

geldikleri için kazanımları bu doğrultuda değerlendirmektedirler.

Yerel yönetimlere seçilme hakkı, yasal objektif, genelgeçer bir nitelik taşıması gerektiği halde siyasal yaşamı eviçi rollerin uzantısı bağlamında değerlendiren edilgen ve siyasal iktidara bağımlı kadınlara seçilme olanağı sağlarken, kadın mücadelesinden gelen diğerlerini belediye meclisleri dışında bırakmıştır. Bu gelişmeler bağlamında bir değerlendirme yapıldığında, dönemin iktidarının kadınların siyasal hakları için mücadelelerine değil, mücadelesizliklerine ve hatta güdümlülüklerine prim verdiği, hatta Cumhuriyet sonrasında Kadın Birliği'nde vücut bulan siyasal mücadeleyi, kuruluşunda ve taleplerin herşeye karşın keskinleştiği bir dönemde dernek içi hizipler oluşturma ve hatta polisiye baskılarla başka mecralara yönlendirmek istediği görülmektedir. Diğer bir deyişle, kadınların siyasal eşitlik talepleri çerçevesinde oluşturdukları muhalefet o dönemde yükselen 'tek örgüt parti' söylemine paralel olarak edilgen bir konuma itilmiştir. Oysa kadınların talepleri iktidarın 1930'ların ilk yarısındaki çıkarlarıyla örtüşen çözümlere (kadınların siyasal haklarının yasallaşması) yöneliktir; Ş. Tekeli'nin savına göre[45] kadınların siyasal haklarını yasalaştırmak dünyada aynı yıllarda ivme kazanan diktatörlüklerden farklılığını kanıtlamak için o günkü siyasal yöneticilerin kullandıkları bir araç olmuştur.

Bir diğer neden olarak muhalefeti bastırmak amacıyla radikal bir çözüm olarak da kadınların seçme ve seçilme haklarının yasallaştığı düşünülebilir; zira bu üstyapısal değişiklik tüm dünyada olduğu gibi Türkiye'de de eşitlikçi kadın hareketinin varlık nedenini ortadan kaldırmıştır; dolayısıyla bir muhalefet odağını etkisizleştirmiştir. Zaten bu değişiklik iktidara ulusal ve uluslarası planda çıkar sağlamakta ve uygulamalar sırasında içeriği boşaltılabileceği için kontrol edilemeyen bir tehlike oluşturmamaktadır. İçeriğinin boşaltılması seçimlerin bir anlamda atamayla gerçekleşmesine bağlı olarak istenmeyen adayların zaten

---

[45] Ş. Tekeli, *Kadınlar Ve Siyasal Toplumsal Hayat,* Birikim Yayınları, İstanbul, 1982, s.296

seçilmemesi (doğaldır ki bu durum erkekler için de geçerlidir) ve zaman içerisinde toplumsal ters özendirmelerle kadın adayların sayısının azalması biçiminde gerçekleşmiş ve kadınların siyasal temsilciliğinin gerçekçi boyutlarıyla yaşama geçirilememesinin önemli nedenlerinden birini oluşturmuştur. Tüm bu gelişmelerin bir devamı olarak 26 Ekim 1933'te kadınların Köy Muhtar Heyetleri'ne katılma hakkı yasallaşmıştır ki, Halide Edip ile 1919 yılında *Vakit* gazetesinde gerçekleştirilen yukarıda değindiğimiz görüşmede, daha o tarihlerde köylerde kadın muhtarlarının varlığı bildirilmektedir. 5 Aralık 1934 ise, herşeyden önce Türkiye'de genel oy ilkesi açısından bir sürecin tamamlanması anlamını taşıdığı için önemlidir. Bu tarihte Teşkilat-ı Esasiye Kanunu'nun 10 ve 11. maddeleri aşağıdaki biçimde yeniden düzenlenmiştir: "22 yaşını bitiren kadın, erkek her Türk mebus seçmek hakkını haizdir." "30 yaşını bitiren kadın, erkek her Türk mebus seçilebilir."

2. Türkiye'de Kadınların Siyasal Temsilciliği:

Genel oy hakkının son aşaması olarak da tanımlanabilecek olan bu yasal dönüşüm Meclis'teki 317 milletvekilinden 258'inin olumlu, 53'ünün çekimser, 6'sının boş oyuyla kabul edilmiştir. Ancak hiç olumsuz oyun bulunmaması, değişikliğe muhalefet edenlerin olmadığı anlamında değerlendirilmemelidir. Bu yasal eşitliği gerek rejimin vitrini , gerek kadın muhalefetini bastırmak anlamında kullanmak Meclis'te çıkarcı ve belki zorunlu bir *consensus* (oydaşım) oluşturabilmiştir. Ayrıca kadın kimliğinin tanımlanmasıyla ilgili geleneksel/ataerkil değerler gündemdedir ve bu değerlerin genel toplumsal siyasanın ana belirleyicisi olma işlevini sürdürmesi yasal hakların yaşama geçirilmesini engelleyeceği için zaten erkek iktidarının paylaşılması anlamında somut bir tehlike bulunmamaktadır. Yerel yönetimlere seçme ve seçilme hakkını kutlamak için 11 Nisan'da Sultan Ahmet Meydanı'nda düzenlenen miting öncesinde eski ve yeni Kadın Birliği yöneticilerinin tartışmaları ve buna bağlı olarak mitinge daha çok erkeklerin katılmasının, ki bu bir bağlamda siyasal iktidarın kadınlık durumunu ülke ve rejim çıkarlarıyla özdeşleştiren dolayısıyla 'cinsiyetlerüstü bir çıkar'[46] düşüncesi yaratan siyasasının kaçınılmaz sonucudur, başarısızlık olarak yorumlanması kadınların tepkilerine yol açtığı için, dönemin basınında kadınların psikolojik yetersizlikleriyle ilgili yazılar yer almıştır. "Kadınlar Birliği âzâsının, bir miting meselesinden çıkan münakaşada bu kadar asabiyet göstermeleri şayan-ı hayrettir. Kadınlara intihab hakkı verilmesi üzerine yarın herhangi bir meselenin müzakeresinde de Kadınlar Birliği âzâsının sinirlerine hakim olamayacakları anlaşılıyor ki, bu kendileri için fena bir not verilmesine mucip olur."[47]

Yasal eşitliğin mevcut ataerkil sistemi aşamadığını gösteren ilk kanıtlardan biri bunu izleyen dönemde kadınların siyasal katılım amacıyla CHF'ye üyeliğinin ancak iki parti üyesinin (doğaldır ki erkek) önerisiyle mümkün olması, seçimler için kadın adayların saptanmasının da yine erkek yöneticilerin kararı doğrultusunda gerçekleşmesidir. Siyasal iktidar, değişikliği yasalarla ve çıkarlarıyla sınırlamak için gerçekleştirdiği bu uygulamalarda yöneticileriyle içiçe bulunduğu basının gündemini de bu davranışa meşruiyet kazandırmak amacıyla kadın doğasına ilişkin yerleşik karalamaları kamuoyuna sunmuştur. Kadınları bağımsız bir muhalefet grubu olarak yaşatmak istemeyen iktidar, onları bölerek grup dışına doğru yoğunlaşmış çatışmayı grup içine döndürmüş ve bunun sonucunda kadınların verdikleri tep-

---

[46] 19. yüzyıldan itibaren süregelen, ülke sorunlarının çözümü bağlamında yapılan kadınlık durumu değerlendirmelerinde konunun yalnızca bir cinsiyete değil, topluma özgü sorun ve çözümler biçiminde ele alınması demokratik bir davranış olarak değerlendirilebilir. Ancak retrospektif bir değerlendirme, sözkonusu davranışın kadını nesne statüsünde ele alan, dolayısıyla onu bir vitrin gibi kullanabilen ataerkil zihniyetin ürünü olduğunu göstermektedir. Kadın sorunları her iki cinsiyeti de ilgilendirdiğinin bilincine varıldığı ölçüde gerçek çözümlere ulaşabilir; ancak bunun erkekler tarafından, onların belirlediği sınırlar ve onların tanımlarıyla kadınlar için yapılması mevcut egemenlik ilişkilerini ve cinsiyetçi hiyerarşiyi yeniden üretmekten başka bir anlam ve işlev taşımaz. Dolayısıyla yukarıdaki tarih ve coğrafyada cinsiyetlerüstü bir çıkar olarak ileri sürülen durum aslında ataerkil sisteme bir alternatif oluşturmaz; ancak içeriği gereği kaçınılmaz olarak kadınlara ve doğaldır ki topluma hizmet ettiği de yadsınamaz.

[47] *Cumhuriyet*, 17 Nisan 1930, s.4

kileri de yine onlar aleyhine propagandanın malzemesi yaparak bir taşla iki kuş vurmuştur. Şaşırtıcı olduğu kadar erkeklerin kadınlar üzerindeki egemenliğini sürdürmekteki kararlılığını ve bir anlamda da tüm kontrola karşın muhalif kadın hareketinin yarattığı ürküntüyü gösteren bir başka kanıt da "Erkekler Birliği"nin kuruluşudur. Derneğin amacı, "memleketi ve milleti uçuruma sürüklemek tehdidinde bulunan feci, iktisadi vaziyetlerde, izdivaçlarda ve en ziyade tevellüdattaki temakusta kadınların maalesef ne kadar menfî rol oynadıklarını ve âmil olduklarını göstererek onlara hakikî vaziyetlerini bildirmek"tir.[48] Görüldüğü gibi kadınların yasal kazanımlarını yaşama geçirmeye aday olan kamuoyunu belirlemeyi sürdüren erkektir. Bu nedenle Şubat 1935 genel seçimlerinde milletvekili olarak 'görevlendirilen' on sekiz kadının Osmanlı döneminden beri süregelen kadın mücadelesinde yer alan isimleri içermediği görülmektedir. Bu saptamaya uymayan tek milletvekili Nakiye Elgün olarak değerlendirilebilir; Nakiye Elgün cumhuriyet öncesindeki kadın örgütlenmelerinde ve kadın statüsünün dönüşümünde önemli işlevler yüklenmiş olup, Muallimler Derneği başkanlığında bulunmuştur. Nitekim, İstanbul için öngörülen bir adet 'müstakil mebusluk' için başvuran on sekiz adaydan biri olup seçimleri kazanamayan Kadın Birliği'nin sabık başkanı Nezihe Muhiddin de, kendisiyle *Zaman* gazetesinde yapılan bir röportajda (8 Kânunuevvel 1934) Nakiye Hanım'ın bu göreve en lâyık aday olduğunu belirtmiştir. Ancak N. Elgün'ün hareket içinde ılımlı bir yol izlediği, öğretmenlik görevini kadınlık durumunun üstünde değerlendirerek bir anlamda kemalist dönemin 'cinsiyetsiz' örneklerinden birini oluşturduğunu vurgulamak isteriz.

Öte yandan 18 Aralık 1934 tarihli *Zaman* gazetesinin haberine göre, "seçilecek umum mebus adedinin yüzde beşi kadın âzâdan mürekkeb olacaktır. Bu taktirde mecliste on sekiz tane kadın saylav bulunacak demektir." Görüldüğü gibi kadın milletvekili sayısı, seçimlerden aşağı yukarı bir buçuk ay önce belirlenmiştir; diğer bir deyişle üstü örtük bir kota söz konusudur. Ancak bu 'kota'nın ne derece olumlu ayrımcılık göstergesi olduğunu tartışmak günümüzde savunulan kotanın olası sakınca-

---

[48] *Cumhuriyet*, 31 Aralık 1931

larını öngörebilmek açısından önemlidir. Bu ilk ve gayrıresmî kota Nezihe Muhiddin'in seçilememesiyle ortaya konduğu gibi sayıca daha çok ve kontrol dışı kalabilecek kadınların Meclis'e girmesini engellemek amacını taşımakta; dolayısıyla olumlu bir ayrımcılık niteliği taşımamaktadır. Görünüşte önemli sayıda kadın meclise girmiş, ancak siyasal iktidar bunu bir yandan kendi bağışı olarak tarihe geçirtmek gibi bir propaganda olanağına kavuşurken; diğer taraftan da 'atamada' kullanılan mücadelecilik değil, uyumluluk kriteriyle birlikte 'atayanlara' karşı duyulan 'şükran' kadın milletvekili grubunun erkeklerden farklı bir kimlik ortaya koyamamasına neden olmuştur. Diğer bir deyişle seçme ve seçilme hakkı, seçim sistemi ve bunun kaynaklandığı iktidarın zihniyetinin barajına takılmıştır. Mamafih 1923, 1927, 1931, 1935, 1939 seçimleri, uygulanan seçim yasası uyarınca iki derecelidir; gayrıresmî kota izlenimini doğuran da bu sistemdir. Buna göre halk milletvekilini seçecek kişileri seçmiş, ikinci seçmenler de tek parti tarafından belirlenmiş adaylara oy vermişlerdir. Böyle bir seçim sisteminde yalnızca kadınların değil, erkeklerin de atandığını hesaba katmak, dolayısıyla kontrol altında tutulmak istenenin tüm adaylar olduğunu kabul etmek gerekmektedir. Ancak ataerkil düzenin söz konusu seçim sistemi üzerindeki belirleyiciliği yalnızca kadınları bağlamaktadır. Ayrıca seçim sisteminin iki dereceli olmasından doğan 'atama' olgusu on sekiz kadın milletvekilinin mecliste yer alması sonucunu küçümsemek gereğini doğurmamalıdır; zira bu statüyü nitel olarak hak eden kadınların seçilmesi önlenmiştir ama böyle bir yasal dönüşüm ve örtük kota uygulamasında, söz konusu kadınların verdikleri mücadelenin büyük payı bulunmaktadır.

Kadınlar ve siyasal kazanım açısından dikkate değer olan, kamuoyunu ve buna bağlı olarak siyasal gündemi tüm mücadeleye karşın hâlâ erkeklerce oluşturulmasıdır ki, böyle bir ortamda yasal dönüşümün herhangi bir zorunlu ya da gönüllü korumaya gereksinim duyulmadan uygulama alanına yansıyabilmesi olanaksızdır. Kadınların daha 1910'lu yılların sonunda kamuoyu oluşturabilme şansını yakaladıklarını gösteren ve buna bağlı olarak yasal engele karşın oy almaları biçiminde siyasal gündeme yansıyan güçlerini 'yitirmelerinde', bu gücün çeşitli yapay hiziplerle bölünmesinin ve böylece gelişen olaylarda kadınların bir anlamda gözden düşürülmelerinin, en belirgin olarak da önce bireysel sonra örgütsel planda suskunluğa çekilmelerinin payı büyüktür. Medenî ve siyasal hakların kazanılması için mücadeleleri ve toplumsal/siyasal dönüşümde üstlendikleri yeni rollerdeki başarıları yadsınamayacak olan kadınların eşitlikçi yasal değişiklikleri yaşama geçirememelerinde gerek birinci dalga kadın hareketine paralel olarak suskunluğa/beklemeye girmelerinin, gerek Türkiye'nin iç dinamikleri nedeniyle uzlaşmacı ve edilgen konumlara geri çekilmelerinin büyük önemi bulunmaktadır. Böylece, Osmanlı İmparatorluğu'nun son döneminden itibaren süregelen kadın statüsünün dönüşümüyle yasal değişikliklerin karşılıklı ilişkisi, kadınların siyasal haklarının yürürlüğe girmesiyle birlikte bir kopma sürecine girmiş, üstelik bu durum o güne kadar olan ilişkinin de yadsınması için kullanılmıştır. 'İcazetli' başkan Latife Bekir'in Nisan 1935'de İstanbul'da toplanan Kadınların Medenî ve Siyasal Hareketi ve Oy Hakkı Uluslararası İttifakı 12. Kongresi'nde ve Kadın Birliği'ni kapatırken (10 Mayıs 1935) yaptığı konuşmalar bu açıdan çok anlam yüklüdür:

"Son zamanlara kadar yalnız erkeklere mahsus olan *medenî ve siyasî bütün haklardan büyük şefimiz Atatürk'ün sayesinde müstefid bulunan Türk kadınlığının* mümessili sıfatıyla önünüzde söz söylemek vazifesinin bana isabet etmiş bulunmasından dolayı fevkalâde bahtiyar ve mütehassisim. (...) *Bundan böyle Türkiye'de bir kadınlık meselesi yoktur ve burada her erkek gibi kadın da bir tek şefin idaresi altında memleketin iyiliği için çalışmaktadır. Teşkilat-ı Esasiye Kanunumuz artık bu yolda çalışacak Birliğin devamına lüzum bırakmamış ve kadınlarımızın ayrıca bir teşekkül halinde çalışmasına sebep kalmamıştır.* Bunun için Birliğin kapanmasını teklif ederim. İsteyen arkadaşlar *diğer hayır cemiyetlerinde* çalışabilirler. (vurgular bana aittir. A. Y.)"[49]

Böylelikle kendileriyle ilgili kazanımlara hiç katkısı bulunmayan, dolayısıyla bunları bir bağışla elde eden Türk kadınları fikri resmî tarihin söylemine girmiş; buna bağlı olarak Osmanlı

---

[49] *Cumhuriyet,* 19 Nisan 1935 ve Z.Toprak; "1935 İstanbul Uluslararası 'Feminizm Kongresi' ve Barış", *Düşün,* Sayı:24, Mart 1986, s.29

dönemindeki onlarca kadın örgütünün mirasçısı durumundaki Kadın Birliği bir hayır derneği konumuna indirgenmiş, dönemin siyasal iktidarının ideolojisine paralel olarak güçlerin tek parti içinde birleştirilmesi sağlanmış ve yasal hakların kazanılmasının erkekle otomatikman toplumsal eşitliği de doğuracağına inanan birinci dalga feminist hareketin bir çok başka ülkede girdiği suskunluğa Türk kadınları da katılmışlardır. Ancak tüm bu yerel ve evrensel nedenlerden ötürü kamuoyu oluşturmak sürecinden kopan kadınların yasal haklarına rağmen siyasal gündem ve karar mekanizmalarından da uzak kaldıkları ve ancak erkekler tarafından çeşitli çıkarlar gereği atanma yoluyla ulaşabildikleri siyasal konumlarda mevcut ataerkil değerleri yenidenürettikleri, dolayısıyla erkekleştikleri ve erkeksiliğini pekiştirdikleri bu ortamı kadınlara nicel ve nitel açıdan daha da kapatan bir kısır döngüye girdikleri görülmektedir. Bu çerçevede siyasal görevlerini ifa eden kadınlar 1935 seçimlerinde on sekiz (%4.08), 1939 seçimlerinde on beş (%3.23), 1943 seçimlerinde on altı (%3.31) milletvekilliğiyle Meclis'te bulunmuşlardır. Dönemindeki diğer parlamenter demokrasilerle benzer sayısal değerlerde tutulan bu katılımın 1946 seçimlerinden itibaren bir düşüşe geçtiği gözlemlenmektedir.

Bu yükseliş ve düşüşle ilgili olarak Ş. Tekeli'nin savını yinelersek, ilk üç dönemde, seçim sisteminden dolayı istediği adayı seçtirebilme durumunda olan tek parti kadınların milletvekilliğini rejimin demokratikliğini simgelemek amacıyla kullanmışken; II. Dünya Savaşı ertesinde demokratik rejimle ilgili daha başka kanıtlar sergilemeye zorlanan Türkiye'nin 1946'dan itibaren çok partili parlamenter sisteme geçmesiyle kadın milletvekilleri özel anlamlarını yitirmişlerdir. Diğer taraftan 1943'e dek kullanılan iki dereceli seçim sisteminin yerine 1946'da tek dereceli seçimlerin uygulanması da kamuoyunu ve dolayısıyla siyasal gündemi oluşturmaktan uzak kalan kadınlar aleyhine bir 'serbest rekabet ortamı' oluşturmuştur. Nitekim bu dönemi izleyen elli yıllık bir süre içerisinde milletvekili kadınların sayısında önemli bir artışa tanık olunmamaktadır: 1946-1949'da dokuz (%1.81), 1950-1951'de üç (%0.61), 1954'te dört (%0.75), 1957'de sekiz (%1.35), 1961'de üç (%s0.67), 1965-1966-1968'de sekiz (%1.76), 1969'da beş (%1.11), 1973-1975'te altı (%1.31), 1977-1979'da dört (%0.88), 1983-1986'da on iki (%2.93), 1987-1991'de altı (%1.34), 1991-1995'te sekiz (%1.77), 1995'te on üç (%2.16), 1999'da yirmi dört (%4.3), kadın milletvekili Meclis'e girmiştir. İlk iki kadın bakanın (Nihat Erim hükümetinde Türkan Akyol Sağlık ve Sosyal Yardım Bakanlığı'na, Sadi Irmak hükümetinde ise Nermin Neftçi Kültür Bakanlığı'na getirilmiştir.) 12 Mart 1971 döneminde atanması; 12 Eylül 1980'i izleyen Danışma Meclisi ve ilk seçimlerde(6 Kasım 1983) ise, uzun aradan sonra yaklaşık %3 oranında kadının Meclis'e girmesi Ş. Tekeli'nin tezini doğrulayan kanıtlardandır. Kadınlar her iki dönemde de demokratik rejimin ortadan kalkmadığını gösteren bir simge olarak kullanılmışlarıdır. Ancak bu yaklaşımın bir takım boşlukları bulunduğu bir gerçektir. Ş. Tekeli söz konusu savını 1935 ve 1983 seçimlerinin sonucunda görece fazla sayıda kadının milletvekili seçilmesine dayandırmaktadır. Bizim görüşümüze göre 12 Mart 1971 dönemindeki kadın bakan atamaları da bu doğrultuda örnekler olarak nitelenebilir. Ancak Ş. Tekeli gibi seçim sonuçları açısından baktığımızda, askersel ara rejimlerden sivil siyasete geçme durumu açısından benzer anlamlar taşıyan 1961 ve 1973 seçimleri sonucunda kadın milletvekili sayısının düşüklüğünü açıklamak güçleşmektedir. Dolayısıyla toplumsal olayları tek ve genelgeçer nedene indirgemenin sakıncalı ve eksik olduğu savı bir kez daha doğrulanmaktadır.

Öte yandan kendi lehlerine bir kamuoyu oluşturacak örgütlülüğe sahip olmayan kadınların çok partili siyasal düzenin ve tek dereceli seçim sisteminin getirdiği serbest rekabet ortamından olumsuz etkilendikleri ve ancak atama benzeri uygulamalar sayesinde siyasal temsilcilik elde etmeyi sürdürdükleri görülmektedir. Milli bakiye sistemi sayesinde Ekim 1965 seçimlerinde kadın milletvekili oranında ortaya çıkan küçük ama görece yükseliş bu duruma bir örnek oluşturmaktadır. Söz konusu seçim sistemi sayesinde sekiz milletvekili kadından üçü parti merkezlerinin atamasıyla bu göreve getirilmişlerdir. Bu üç milletvekili kadın, Behice Boran, Sevinç Düşünsel ve Nermin Neftçi'dir. Behice Boran Ankara'dan ikinci sırada aday gösterilmiş, fakat partisi TİP Ankara'dan bir milletvekilliği kazanabilmişti. Milli bakiye sistemi sayesinde kazandığı Urfa milletvekilliğine partisi B. Boran'ı getirdi. TİP'ten Senato'ya giren Fatma Hikmet İşmen de yine milli bakiye sistemi sayesinde ve partisinin kararıyla senatör oldu. Sevinç Düşünsel Sivas'tan üçüncü sırada adaydı; partisi YTP kendisini milli bakiye sistemine dayanarak Kars milletvekili seçti. Nermin Neftçi ise, İstanbul'dan on üçüncü sırada adaydı; kazanamamıştı; partisi CHP, kendisini milli bakiye sistemine dayanarak Muş milletvekilliğine atadı.[50]Bir anlamda örtülü kota ve atamayla milletvekili seçilen bu kadınlardan B. Boran'ın Türkiye'de karma (kadın-erkek karışık) bir siyasal partinin (TİP) başkanlığını yapan ilk kadın; N. Neftçi'nin ise, Millet Meclisi başkan yardımcılığına seçilen ilk kadın milletvekili oluşu yukarıdaki seçilme öyküsünün önemini daha da artırmaktadır.

Atanarak seçilme, simge biçiminde kullanılma gibi olgular cinsel bir kimlik olarak kadının siyasal gündemdeki etkisizliğinin hem nedeni hem sonucudur. Ş. Tekeli'nin 1935-1977 döneminde Türkiye'de parlamento yaşamında yüz on altı temsilcilik kazanan altmış dokuz kadından kırkıyla gerçekleştirdiği araştırmaya göre yalnızca iki kadın, kadın sorunlarına öncelikle eğildiklerini bildirmişlerdir. İkinci sırada bu sorunu işlediğini belirtenlerin sayısı ise dörttür.[51] Bu bulguyu doğrulayan bir tekil örnek de TİP senatörü Fatma Hikmet İşmen'in anılarıdır. F. H. İşmen, dokuz yıllık görevi boyunca Senato ya da TBMM birleşik toplantısında kadınlarla ilgili olarak hiç konuşma yapmamış, bu konudaki tek etkinliği kadın tutuklulara uygulanan işkence ve baskılar üzerine verdiği soru önergesi olmuştur.[52] 1991-1995 yılları arasında yer alan 19. dönem kadın milletvekilleriyle ilgili bir araştırmada ise beş kadın milletvekilinin yaptığı kırk bir konuşmanın yalnızca sekiz tanesinde kadın sorunlarına değinildiği saptanmıştır.[53] 1980 sonrası beş yasama dönemini inceleyen bir başka çalışma ise kadın milletvekillerinin kadınlarla ilgili sorun-

[50] Ş. Tekeli; *a.g.e.,* s.280

[51] *ibid.;* s.315

[52] F. H. İşmen; *Parlamentoda Dokuz Yıl, TİP Senatörü Olarak 1966-1975 Dönemi Parlamento Çalışmaları,* Çark Matbaası, Ankara, 1976, s.484-491

[53] M. Arı; "Erkek Egemen Mecliste Kadınlar", *20. Yüzyılın Sonunda Kadınlar Ve Gelecek,* TODAİE Yayınları, Ankara, 1998, s.551

ları 8 Mart, 5 Aralık gibi özel günlerde ve hatta o zaman bile süre açısından kısıtlanarak dile getirdiklerini göstermektedir.[54] Y. Arat'ın, bu verileri tamamlayan araştırma sonuçları ise, kadın milletvekilerinin tek partili dönemde kadın sorunlarını daha çok dile getirdiklerini ve kendilerini daha çok kadınların temsilcisi olarak gördüklerini ortaya koyarken; çok partili dönemle birlikte kadınların parti kimliklerini cinsel kimliklerinin önünde tuttuklarını göstermektedir. [55]Çok partili dönemde kadın milletvekili sayısındaki düşüşün, yukarıda belirtilen nedenler yanında bu tutum ve davranıştan da etkilendiğini savlamak olanaklıdır.

1961 Anayasası'nı izleyen dönemdeki görece özgürlük ortamında siyasal ve toplumsal örgütlenmeler bağlamında kamuoyu gündemine giren sol hareket içinde bulunan kadınların durumu da ideolojik açıdan kadın bakışından ve biçimsel olarak da kadınsılıktan uzaktır. 1980'e dek bir çok kadını içinde barındıran bu siyasal görüş ve ona bağlı siyasal eylemlerde kadınlar aslında birinci dalga feminist hareketin erkek değerlerindeki eşitlik kavramını 'cinsiyetlerötesi' toplumcu görüşlerle birleştirmek durumunda kalmışlardır. Gerek dış görünümlerinde gerek toplumsal/siyasal konularda kadınlıklarını bir eksiklik ya da bir suçluluk gibi taşıyan bu kadınların geldikleri 'olağanüstü' siyasal kadrolarda kadınlıklarını gündem dışı tuttukları ya da siyasal bağlamda geleneksel ataerkil rolleri üstlendikleri gözlemlenmiştir. TİP genel başkanı ve milletvekili olarak Behice Boran'ın Meclis'te dile getirdiği çok çeşitli konuların, emekçi kadınlarla sınırlı kadınlık durumuyla ilgili konuşmalar karşısındaki açık farklı yoğunluğu birinci duruma anlamlı bir örnektir. Diğer taraftan, 1970'lerin ikinci yarısında kurulan Devrimci Kadınlar Derneği ve İlerici Kadınlar Derneği, bir yandan üst düzey yöneticileri erkeklerden oluşan bağlı bulundukları yasadışı siyasal örgütlerin/partilerin yasal mücadelesine aracı olurken, diğer yandan da bu örgütlerdeki erkeklerin eş ve yakınlarının sınanma ve eğitilme alanı işlevini görmüşlerdir. Erkeklerin gire-

---

[54] Ç. Kovanlıkaya; *Türkiye'de Politik Alanda Kadınlar Ve Kadın Politikası,* Doktora Tezi, Mimar Sinan Üniversitesi, İstanbul, 1999, s.182-250

[55] Y. Arat; "Türkiye'de Kadın Milletvekillerinin Değişen Siyasal Rolleri" *B.Ü. Ekonomi ve İdari Bilimler Dergisi,* Cilt:1, Sayı:1, s.52, 55

medikleri özel alana, kendilerine özgü iletişim yöntemleriyle ulaşan kadınlar, 'cinsiyetlerarası ezme ve ezilmenin de kendiliğinden yok olacağı işçi sınıfı iktidarı' için mücadele vermişlerdir; kararları alan ve denetimi yapan ise partinin erkek yahut derneğin erkekleşmiş kadın yöneticileridir. Siyasal yelpazenin solundaki bu uygulama aslında diğer partilerin kadın kollarıyla da büyük benzerlikler göstermektedir.

1980'de bir dönem kesintiye uğramasına karşın siyasal yaşamda kadın varlığı için önem taşıyan bir örgütlenme biçimi olarak partilerin kadın kolları bir yandan kadınları siyasetle buluştururken, diğer yandan da onların siyasetteki erkeğe bağımlı ve edilgen konumunu pekiştiren çelişik işlevlere sahiptir. Kadın kollarındaki kadınların görevi erkeğin seçilmesine yardım etmek, onların giremediği mekânlarda seslerini duyurmak, kadınların egemen ve beceri sahibi olduğu yüzyüze iletişimi onlar lehine kullanmak, tüm bu amaçlar doğrultusunda kadın kadına ilişki ve çoğunlukla özel alanla sınırlanmak anlamını taşımaktadır. Böyle kullanıldığı sürece kadınların siyasete yakınlaştırılması değil, siyasetteki erkek egemenliğinin pekiştirilmesi söz konusu olmaktadır. Kadınların seçilmesine yasal ve örgütsel bir engel bulunmamakta, ancak kadınlar erkeklerin seçilmesini yeğlemektedirler! 1980 ve 1990'lı yıllarda Refah Partisi'nin kadınları bu biçimde kullanarak oylarını artırması diğer partilerin tepkisini çekmişse de, onların kadınlara, en azından kadın kollarının işlevleri açısından yaklaşımı da pek farklı görünmemektedir. Ayrıca, parti kadın kollarının yeniden yasallaşması üzerine bir büyük siyasal parti olarak ANAP'ın kadın kolları başkanlığına bir erkeğin, Yaşar Eryılmaz'ın atanması (1995) böyle bir örgütlenmedeki erkek egemenliğini somutlaması açısından ilginç bir örnektir.

Türkiye'de siyasal alanda bir diğer varlık biçimi olarak kadınların erkek yakınlarının yerine geçmeleri, bir yandan aile içi toplumsallaşma sürecinin doğurduğu siyasal bilinçle, ama evrensel kadın tarihi içerisindeki örneklere dayanıldığında da miras gibi değerlendirilebilecek bir olgudur. Celal Bayar'ın kızı Nilüfer Gürsoy, Namık Gedik'in eşi Melahat Gedik, Bülent Ecevit'in eşi Rahşan Ecevit böyle örneklerdendir. Bu bir anlamda seçkin konumları aracılığıyla statü açısından 'erkeğe ulaşan' kadının fiilen de erkeğin yerine geçerek erkekleşmesi anlamını taşımaktadır. Ş. Tekeli yukarıda sözü edilen araştırmasında siyaset geleneği bulunan ailelerden gelen kadın siyasetçilerin oranının %20'ye yaklaştığını belirtmektedir; ancak bu kadınların ne kadarının aile içi toplumsallaşmanın etkisiyle, ne kadarının eş ya da babalarını ikame etmek amacıyla siyasal alanda yer aldıklarını kestirebilmek güçtür. Kuşkusuz siyasal ilişkileri bulunan bir aileden gelmek kadınların gerek siyasal toplumsallaşma gerek önceden kazanılmış siyasal ilişkiler nedeniyle siyasal alanla bütünleşmelerini kolaylaştıran bir etmendir; ancak bu etmenin kadını ne kadar erkekleştirme etkisine sahip olduğu tartışılabilir. Oysa ikame amacıyla siyasal alana girmek, büyük bir olasılıkla, ya ikame edilenle, yani erkekle bütünleşmeyi veya geleneksel kadın rollerinin bir uzantısı olarak bağımlı/edilgen bir kimlik sergilemeyi gerektirmektedir. A. Ayata'nın gözlemlerine göre Türkiye'de yakınlarını ikame amacıyla siyasal alana katılan kadınlar daha çok ikinci saptamaya uymaktadırlar."Onlar için siyasî faaliyet bir yan iştir. (...) Bu kadınların politikada aktif diğer kadınlardan en önemli farkları toplumda kadınca olarak tanımlanan şekilde davranmalarıdır. (...) Örneğin bu kadınlar, partinin resmi merkezi olan binaya girmezler, orada partili erkeklerle konuşmazlar.(...) Erkekler tarafından 'yenge' şeklinde hitap edilirler. (...) kadınlıklarını saklamak için özel bir çaba harcamazlar. Örneğin, makyaj yapıyorlarsa, yapmaya devam ederler, giyim tarzlarını değiştirmezler, mücevher takarlar. Konularında çocuk bakımı, aile problemleri gibi 'kadınca' konular ağırlıktadır. (...) temel güdü ailenin erkeklerini korumaktır. (...) Bu kadınların doğrudan ve salt siyasî olan faaliyetleri çok kısıtlıdır. Bazen seçimlerde kadınlar arasında propaganda yaparlar veya partiye para toplarlar."[56]

Erkekle aynı olma bağlamında uygulamaya dökülen, Türkiye'ye özgü, ama evrensel açıdan da çeşitli örnekleri bulunan kadının simgesel kullanımıyla pekişen erkekle birebir eşitlik, aksayan demokrasinin muhalefet olarak kadın sesini de bastırmasıyla sinen kadın hareketinin de etkisiyle kadınlık bilincinin ve kadın çıkarları doğrultusunda kamuoyunun oluşturulamaması, hukuksal hiç bir engel bulunmamasına karşın kadınların siyasal gündemi de oluşturamamasını doğurmuştur. Ayrıca özel alan-

---

[56] A. Güneş-Ayata; *a.g.e.*, s.280-281

dan kamusal alana çıkmaya paralel olarak kökten bir dönüşmeye uğramayan cinsel rollerin, zaman kullanımı, bağımsız kararlar, maddi özerklik gibi sorunlara ket vurması, kadınların zaten kendi çıkarlarına olmayan mevcut siyasete katılım oranlarının düşük kalmasının nedenlerinden biri olmayı sürdürmüştür. Öte yandan erkekler, siyasal iktidarı biçimsel açıdan eşit olarak paylaşabilme fırsatını aşan bir içerik dönüşümünü benimsememekte; kadınları, gerektiğinde atayan statülerini doğru bulmakta, bu amaçla ataerkil söylemi zenginleştirmektedirler. Birbiriyle etkileşim içinde olan tüm bu nedenlere bağlı olarak siyasal alanda da nicel ve nitel 'ikinci cins'lik uygulamalarıyla varılan seksenli yıllar ise, bir dönüşüme, kadınların gündem oluşturmalarına tanıklık etmiştir.

12 Eylül 1980 darbesiyle toplumsal ve siyasal örgütlenmelerin kesintiye uğradığı, yasaklandığı, kovuşturulduğu Türkiye'de ilk sesini duyuran muhalefet hareketlerinden birini kadınlar oluşturmuşlardır. İlk olarak İstanbul Yazarlar Kooperatifi'nin (YAZKO) örgütlediği toplantılarda her iki cinsiyetin de tartışma olanağını bulduğu kadınlık durumu, daha sonra *Somut Dergisi*'nde kadınların kaleme aldığı sürekli sayfada irdelenmiştir. Her türlü muhalefetin bastırıldığı bir dönemde Türkiye gündemine o zamana dek olduğundan çok daha radikal bir biçimde giren kadın hareketi, bir yandan suskun bir tartışma ortamında daha kolay yankı bulurken, diğer taraftan dönemin yöneticilerince engellenmemesi dolayısıyla çeşitli suçlamalara mâruz kalmıştır. Batı'da 1960'ların ikinci yarısında çeşitli kimlik hareketlerine paralel olarak ortaya çıkan, birinci dalga kadın hareketinin yaşantılarda umulan değişikliği sağlayamaması üzerine cinsiyetler arası farklılıkları kabul eden, ancak bu farklara değer atfedilmemesi amacını taşıyan ikinci dalga kadın hareketinin söz konusu Türkiye versiyonunun, 1980'lerin özellikle ikinci yarısında, bu görüşte olmayanların dahi çeşitli amaçlarla (oy almak, çağdaş bir görüntü sağlamak) kullandığı toplumsal ve hatta buna bağlı olarak siyasal gündem maddelerinden birini oluşturduğu gözlemlenmektedir. Öte yandan, 1980 yılında Kopenhag'da toplanan II. Dünya Kadın Konferansı'nda imzaya açılan "Kadınlara Karşı Her Türlü Ayrımcılığın Önlenmesi Sözleşmesi"nin 14 Ekim 1985'te Türkiye'de de yürürlüğe girmesi kadın-

larla ilgili etkinliklerin ivmesini nicel ve nitel olarak artıran bir etmendir. Türkiye gündemine madde ekleyen bu hareketin üye ve hedef kitlesiyle ideolojik yapısını şöyle tanımlamak olanaklıdır: Büyük kentli, orta sınıftan, orta yaş civarında, iyi eğitim almış, çoğu meslek sahibi; genellikle evli, kendilerini geleneksel kadın rolleri olan annelik ve eşlikle değil, kamusal sorumluluklarla tanımlayan bu kadınlar toplumsal açıdan seçkin konumda bulunmalarına karşın durumlarından memnun değildirler ve bu memnuniyetsizliğin nedenini kadınlık durumu olarak saptamışlardır. Cumhuriyetin ilk seçkin kadın kuşağında varolan erkekle özdeşleşme yoluyla bireysel/tekil başarı; ve yahut 1970'lerin seçkin kadınlarının benimsediği ideolojik temelli toplumsal kurtuluş yerine 1980'lerin kadınları ortak çıkarlar için kadın mücadelesine inanmışlardır. Diğer taraftan *Kadınca* ve benzer nitelikteki dergiler ile günlük büyük gazetelerin kadın ekleri, mevcut kadın rollerinin sorgulanmasında hedef kitlelerine uygun dil, anlatım ve sunum kullanarak kadınlık durumu tartışmalarının seçkin aydın kadınların ötesine ulaşmasını sağlamışlardır.

1980'ler yalnızca kadın hareketinin örgütlenmesine değil, tıpkı yüzyıl başındaki gibi kadınların farklı çalışma alanlarında nicel ve nitel açıdan anlamlı çoğalmalarına; sanatın, basının ayrıcalıklı konusu durumuna gelmelerine tanıklık etmiştir. 1990'lardan itibaren ise, kadın örgütlerinin bir çeşit ihtisaslaşmaya doğru evrildiği görülmektedir. Daha önceleri çeşitli feminist yayınlarda, ev içi şiddet gibi konularda *ad hoc* diye tanımlanabilecek biraraya gelmeler içinde buluşan kadınlar, böylesi eylemlerle oluşturdukları kamuoyunun kattığı maddi ve manevi güç ile 1989'da İstanbul'da Kadın Eserleri Kütüphanesi Vakfı'nı, öncelikle İstanbul Üniversitesi'nde olmak üzere çeşitli üniversitelerde kadın araştırmaları merkezlerini, 1990'dan itibaren yine öncelikle İstanbul'da kadın sığınma evlerini kurarak kadın hareketinin kurumsallaşmasını sağlamışlardır. Seçme ve seçilme hakkının yasallaşmasının elli beşinci yıldönümü nedeniyle Çağdaş Yaşamı Destekleme Derneği tarafından 5-6 Aralık 1989'da, İstanbul'da düzenlenen "Kadınların Siyasal Yaşama ve Karar Mekanizmalarına Katılımı Semineri" N. Arat'ın tanımıyla "'seçmenlerinizin yarısı, artık kararları alanların da yarısı olmak istiyor' haberini veren, yakın geleceğe yönelik bir uyarı günü oldu."[57] Uluslararası nitelikte olup, tarihsel bütünlük ve güncel sorunlar açısından değerlendirme ve çözümler sunan katılımcıların ikisi hariç tümü kadınlardan oluşurken; seminerin seçtiği konunun önemini vurgularcasına, görüşlerini sunan tüm büyük siyasal partilerin genel başkanları erkekti; siyasal statüsü yüzünden tartışmalara katılan yegâne kadın dönemin Çalışma ve Sosyal Güvenlik Bakanı İmren Aykut'tu. Tüm büyük siyasal parti başkanlarının böylesi bir toplantıya katılması ise, kadın konusunun seksenli yılların sonunda Türkiye'nin siyasal gündemi içindeki yerini göstermesi bakımından önem taşımaktadır. Nitekim bu partilerden biri olan SHP Ocak 1990'daki olağanüstü kurultayında tüzük değişikliğine giderek parti yönetim organlarında kadınlara %25'lik bir kota ayrılmasını kabul etmiş, aynı kurultayda yapılan seçimle kırk beş kişilik Parti Meclisi'ne on bir kadın üye seçilmiş, ancak bu uygulama milletvekili seçimlerinde hiç yansıtılmamıştır.

Bu arada, o dönemde iktidarda bulunan DYP genel başkan yardımcılığına Tansu Çiller ve yeni tip muhalif hareketlerden birini temsil eden Yeşiller Partisi genel başkanlığına Bilge Contepe getirilmiştir. Turgut Özal'ın ölümü üzerine cumhurbaşkanlığına seçilen Süleyman Demirel yerine DYP genel başkanlığına,13 Haziran 1993'te Tansu Çiller'in seçilmesi ve aynı zamanda Türkiye'nin ilk kadın başbakanı sıfatını kazanması ulusal ve uluslararası kamuoyunu Türkiye ve kadın hakları gündemiyle işgal etmiştir. O zamana kadar kırsal/geleneksel seçmeni hedefleyen AP-DYP çizgisi içinde uzun yıllardır adları bu hareketle anılan isimlerin yerine Tansu Çiller'in seçilmesinde 'imaj' değişikliği isteğiyle Avrupa'yla bütünleşme sürecinin hızlandırılması için kadını simge olarak değerlendiren zihniyetin önemli bir payı bulunduğu yadsınamaz. Ancak zamanlaması dikkate alındığında ve 'imaj değişikliği'nden ne kastedildiği irdelendiğinde bilinçli bir kadın kamuoyunun da gözardı edilmemesi gerekmektedir. 'Kadınların siyasal kadrolarda kullanılması', 1935'te olduğu gibi 1990'ların başında da nicel ve nitel açıdan anlamlı bir kadın hareketini izlemiştir; dolayısıyla 'kadınların simgesel kullanımı', genellikle, yerel ve evrensel açıdan kadınların kendi lehlerine bir kamuoyu oluşturabildikleri dönem için

---

[57] *Kadınlar ve Siyasal Yaşam, Eşit Hak Eşit Katılım;* Cem Yayınevi, İstanbul, 1991, s 13

geçerli olmaktadır. Böyle bir açıdan değerlendirildiğinde kadınların siyasal olarak kullanılmalarının bir göstergesi gibi kabul edilen siyasetteki simgesel anlamda varlıklarının dahi aslında kadınların yükselen talepleriyle ilişki içinde bulunduğu öne sürülebilir.

Bir kadın başbakanı önceleyen kadınların siyasal çıkarlarıyla ilgili bir başka gelişme ise, 1990'da kanun hükmünde bir kararnameyle Çalışma ve Sosyal Güvenlik Bakanlığı'na bağlı bir "Kadının Statüsü ve Sorunları Genel Müdürlüğü" kurulmasıdır; 1991'de Başbakanlığa bağlanan bu kurum 1993'te bir devlet bakanlığına dönüşmüştür. Bir merkez sağ parti olan ANAP'ın uygulamasına öncülük ettiği bu gelişmenin bir başka merkez sağ parti DYP tarafından bir kadın parti başkanı/başbakan ile 'aşılması', benzer hedef kitlelere sahip bu partilerin tabanlarına yönelik rekabeti dikkate alındığında, seçmenlerinin taleplerinin de kadınların siyasal kazanımlarıyla örtüştüğünün bir göstergesi olarak değerlendirilebilir. Öte yandan, Temmuz 1991'de ilk kez bir kadın valiliğe getirilmiş; Lale Aytaman Muğla valisi olmuştur. 1992'de üç kadın kaymakam adayı ilk kez göreve atanmıştır. 1980'li yılların ikinci yarısından itibaren tek bakanlığa bir kadının atanması tercihinin 1990'lı yılların ortasına yaklaştıkça birkaç bakanlığa yükseldiği; 1996'da kurulan ve ortaklarından birinin kadınların milletvekilliğini dahi benimsemediği[58] RP-DYP koalisyon hükümetinde ise, çeşitli değişiklikler sonucunda Kasım1996'da dört kadın bakana ulaşıldığı görülmektedir. Bu arada diğer ülkelerden farklı olarak Türkiye'de kadınların yalnızca sosyal hizmet, kadın hakları, sağlık gibi eviçi rollerin uzantısı bakanlıklarla sınırlanmadıkları; ekonomi, çalışma, iç işleri, dış işleri gibi sorumluluklar aldıkları gözlemlenmektedir. Ayrıca kadın milletvekilleri, tümü olmasa da, genellikle kadınlıklarıyla ilgili yorum ve yönlendirmelere de girmeye başlamışlardır.

Yerel yönetimler açısından değerlendirildiğinde ise, yine tek partili dönem ve çok partili dönem uygulamalarında kadın temsilci sayısının farklılaştığı görülmektedir. Türkiye düzeyinde karşılaştırma olanağı sunacak veriler bulunmamasına karşın

---

[58] Yukarıda da değinildiği gibi Refah Partisi'nde kadınların siyasal misyonu erkeklerini iktidara taşımaktır. Kadınların seçmesinin, seçmeni örgütlemesinin ama seçilememesinin nedeni kimi kez TBMM'deki kıyafet uygulamasına, kimi kez ise İslam dininin yorumuna dayandırılmıştır.

çok partili rejime geçişle birlikte örtük kota uygulamasının bırakılmasına ve dolayısıyla kadınların deneyimli olmadıkları bir ortamda 'serbest rekabet'e terk edilmelerine bağlı olarak kadın temsilcilerin belediye meclislerindeki katılımları düşmüştür. Örneğin 1935 yılında Konya il genel meclisinde kadın üyelerin sayısı altı iken, 1989 yılı başında Türkiye'nin tüm il genel meclislerinde toplam kadın üye sayısı yalnızca sekiz idi.[59]Ancak tek parti döneminde varlığı öne sürülen bu olumlu ayrımcılık belediye başkanlığı düzeyine yansımamıştır. İlk kadın belediye başkanı 1950 yılında Mersin'de göreve seçilen Müfide İlhan olmuştur. Zaten yerel yönetimlerdeki mevcut hiyerarşinin kadın temsilci sayısıyla ilintili olduğu görülmektedir: Kadınlar siyasetin her alanı gibi yerel yönetimlerde de kısıtlı bir varlık gösterdikleri halde belediye meclislerindeki kadın sayısı belediye başkanlığı düzeyinden görece yüksek seyretmektedir. Öte yandan 1984'te %2 oranında kadın belediye başkanlığı görevine getirilmişken, 1994'te bu oran %4'e yükselmiştir.

Tüm bu siyasal alandaki uygulamalarla ilgili kazanımlara karşın kadın milletvekili oranı Aralık 1999 genel seçim sonuçlarına göre %4.3'tür. Bu noktada siyasetin Türkiye'de taşımaya başladığı anlamın da önemi olsa gerektir. A. Güneş-Ayata'nın yaptığı araştırmaya göre[60] ebeveynlerin %67'si kız çocuğunun siyasetçi olmasını istememektedirler; ancak erkek çocuğunun siyasetçi olmasını istemeyenlerde bu oran %43'e düşmesine karşın yine de bu mesleğin toplumda pek rağbet görmediğini, saygınlığını yitirdiğini kanıtlamaktadır. Ancak yine aynı veriyle ortaya konulan siyasete katılımın desteklenmesi açısından kadınlar aleyhine %24 oranındaki fark, ataerkil işbölümünde gerekli tutum dönüşümünün dahi henüz sağlanmadığını belgelemektedir. Bu veriler 1998 yılında üniversite gençleriyle yapılan bir alan araştırmasıyla da teyid edilmektedir.[61] Buradan elde edilen sonuçlara göre öğrencilerin yalnızca %17.4'ü ileride siya-

---

[59] O. Çitçi; *Yerel Yönetimlerde Temsil, Belediye Örneği*, TODAİE, Ankara, 1989, s.104

[60] A. G. Ayata; a.g.y., s.273

[61] Söz konusu araştırma 1998 yılı Mayıs ayında A.Yaraman yönetiminde, MÜ Fr. Kamu Yönetimi Bölümü Yüksek Lisans programı öğrencileri tarafından İstanbul'da çeşitli üniversitelerde okuyan 555 öğrenciye uygulanmıştır.

sete atılmayı düşünmektedir. Siyaset bilimiyle ilgili bölümlerde öğrenci olanlarda ise bu oran %20'dir. Kız öğrencilerin sayısal egemenliğindeki mütercim-tercümanlık, iletişim, ebelik, hemşirelik gibi bölümlerde ise bu oran %8.9'a düşmektedir.

Siyasetin erkeğin nicel ve nitel egemenliğini yenidenüreten içeriği ise, kadınların meclis dışı muhalefetiyle veya birkaç kadın milletvekiliyle değişmediği gibi son yıllarda bile varlığını sürdüren feodal ilişkilerle daha da pekişmektedir. Böylece kadınlar lehine kadınlar tarafından oluşturulan kamuoyu siyasal gündemde kimi zaman sesini duyursa, bir takım kararları yönlendirse dahi, bizzat bu kamuoyunu oluşturan kadınlar bile siyasete atılmak istememektedirler.[62]

Ancak tutum ve davranış açısından siyasal yönetime henüz yansımayan kadın varlığının demokrasinin işleyişinde doğrudan rolü bulunan baskı grubu etkinliklerini 1990'ların ikinci yarısından itibaren siyasal katılım amaçlı bir örgütte yoğunlaştırması dikkat çekici bir gelişmedir. 4 Mart 1997'de İstanbul'da, tümü meslek sahibi on dokuz kadın tarafından kurulan KA-DER'in amacı meclisteki kadın milletvekili oranını ilk etapta %10'a yükseltmek ve bu amaçla tüm kadınları parti gözetmeksizin siyasete aktif katılmaya yönlendirmektir.

Sonuç olarak değerlendirildiğinde, Türkiye'de yüzyıl başında kadın statüsünde kaydedilen dönüşümler, kadın hareketi, Osmanlı İmparatorluğu'nun ayakta kalma mücadelesi, genç Cumhuriyet'in çağdaşlık anlayışı veya demokrasiyi simgeleme işlevi gibi etmenler sonucunda yasallaşan kadınların siyasal hakları, bilinçli/bilinçsiz, kasıtlı/kasıtsız, açık/kapalı çeşitli engeller sonucunda doksanlı yıllarda milletvekili sayısına henüz anlamlı bir biçimde yansımayan bir ivme kazanmış, siyasal gündemde ve kamuoyunda giderek önemli bir yer edinmeye başlamıştır. Genel seçimler öncesindeki dönemlerde gündemi ve dolayısıyla kamuoyu oluşturan ve onları yansıtan işleviyle basın bu gelişmenin en önemli tanığı ve belgesidir.

---

[62] Kendisiyle yapılan görüşmede *D. Asena* siyasete kesinlikle girmek istemediğini belirtmiştir. Ayrıntılı bilgi için bkz. S. S. Tezcan; *La Femme et La Politique En Turquie,* Lisans Bitirme Ödevi, M.Ü.İ.İ.B.F. Fransızca Kamu Yönetimi Bölümü, İstanbul, 1996, s.69

Bölüm II

GENEL SEÇİM DÖNEMLERİNDE YAZILI BASININ GÜNDEMİ İLE KADINLARIN SİYASAL TEMSİLİ ARASINDAKİ İLİŞKİ (1935-1995)

Ç alışmanın bu bölümünde gündem oluşturma kuramların-dan yararlanarak tarihsel süreç içerisinde Türkiye'de kadının siyasal toplumsal katılımının irdelenmesi amaçlanmaktadır. Gündem oluşturma kuramları, siyasal gündem, medya gündemi ve kamuoyunun birbiriyle ilişkisinin yönünü farklı biçimlerde ele alan üç tip yaklaşıma göre sınıflandırılmaktadır:

1. Aşağıdan yukarıya gündem oluşturma
2. Yukarıdan aşağıya gündem oluşturma
3. Medya egemenliği (mediacracy)[63]

Aşağıdan yukarıya gündem oluşturma, kamuoyunun siyasal gündemi belirlediğini savlamakta, bu süreç içerisinde medya bir bilgi iletim kanalı işlevini yüklenmektedir. Siyasal iletişim ve propaganda çerçevesinde değerlendirilebilecek yukarıdan aşağıya gündem oluşturma kuramına göre ise, siyasal gündemin medya gündemini ve onun aracılığıyla da kamuoyunu oluşturduğu ileri sürülmektedir. Sınıflamanın üçüncü tipini oluşturan medya egemenliği kuramı, gerek siyasal gündemi gerek kamuoyunu medyanın belirlediğini savlamaktadır. Aslında her üç kuramın savını birbirinden soyutlamak, bu siyasal, toplumsal ve psikolojik nitelikler taşıyan karşılıklı ilişkileri tek boyuta indirgemek ancak yapay ve sınırlı koşullarda anlamlı olabilecek niteliktedir; siyaset, medya gündemi ve kamuoyu genellikle karşılıklı etkileşim içinde bulunmaktadırlar. Kitle iletişim araçları ise, gerek sözcük anlamına uygun bir biçimde bilginin iletilmesinde aracı konumuyla, gerek zaman zaman bizzat gündem yaratan niteliğiyle bir dönemin gündemini yansıtan veriler içer-

---

[63] J. Kleinnijenhuis, E. M. Rietberg; "Parties, Media, The Public And The Economy: Patterns Of Societal Agenda Setting"; *European Journal Of Political Research*, 28, 1995, s.95-101

mektedirler. Araştırmamızda, medyanın konumunun belirlenen veya belirleyen olması birinci derecede önem taşımamaktadır; basının kamuoyu ve siyasal gündemi yansıtıcı özelliği bir tarihsel belge biçiminde ele alınmasının nedenidir.

Siyasal açıdan değerlendirildiğinde, medya büyük bir halk kitlesinin siyasal bilgilenmesinde yegâne değilse bile, en önemli kaynaklardan biri olma işlevine sahiptir. Özellikle sanayi ve bilgi toplumlarında yüzyüze ilişkilerin olanaksızlığı nedeniyle kitle iletişim araçlarının önemi artmakta; demokratik siyasal eylem platformu niteliğindeki seçim dönemlerinde seçmenlerin oyunun yönünü belirleyen adayların (ideoloji, parti ya da birey) vaatlerine, programlarına daha çok medya aracılığıyla ulaşılmaktadır. Seçmenin, bir tutum geliştirerek, mevcut tutumunu pekiştirerek yahut değiştirerek belirli bir oy verme davranışı sergileyebilmesi için bilgiye gereksinimi vardır; bu bilgi medyanın oluşturduğu/yansıttığı gündemde bulunmaktadır. Bu gündem seçmenin ne düşüneceğine değil, ne hakkında düşüneceğine dair bilgi sunduğu oranda medyanın başarılı olduğu görülmektedir. Yine yukarıdaki gündem oluşturma kuramları bağlamında değerlendirildiğinde, kamuoyunun taleplerinin medyanın bilgilendirmesi sonucunda siyasal gündeme yansıdığına da tanık olunmaktadır; zira siyasal gündemi etkilemeyi amaçlayan kitlesel ve hatta bireysel eylemler dahi kitle iletişim araçlarında yer aldığı oranda amacına ulaşmaktadır. Diğer taraftan, medyanın, özellikle tekelleşme sürecine girdiğinde hem siyasal gündemi hem kamuoyunu belirleyen bir egemenliğe ulaşması da bilgi toplumu kapsamında örnek bulmaktadır.

Ayrıca, siyasal bilgilenmeyle doğrudan ilgili olan siyasal toplumsallaşma açısından da, sanayi ve sanayi ötesi toplumların anonim ortamında kitle iletişim araçlarının rolü ailenin bu konudaki geleneksel öneminin azalmasıyla ters orantılı olarak yükseliş trendi içinde bulunmaktadır. Dolayısıyla basın, toplumsal siyasal katılım alanında da yönlendirici etkilere sahiptir. Konumuz bağlamında değerlendirildiğinde, siyasal toplumsal katılımı biçimleyen baskın ataerkil tutum ve davranışların değişmesi, daha açık bir deyişle kadınların siyasal karar mekanizmalarına katılımına meşruiyet, destek ve aktör sağlanmasında kitle iletişim araçlarının söyleminin önemli etkisi bulunmaktadır.

Medyanın, gündem oluşturma kuramlarından çıkartılan her üç işlevi dikkate alındığında, yazılı ve elektronik yayınların arşivlerinden yararlanılarak belli bir tarihsel dönemdeki toplumsal, siyasal veya ekonomik gündemle ilgili tahmin ve hatta tanımlar ileri sürmek olanağı doğmaktadır. Böylelikle, basın gündemi, retrospektif bakıldığında, siyaset gündemi ve kamuoyunu da içeren önemli bir tarihsel kaynak işlevi kazanmaktadır. Bu araştırmada ortaya konmak istenen de, söz konusu içeriğe sahip medya gündeminin kadınların siyasal temsilciliğiyle ilişkisidir. Çalışma içerisinde, kadınların genel siyasal yönetime seçilme hakkının bulunduğu tüm seçim dönemlerinde kadın siyasal temsilci olgusunun, basın göstergesine dayanılarak siyasal toplumsal gündemdeki payı irdelenecek, bu saptamalarla seçilen kadın siyasetçi sayısı arasında bir ilişkinin var olup olmadığı tartışılacaktır. Ortaya çıkarılması amaçlanan toplumsal dönüşüm bağlamında kadın ve siyaset ilişkisidir; bu araştırmada basın gündemi bir araç konumundadır.

Öte yandan feminist medya çalışmaları açısından değerlendirildiğinde, basının daha çok yukarıda değindiğimiz toplumsallaşma açısından irdelendiği görülmektedir. Davranışçı kuramlardan etkilenen bu yoruma göre, verili norm ve değerler, bu arada feminist yaklaşımın ana sorunsalı olarak toplumsal cinsiyet, çeşitli simgesel ceza ve mükâfatlar aracılığıyla öğrenilmekte ve medya bu süreçte etkin bir rol üstlenmektedir. Feminist çözümlemelerin çoğunda, hedef kitlenin bilişsel ve duygusal biri-kimleri yadsınarak medya karşısında görece edilgen olduğu kabul edilmektedir. Bir başka deyişle medya 'gerçeği' tahrif eder ve kendi gerçeğini, ki bu egemen olanın/erkeğin gerçeğidir, üretir, yeniden üretir. Oysa bu saptama pek yeterli görünmemektedir; zira medya üretimi her zaman yansıtma niteliği taşımaz; tartışma ve yeniden yapılanma sürecine neden olur; hedef kitlesi mesajı yalnızca kabul ya da reddetmez; kendi toplumsal, kültürel, bireysel koşullarına göre bunları yorumlar ve uygular; medya yalnızca gerçeği 'yansıtmaya' tayin edilmemiştir; ortak ümitleri, korkuları, fantazileri temsil eder. Araştırmanın genel değerlendirilmesinde basının feminist açıdan vurgulanagelen yansıtıcı niteliği kadar, şimdiye dek yadsınan, özellikle bir çıkar grubu olarak kadınların artık fazlasıyla üstünde durmaları gereken dönüştürücü içeriği de göz önüne alınmalıdır. Ancak bu araştırmada basın aslolarak bir araçtır; kadınların siyasal temsilciliği konusunda toplumsal ve siyasal dinamikleri içeren bir belgedir.

A- Araştırmanın Yöntemi

Siyasal gündem-medya gündemi-kamuoyu karşılıklı ilişki süreci içerisinde kadının toplumsal siyasal katılımının kapladığı nicel ve nitel yeri saptayabilmek için kadınların yasalar önünde seçme ve seçilme hakkını kazandığı 1934 yılını izleyen ilk genel seçimlerden 1999 yılı genel seçimlerine dek on altı seçim dönemi[64] temel alınmıştır. Her seçim dönemi için seçim tarihinin yaklaşık bir ay öncesinden bir hafta sonrasına[65] dek gazete taraması gerçekleştirilmiş, haftalık gazetelerde de aynı yöntem kullanılmış; ancak aylık dergilerde seçim tarihinin bir öncesindeki ve bir sonrasındaki nüsha incelenmiştir. Bunun tek istisnası araştırmaya alınan ilk seçimlerdir; 5 Aralık 1934'te kadınların genel seçimlerde seçme ve seçilme hakkının yasallaşmasından Şubat 1935'in sonuna dek kesintisiz bir tarama gerçekleştirilmiştir. Her seçim dönemi için en az iki süreli yayın kullanılmıştır; bunlardan bir tanesi altmış bir yıl içerisinde sürekliliğini koruyan tek gazete olan *Cumhuriyet*'tir; diğerinin ise, mümkün olduğu ölçüde kadına yönelik bir yayın organı olmasına dikkat edilmiş, bu amaçla *Kadın Gazetesi* (1950, 1954, 1957, 1961, 1965, 1969, 1973[66]), *Kadınların Sesi* (1977) ve *Kadınca* (1983, 1987, 1991, 1995), *Mektup* (1987, 1991, 1995, 1999), "*Marie Claire* (1991), *Kadınlara Mahsus Gazete* Pazartesi (1995, 1999) nüshaları taranmıştır. Bir kadın gazetesi örneğine ulaşılamadığı

---

[64] Bu seçimler Şubat 1935, 26 Mart 1939, 21 Temmuz 1946, 14 Mayıs 1950, 2 Mayıs 1954, 27 Ekim 1957, 15 Ekim 1961, 10 Ekim 1965, 12 Ekim 1969, 14 Ekim 1973, 5 Haziran 1977, 6 Kasım 1983, 29 Kasım 1987, 20 Ekim 1991, 25 Aralık 1995, 18 Nisan 1999 günlerinde gerçekleştirilmiştir.

[65] 18 Nisan 1999 seçimlerinde seçimi izleyen on iki günlük süre için tarama gerçekleştirilmiştir. Zira kadınlık durumuyla ilişkilendirilebilecek olan türban konusu seçimlerin hemen ertesinde değil, milletvekillerinin yemin töreni tarihine doğru gündemi işgal etmeye başlamıştır.

[66] 1965 yılından itibaren adı Kadın olarak değişmiştir.

dönemler için ve ayrıca düzenli olmasa da, genellikle ideolojik bir çeşit katabilmek için *Zaman* (1935, 1995, 1999)[67], *Akşam* (1939, 1946), *Hürriyet* (1961, 1965, 1969, 1991, 1995), *Yön* (1965), *Milli Gazete* (1973) ve *Politika* (1977), *Milliyet* (1995) gibi süreli yayınlar incelenmiştir.

Kadın araştırmalarında yapılan medya çözümlemesi alt başlık ve dolayısıyla amaca göre çeşitlilik sunmakta, aslında tüm bilimsel yöntemler bu içerikteki araştırmalarda da kullanılmaktadır: Çeşitli medyada kadın ve erkek rollerini saptamak için kantitatif içerik çözümlemesi, örneğin şiddet ve pornografide olduğu gibi medya etkisini göstermek için sosyal psikoloji araştırmalarından esinlenen deneysel yöntemler, kadınların özgün durum ve yaşantılarını ortaya çıkarmak için derinlemesine görüşme, tekil metinlerle cinsiyet ilişkisinin anlatımsal ve görsel değerlendirmesi için semiyoloji ve yapısal çözümlemeler, uzun erimli medya değerlendirmesi için araştırmamızda uygulandığı gibi geniş ölçekli taramalar gerçekleştirilmektedir. Bu yöntem uyarınca, süreli yayın taramasından ulaştığımız veriler öncelikle nicel açıdan anlamlandırılmış, ardından yorumlanarak, kadının siyasal temsilciliği olgusunun medya, siyaset, kamuoyu göstergeleri açısından değerlendirilmesine çalışılmıştır.

B- Genel Seçim Dönemlerinde Toplumsal, Siyasal Gündemin Yansıması Açısından Yazılı Basın ve Kadınların Siyasal Temsilciliği

Kadınların parlamentoya seçme ve seçilme hakkının yasallaşmasından (1934) son genel seçim dönemine (1995, 1999) dek yapılan bir süreli yayın taramasında Türkiye'nin siyasal, toplumsal gündemi ile basın gündemi arasında dikkate değer nicel ve nitel ilişki bulunduğu belgelenmektedir; ancak hedef kitlesi en geniş yayınlarda yer alan kadınların siyasal temsilciliği konusunun siyasal gündemle ilişki derecesi ile bir çıkar grubu olarak kadınların görüşlerini yansıtması beklenen kadın dergilerinin içeriğinin söz konusu gündemle ilişki derecesinde nitel ve nicel açıdan farklılıklar gözlemlenmektedir.

---

[67] Araştırma kapsamındaki ilk ve son seçim dönemlerinde incelenen *Zaman* gazeteleri arasında yalnızca isim benzerliği söz konusudur.

1. Örtük Kota Uygulamalarının Nedeni ve Sonucu Olarak Siyasal Gündem, Basın Gündemi, Kamuoyu İlişkisi (1935,1939)

Gazetelerin yöneticileriyle devlet yönetiminin içiçe geçtiği, muhalif yayın organlarının pek bulunmadığı 1934 yılında kadınların siyasal haklarının yasallaşması ve 1935 seçimlerine katılmaları, en azından araştırdığımız üç ay boyunca (Aralık 1934, Ocak, Şubat 1935) yazılı basın gündeminin ayrıcalıklı konusunu oluşturmuştur. Bu yoğunluğun nedenleri gündem kuramlarıyla ilişkilendirilerek şöyle sıralanabilir:

1. Devlet ve gazete yöneticilerinin içiçe geçmiş olması: Bu durum siyasal gündem ve basın gündeminin kendiliğinden içiçe geçmesine neden olmuştur; etkileşimin yönü ne olursa olsun siyasal karar ve uygulamalar basın gündemiyle örtüşmektedir. Bu duruma kuşkusuz en iyi örneklerden biri Yunus Nadi (Abalıoğlu)dur; 1920'de Muğla milletvekili olarak TBMM'ye girmiş ve altı dönem milletvekilliğinde bulunmuştur. 1924'te kurduğu ve araştırmamıza, sürekliliği nedeniyle, zaman içinde hiç aksamadan belge oluşturan *Cumhuriyet* gazetesinin baş yazarlığını ölene dek (1945) yürütmüştür. Dolayısıyla 1934-1935 seçim ve seçim öncesi dönemlerinde de hem siyasetin hem basının gündem oluşturan önemli kişilerinden birisidir.

2. İktidara muhalif yayın organlarının pek bulunmaması: Dönemin egemen siyasal tutumu, özellikle tek parti uygulamasında somutlandığı gibi farklı dünya görüşlerinin sunulmasına, doğruluğu veya yanlışlığı başka bir tartışmanın konusu olan nedenlerle pek olanak vermemektedir. Bu durumun bir yansıması olarak basının da, özellikle siyasal eleştiriler yapmasına, kısa süreli örnekler görülse bile, pek olanak bulunmamaktadır. Diğer bir deyişle siyasal iktidar basına büyük ölçüde egemen olduğu için basın gündeminin siyasal gündemden farklı olması beklenemez.

3. Osmanlı İmparatorluğu'nun son döneminden itibaren varlığını sürdüren ve siyasal bağlamda kamuoyunun onayını alan kadın hareketi: Bazı muhalif olarak değerlendirilen basın örneklerinde bile kadınların yasal siyasal kazanımlarıyla ilgili olumsuz bir tutuma rastlanmamasının, daha önce değindiğimiz 19. yüzyılın ikinci yarısından itibaren süregelen kadınların statüsel dönüşümü ve taleplerinin toplum çıkarları adına benimsenmesiyle ilişkisi bulunsa gerektir. Bir başka deyişle, toplumsal çıkarlarla kadınların çıkarlarının ortak oluşu basın gündeminin yönünü belirleyecek bir güç oluşturabilmiştir.

Genel olarak değerlendirildiğinde, bu dönemde siyasal gündem, basın gündemi ve kamuoyu kadınların siyasal temsilciliği konusunda büyük çelişkilere sahip bulunmamaktadır. İktidarın böyle bir tercihteki temel dürtüsü ister Batı'ya karşı demokrat bir izlenim vermek ister kadınlardan yoksun bir meclisi 'çağdaş Türkiye'ye' yakıştıramamak olsun, herhalükarda bu konuda, örneğin yirmili yıllar meclislerinde yer alan ciddi bir muhalefetle karşılaşmadıkları açıktır. İktidarla içiçe geçmiş bulunan basının bu noktadaki işlevi, zaten kadının bir süreç içerisinde kamusal alana çıkışıyla fikre alışmaya başlayan kamuoyunu konuyla ilgili bilgilendirmektir. Dönemin basını, yalnızca bu konuda değil, tüm toplumsal reformlarla ve hatta günlük yaşamdaki küçük değişikliklerle ilgili eğitim görevini üstlenmiştir. Ayrıca yukarıda da değinildiği gibi kamuoyunun, kadınlık durumunun yasalar önünde erkekle birebir eşitlik kazanımına ulaşmasına tepki duymasını gerektirecek bir 'devrim' zaten söz konusu değildir; gelişme evrimseldir. H. Edip'in daha 1919 yılında, kadınların siyasal temsilciliği konusuna halkın "ne İngiltere'de ne Amerika'da olduğu kadar bile itirazı olmayacaktır."[68] biçiminde dile getirdiği bir toplumsal 'onay' söz konusudur ve kamuoyunun bu tutumu da basının konuya ilgisinin bir başka nedeni olarak ele alınmalıdır.

Beklenildiği üzere gazetelerde kadınların seçme ve seçilme hakkı ile ilgili ilk yazılar seçim yasasındaki değişikliği duyurur ve yorumlar niteliktedir. *Cumhuriyet* gazetesinde değişiklik mecliste onaylanana dek bir yazı yer almazken, diğer bir deyişle kamuoyunun değişikliğe hazırlanması bile gerekli görülmezken (ki bu durum toplumsal meşruiyetin zaten bulunduğunun bir göstergesi olarak değerlendirilebilir) ; *Zaman* gazetesi ancak 4 Aralık 1934 tarihli "Sütunlar Arasında" köşesini bu konuya ayırmıştır.[69] Gerek *Zaman* ve gerekse *Cumhuriyet* gazetelerindeki

---

[68] "Kadınlara İntihab ...."
[69] "Türk Kadını Mebus", *Zaman,* 4 Kanunuevvel 1934

73

konuyla ilgili tüm yazıların, ki bunlar genellikle yorum niteliğindedir, içeriklerini şöyle sınıflamak olanaklıdır:

1. İslamiyetin Türk kadının statüsüne olumsuz etkileri, İslamiyetten önceki Türk toplumunda kadın, İslamiyet'in yanlış yorumu fikri;("Türk Kadınına Verilen Seçme Ve Seçilme Hakkı", "Türk Varlığında Türk Kadının Yüksek Yeri", "Soysal Yaşayışta Yeni Büyük Adım")[70] "(...) Türk tarihinde kadın oldum olasıya özyön (hür) ve özbey (müstakil) iken çölden çıkan İslam dininin kendi aramıza anlaşılamaz yanlış anlaşılarla girişi kadını o yüksek hazlarından uzaklaştırarak onu kalın çuvalların içine sokmuş ve dört duvar arasına koymuştur.(...) "("Soysal Yaşayışta Yeni Büyük Adım"bkz. 70. dipnot)

2. Türk kadınının bu yasal değişiklik sonucunda, bir çok uygar ulustan önce siyasal haklarına kavuşması savı;("Türk Kadını Mebus", "Türk Kadınına Verilen Seçme Ve Seçilme Hakkı", "Kadın Saylav Hakkı", "Soysal Yaşayışta Yeni Büyük Adım")[71] "(...) Türk kadını mebus seçimine de iştirak etmekle ve mebus seçilmek hakkını da kazanmakla, medenî milletlerin birçoğunda bile kadınların hâlâ ihrazedemediği siyasî haklara kavuşuyor.(...)" ("Türk Kadını Mebus" bkz. 71. dipnot)

3. Türk kadınının özellikle Kurtuluş Savaşı sırasında gösterdiği kahramanlıklar ve Cumhuriyet sonrasında kamu alanına katılım sayesinde bu siyasal hakları zaten hak etmiş olduğu görüşü; ("Türk Kadını Mebus", "Kadınların Mebusluğu", "Türk Kadınına Verilen Seçme Ve Seçilme Hakkı", "Türk Kadını Millet Meclisinde", "Kadın Saylav Hakkı", "Kadınların Mebusluğu", "Kadınların Saylavlığı", "Türk Varlığında Türk Kadınının Yüksek Yeri")[72] "(...) Türk kadınının İstiklal Harbinde yaptığı hiz-

---

[70] *Zaman* gazetesinde hiç yer almayan bu içerik *Cumhuriyet* gazetesinin yukarıda başlığı verilen yazılarında sırasıyla şu tarihlerde işlenmiştir: 6 Kanunuevvel 1934, 23 Şubat 1935, 1 Mart 1935

[71] Yukarıdaki başlıkları taşıyan yazılar sırasıyla 4 Kanunuevvel 1934'te *Zaman,* 6 Kanunuevvel 1934'te *Cumhuriyet,* 8 Kanunuevvel 1934'te *Zaman,* 1 Mart 1935'te *Cumhuriyet*'te yayımlanmıştır.

[72] Bu yazıların ilk ikisi 4 Kanunuevvel 1934, 7 Kanunuevvel 1934'te *Zaman,* üçüncüsü 6 Kanunuevvel'de *Cumhuriyet,* dördüncüsü 7 Birinci Kanun'da *Cumhuriyet,* beşincisi, altıncısı ve yedincisi sırasıyla 8 Kanunuevvel 1934, 8 Kanunuevvel 1934, 1 Kanunusani 1935 tarihlerinde *Zaman,* sonuncusu 23 Şubat 1935'te *Cumhuriyet*'te yayımlanmıştır.

metlerin başka milletlerin yakın tarihlerde emsaline tesadüf olunamaz. Türk kadını, yolsuz, vesaiti nakliyesiz yalçın topraklar üzerinde çok defa, koca mermileri kucağında veya sırtında bir evlat taşır gibi ihtimamla, şefkatle taşımak suretile İstiklal harbinin kazanılmasında âmil olmuştur. Bu hizmeti yapan Türk kadınının huzurunda hürmetle eğilmek ve ismini haşre kadar şükranla yadetmek Türk milletinin bir mukaddes borcudur. Bundan dolayıdır, ki bugün kendisine verilmiş olan son siyasî hakkı, hem takip edilmekte olan inkılâbın yeni bir merhalesi olmak itibarile, hem de Türk kadınının ateş altında da vatanı müdafaaya muktedir bir şanlı uzuv bulunması noktai nazarından, tabiî addetmek lâzımgelir. (...)"("Kadınların Mebusluğu" bkz. 72. dipnot)

4. Ve bir önceki kategoriyle çelişkili gibi gözükse de yalnızca aynı gazetelerde değil, kimi kez aynı makalelerde bile yer alan Türk kadınının siyasal haklarını Mustafa Kemal'e, erkeklere, cumhuriyete borçlu olduğu düşüncesi; ("Türk Kadını Mebus", "Kadın Saylav Hakkı")[73] ..."(...) Türk erkeği, kadının her hakkını kendiliğinden tanıdı, zamanın şeraitini vaktinde kavrayarak kadına içtimaî haklarını verdi ve onu siyasî hayata kavuşturmak istedi.(...)"("Türk Kadını Mebus" bkz. 73. dipnot)

5. Türk kadınının bir evrim sonucunda ulaştığı bu statünün kamuoyunca onaylanacağı fikri; ("Türk Kadını Mebus", "Kadınlığımızın Mebusluğu", "Kadınların Mebusluğu", "Kadınların Saylavlığı")[74]

6. Aile kurumunun önemi açısından kadının yeni statüsünün önemi; ("Kadınların Mebusluğu", "Türk Kadını Unutma ki!")[75]

---

[73] Her iki yazı da *Zaman*'da sırasıyla 4 Kanunuevvel 1934 ve 8 Kanunuevvel 1934'te yayımlanmıştır. Siyasal iktidarla sahibi ve başyazarı nedeniyle doğrudan ilişkisi bulunan *Cumhuriyet* gazetesinde bu temanın hiç yer almaması bir yandan bir süre sonra kapanacak olan *Zaman* gazetesinin hükümete yaranma çabası olarak yorumlanabilirken, diğer yandan da M. Kemal ve arkadaşlarının ileride resmî tarihi belirleyecek bu söylemi, en azından güçler dengesinin o aşamasında henüz gündeme getirmediklerini göstermesi bakımından önem taşımaktadır.

[74] Yazıların tümü *Zaman*'da sırasıyla Kanunuevvel 1934, 7 Kanunuevvel 1934, 8 Kanunuevvel 1934, 1 Kanunusani 1935'te yayımlanmıştır.

[75] Her iki yazı da *Zaman*'da, sırasıyla 8 Kanunuevvel 1934, 13 Kanunuevvel 1934'te yayımlanmıştır.

"(...) Türk kadını son yıllar içinde hayatın her mesai şubesinde kendisini göstermiş, liyakat ve ehliyetini tanıtmış olduğu için onun mebus seçimine iştirakini ve mebus seçilmesini hiçbir kimse yadırgamayacaktır." ("Türk Kadını Mebus" bkz. 75. dipnot)

7. 5. Aralık 1934'teki yasal değişikliği izleyen günlerde özellikle kadınların, başta İstanbul olmak üzere çeşitli kentlerde düzenledikleri miting ve gösteriler Aralık 1934 boyunca gazetelerin genellikle ilk sayfalarında yer almıştır.

Kaynaklarına dikkat edildiğinde görüleceği gibi, yukarıda sıralanan tüm bu niteliklerin genellikle bir kaçı aynı yazıların içinde birarada bulunmaktadır; zira siyasetin ve basının önemli gündem maddelerinden birini oluşturan kadınların seçme ve seçilme hakkını halka her yönüyle tanıtmak ve böylece benimsenme şansını artırmak söz konusudur.

Nicel ve nitel önemi açısından ayrıca irdelemek için bu sınıflandırma içine koymadığımız basında yer alan konumuzla ilgili bir diğer grup yazı da milletvekili adayı olarak Türk kadınlarının ve kadınların siyasetten beklentilerinin tanıtılmasıdır. Bu bağlamda adaylarla ilgili duyurulara rastlanmaktadır. 9 Birinci Kanun 1934'te *Cumhuriyet* gazetesinde "Muallim Afet, Makbule Naci ile Nakiye namzetler arasında" diye bildirilirken; 31 Birinci Kanun 1934'te yine *Cumhuriyet* gazetesinde İzmir kadınlarının adaylık için rekor kırdıkları belirtilmekte; 6 Şubat 1935 *Zaman* gazetesi Nezihe Muhittin'in bağımsız adaylığını duyurmaktadır. Ayrıca seçim dolayısıyla çeşitli semtlerde ve radyolarda kadın adayların yapacağı/yaptığı konuşmalara da yer verilmiştir. Kadınları siyasetle buluşturan bu tanıtımların arasında kamuoyuna ve hatta siyasal kadrolara kadınların farklı seslerini duyurabilmek açısından *Cumhuriyet* gazetesinin 25 İkinci Kanun- 5 Şubat 1935 tarihleri arasında sonuçlarını yayımladığı "seçim anketi" özel bir önem taşımaktadır. Genellikle ikinci seçmenlerden oluşan öğretim üyesi, yazar, şair, doktor, hukukçu, çiftçi, öğretmen, şehir meclisi üyesi gibi kadınlara yöneltilen soruların yanıtlarına göre, kadınlar henüz milletvekili olmaktan çekinmekte, ancak bu göreve seçildikleri taktirde öncelikle eğitim ve nüfus gibi sorunlarla ilgileneceklerini belirtmektedirler.

Eğitim başlığı altında köylü kadınlara varana dek bir okuma yazma seferberliği öngörülmekte, çocuk yuvaları ve yabancı dil öğrenimi de göz ardı edilmemektedir. Nüfus başlığı altında ise, nüfusun artırılması ve bu amaçla kadın ve erkeklere bekârlık vergisi uygulanarak evliliğin özendirilmesi amaçlanmaktadır. Ancak bekârlık vergisinden kadınları vareste tutmak isteyen, hatta kadınların başarıyla siyasal yaşama katılmaları için bekâr kalmaları gerektiğini belirten kadınlar da bulunmaktadır. Siyasal gündemdeki bir diğer konu olarak kadınların askerlik yapmalarıyla ilgili yorumlarda belirgin bir farklılaşma görülmektedir. Bazı kadınlar, kadınların askerlik için biyolojik açıdan uygun olmadığını savunurken, diğerleri Türk kadınının gerektiğinde zaten askerlik yaptığını belirtmişlerdir. Özellikle bekârlık vergisi, kadınların askerliği ve tüm örgütlerin siyasî iktidar/devlet içinde eritilmesi yani kadınların medenî ve siyasal haklarının yasalaşmasıyla 'varlık nedeni ortadan kalkan' kadın örgütünün kapatılması gibi o dönemin siyasal gündeminden izler taşıyan bu anket bir yandan bu siyasal gündem için kamuoyu oluştururken, bir yandan da kamuoyunun bu konulardaki fikirlerini siyasal karar mekanizmalarına aktarma işlevini taşımaktadır. Ankette dönemin ulusal siyasal gündemi bağlamında yer alan ayrı bir kadın örgütünün gereksizliğiyle ilgili soru/yönlendirme aynı zamanda kadın tarihinin evrenselliğini göstermesi açısından önemlidir. Görüşülen kadınların tümü, Kadın Birliği'nin kapatılmasına çeşitli nedenlerden dolayı taraftar olduğunu bildirmektedir. Ulusal çıkarların, retrospektif bakıldığında yanlışlığı/zamansızlığı saptansa da kadınların evrensel boyuttaki talepleriyle o dönem, tutum ve eylemde kesiştiği ortaya çıkmaktadır.

Öte yandan, büyük ölçüde siyasal gündemi kamuoyuna ilettiği/öğrettiği izlenimi taşısa bile medyanın bu gündeminin toplumsal gündeme çok aykırı olmadığını, dolayısıyla kaba propaganda niteliklerini taşıyan bir yayın üslubuna rastlanmadığını söylemek olanaklı görünmektedir. Ayrıca tek başına basının bir gündem oluşturduğuna dair veriler bulunmamaktadır; ancak konuya yönelik nicel ve nitel açıdan coşkulu diye tanımlanabilecek yayın desteğinin, daha önce belirtildiği gibi, gazeteci-siyasetçi içiçeliğiyle ve tek parti döneminin muhalif yayın organlarına pek olanak tanımayan yapısıyla açıklanması olanaklıdır; zaten kamuoyunda da kadınların siyasal temsilciliğine olumsuz bir tepki değil, daha önceki tarihlere ait örneklerde bile gösterildiği gibi bir onay söz konusudur. Ancak milletvekili seçimi bir anlamda yarı atama sistemiyle gerçekleştiği için, milletvekili seçilen kadınların sayısal önemini yalnızca basındaki bu destek ortamına yormak eksik bir saptama olacaktır; bu yayınların asıl işlevi Cumhuriyet'in ilanını izleyen reformların son halkası olarak cinsiyetler arasındaki biçimsel/yasal eşitliğin halka bildirilmesi mahiyetinde olmuştur. Çok nedenli bu açıklamaların dışında, bir anlamda atamayla gerçekleşse dahi bu oranda kadının meclise girmesi konumuz açısından basın gündemi aracılığıyla değerlendirildiğinde, siyasal gündem ve kamuoyu ilişkisini göstermesi bakımından önem taşımaktadır. Kökenindeki gerekçeler ne olursa olsun, biri diğerini şu ya da bu biçimde oluşturmuş bulunsun, bu üç gücün paralelliğinin böyle bir sonuçta doğrudan ve önemli bir payı bulunmaktadır.

1939 genel seçimlerinde ise, gerek seçim haberleri ve gerekse kadınların seçime katılımı açısından yazılı basında tam bir durgunluk görülmektedir. II. Dünya Savaşı öncesinde tırmanan gerginlikle ilgili haber ve yorumlar, iç siyasal gelişmelerden biri olarak seçimlere yer bırakmayacak denli yoğundur. Seçimlerle ilgili haberler ancak Mart ayının ortalarında görülmeye başlamaktadır ki, zaten ikinci seçmen seçimleri 15-20 Mart 1939 tarihleri arasında gerçekleştirilmiştir. Kadınların seçme ve seçilme hakkını içeren tek haber 15 Mart 1939 tarihli *Cumhuriyet* gazetesinin birinci sayfasında yer almaktadır: "İkinci müntehib seçimine bugün başlanıyor" başlıklı bu yazıda on sekiz yaşını bitiren kadın erkek her vatandaşın oyunu kullanacağı anımsatılmakta ve konuyla ilgili büyük fotoğrafta bir gün önce , Beyazıt'ta seçimlerle ilgili verdiği söylev sırasında çekilen Meliha Avni Sözen'in görüntüsü bulunmaktadır. İktidarla iyi ilişkileri bulunan dönemin bir diğer önemli gazetesi *Akşam*'da ise, kadınlara siyasal bağlamda değinen ve seçim öncesinde yayımlanan bir yazıya rastlanmamıştır; seçimler ertesinde Meclis'in açılmasını izleyen 5 Nisan 1939 tarihli *Akşam* gazetesinde milletvekillerini yemin ederken gösteren dört fotoğraftan biri İzmir milletvekili Benal Arıman'a aittir.

Basın gündeminde siyaset ve kadınla ilgili haber ya da yorumların bu denli kısıtlı yer alışına karşın, seçilen kadın milletvekili sayısı, bir önceki döneme kıyasla azalsa da on beştir. Tek partili dönemin seçimlerinden biri olarak değerlendirildiğinde ve uluslararası planda yükselen siyasal hareketlerin otoriter niteliği dikkate alındığında, kuşkusuz bu dönemde de kadınların siyasal kadrolara yoğun katılımının ülkenin demokratik bir görüntü sunmasında payı büyüktür. Ancak daha önce de değinildiği gibi dünyadaki savaş öncesi gerginlik, basın gündeminde böyle konuları ikinci plana itecek denli egemenlik kazanmıştır. Ayrıca tek partili dönem sürse, 'ebedi şef'in yerini 'milli şef' alsa da, ulusal ve uluslararası gerginlik ortamında demokratik gözükme kaygusunun 1930'ların başındaki önemini korumadığı bir siyasal gerçektir; zira 'tek örgüt parti' zihniyetine paralel uygulamalarla siyasal ve ekonomik muhalefet büyük ölçüde denetim altına alınmış, yaklaşan büyük savaş tehlikesi toplumsal muhalefetin de askıya alınmasına neden olmuştur. Öte yandan 1930'da yerel seçimlerde başlayıp, 1935'te genel seçimlerde propaganda ve eylem açısından zirveye çıkan/çıkartılan kadınların siyasal haklarını kazanmaları ve yaşama geçirmeleri, gereken etkiyi başarıyla yapmış, uluslararası kamuoyu ve özellikle dünya kadınları üzerinde dört yılda unutulmayacak olumlu bir izlenim bırakmıştır; dolayısıyla gündemi yaklaşan savaşın belirlediği bir dönemde, zaten bir nevi atama yoluyla gerçekleştirilen seçimlerde on beş kadın milletvekilinin göreve gelmesi önceki 'imaj'ı kuvvetlendirmek için yeterli işleve sahiptir; gerekli ulusal kamuoyu ise zaten vardır veya bir önceki seçim döneminde oluşmuştur. Ayrıca yukarıda da değindiğimiz gibi, yalnızca kadınlar ve seçim değil, tümüyle seçim konusu basın gündemini pek işgal etmemiştir. Kadınların siyasal temsilciliğiyle ilgili konuların basında yer almayışı verisine dayanarak kamuoyu-siyasal gündem ilişkisizliğini çıkarsamak bir zorlama olacaktır. Zira yine basından anlaşıldığı kadarıyla ne siyasal gündem ne de kamuoyu seçimlerle pek ilgilenmemektedir; dolayısıyla seçimler belirgin bir sessizlik içinde ve genel gündemin ikinci planında geçip gitmiştir; bir önceki dönemin koşulları ve sonuçları yinelenmiştir. Bunlar arasında kadınlara uygulanan örtük kota da yer almıştır. Sonuçlar gibi sonuçların gerisindeki dinamiklerde de bir önceki dönemin siyasal gündem, basın gündemi ve kamuoyu arasındaki karşılıklı ilişkinin payı olsa gerektir.

2. Siyasal Alanda Serbest Rekabete Geçiş Sürecinde Siyasal Gündem, Basın Gündemi, Kamuoyu İlişkisi (1946, 1950, 1954,1957)

Çok partili döneme geçiş gibi önemli bir demokratik dönüşümü simgeleyen 1946 genel seçim dönemindeki basın gündemi de kadınlar açısından 1939 genel seçim dönemiyle benzerlikler sergileyen niteliktedir. Bu dönemde basın gündemine yeni partinin (DP) oluşumu, seçim hazırlıkları, çok partili seçimin avantajları gibi demokratik çağrışımlar uyandıran başka konular yerleşmiştir; dolayısıyla kadın ve siyaset ilişkisini yansıtan yazılar son derece azdır. 6 Temmuz 1946 tarihli *Cumhuriyet* gazetesinde "Müstakil olarak adaylığını koyan ilk kadın"[76] başlığı altında Fakihe Odman'ın fotoğrafı bulunmaktadır. 4 Temmuz 1946 tarihli *Akşam* gazetesinde ise, İstanbul'da kadın seçmenlerin erkeklerden daha fazla (266.574 kadın, 254.212 erkek) olduğunu bildiren bir yazı yayımlanmıştır. Çarpıcı, ama ayrıntısız ve yorumsuz tek haber 18 Temmuz 1946 tarihli *Akşam* gazetesine aittir: "DP İstanbul aday listesinde hiç kadın yok." Daha önce değindiğimiz saptamaları doğrular bir biçimde kadınların, demokrasiyi simgeleme işlevi tamamlandıktan ve yerini yeni demokrasi simgelerine bıraktıktan sonra, gerek siyaset gerek toplum gerekse basın gündeminden de geri çekildikleri gözlemlenmektedir. Ancak evrensel kadın tarihiyle paralellikler gösteren bu 'sönme'yi yalnızca ulusal açıklamalara indirgememek gerekmektedir. Seçme ve seçilme hakkıyla tamamlanan yasal hakların kazanılması sürecinin ertesinde yalnızca Türkiye'de değil, bu hakların elde edildiği tüm ülkelerde, aşağı yukarı eşzamanlı bir biçimde kadın konusunun gündemden düştüğü göz-

---

[76] Oysa *Zaman* gazetesinin 6 Şubat 1935 tarihli haberine göre Nezihe Muhittin Cumhuriyet tarihinin ilk bağımsız kadın adayıdır.

lemlenmektedir. Tüm diğer ülkelerdeki gibi Türkiye'de de kadınlar elde ettikleri yasal kazanımların gerekli toplumsal dönüşümleri de getireceğini umarak bir bekleme döneminin suskunluğuna çekilmişlerdir. Özel olarak Türkiye'de ve başka bazı ülkelerde siyasal iktidarın bu suskunluğu desteklemiş olması durumun tek boyutuyla irdelenmesini doğurmamalıdır. Türkiye'den çok farklı ve yoğun bir mücadele ve kazanım geçmişi olan ve kadın ve siyaset ilişkisi açısından değerlendirildiğinde de bu farklılığı fazlasıyla koruyan bir başka ülkeden, Danimarka'dan verilecek örnek durumun yerel nedenlerden çok evrensel nedenlere dayandığını belgelemektedir: "Seçme ve seçilme hakkı kazanıldığında bazı kişiler tüm feminist sorunların çözüldüğüne hükmettiler.(...) Eski Danimarka Başbakanı I.D. Christensen, kadınlara bir kez seçim hakkı verildiğinde tüm kadın örgütleri lağvolmalıdır, diye açıklamıştı. Bazı kadın örgütleri aynı fikirdeydiler ve kapandılar."[77] Dolayısıyla şimdiye dek yapılageldiği gibi kadınlık durumunun evrimini, özelde kadının siyasal statüsünü tümüyle mevcut yerel iktidarlara bağımlı göstermek bir temel evrensel gerçeği yadsımak anlamını taşımaktadır. Türkiye'de kadınlık durumuyla ilgili mücadeleden geri çekilme, tüm dünyada olduğu gibi birinci dalga kadın hareketinin ertesindeki suskunluğa paralel bir gelişmedir; kadın statüsüyle ilgili gerek kazanımların gerek kayıpların siyasal iktidarın çıkarlarıyla da çakışması bu evrensel gerçeğe yapılan bir yerel ektir yalnızca. Özel olarak eklenmesi gereken ise, o zamana kadar olan seçkinci hareketten çok geniş halk tabanına dayanan yapısı, çok partili döneme geçişi simgelemesi ve hepsinden ötesi taşıdığı adla en azından ilk dönemlerinde demokrasiyle özdeşleştirilmiş bir partinin hiç bir kadın aday göstermemesidir, ki bu durum Türkiye'de de demokrasinin, kadınlar onu kendi çıkarları için kullanmadıkça erkekler arasında geçerli bir kavram olduğunun göstergelerinden biridir.

Türkiye'nin siyasal tarihinde rejimin demokratikleşmesi açısından en önemli tarihlerden biri olarak değerlendirilen 14 Mayıs 1950 genel seçimleri kadınların resmiyete dökülmemiş 'kota'dan sonra serbest rekabete mâruz kaldıkları ilk belirgin siya-

---

[77] J. S. Jaquette; a.g.m., s.64

sal dönemdir; DP'nin zaferiyle sonuçlanan bu seçim döneminde kadın milletvekili sayısı üçe inerek, kadınların seçilme hakkına sahip olduğu parlamenter dönemler içindeki en düşük düzeyi oluşturmuştur.

Bu sonucu yorumlarken yukarıdaki saptamayı yinelemek kaçınılmazdır: Kadın hareketi, talepleri ve mücadelesi siyasal hakların kazanılmasının ertesinde bir suskunluğa ve kendiliğindenlik beklentisine girmiş, bu zamansız geri çekilme onların siyasal alanda nicel ve nitel etkisizliğini getirmiştir. Türkiye özelinde bu gelişmenin, kadınların demokrasiyi simgeleme işlevinin çok partili döneme geçişle birlikte askıya alınması olgusuyla eşzamanlılığı yerel açıklamaların evrensel durumdan daha fazla önemsenmesini hatta ikincinin birinci lehine yorumdan silinmesini doğurmamalıdır.

19 Nisan 1950 tarihli *Cumhuriyet* gazetesinde Nadir Nadi'nin kaleme aldığı "Kadın Adaylar" başlıklı başyazıda bu nicel düşüş daha seçim öncesinden saptanmaktadır: "(...) Sorarsanız halk kadınları azımsıyormuş, kadından iş çıkmaz diyormuş. Bu şartlar altında Dokuzuncu Büyük Millet Meclisinde geçenkinden daha az kadın milletvekili göreceğimiz anlaşılıyor." Aynı yazıda siyasal gündemin bu eksikliğine gerekçe olarak kamuoyunun konuya isteksizliğinin yahut ilgisizliğinin gösterilmesi eleştirilmektedir. N. Nadi kamuoyunun böyle bir tutumu benimsediğini kabul etmemekte, "böyle bir hava esiyorsa bile bu ancak kötü bir propagandanın üflemesiyle olmuştur." diye yorumda bulunmaktadır. Anlaşıldığı kadarıyla bu konuda olumsuz bir propagandadan ziyade konunun 'unutulması/unutturulması' söz konusudur. Nitekim basın gündeminden çıkarak değerlendirildiğinde, 1950 yılı seçim döneminde kamuoyu veya siyasal gündemde kadın ve siyaset ilişkisinin önemli bir yer almadığı görülmektedir; bu durumun gerekçeleri bir yandan kadın hareketinin yaşadığı yasal hakların sağlanması ertesindeki durgunluğa, bir yandan da kadınlık durumunun demokrasiyi belgeleme işlevinden özgürleşmesine dayanmaktadır; tüm bu bileşenleri yansıtıcı görev taşıyan basın da doğal olarak konuya fazla yer ayırmamakta, olumsuz gidişi saptamasına karşın bir alternatif propaganda zemini oluşturmayı zaten doğru bulmamaktadır. Nitekim N. Nadi'nin anılan yazısında da, otuz-

lu yılların kadınlara yönelik olumlu ayrımcılığından izler bulun-
mamaktadır; hatta bu yaklaşım bir anlamda eleştirilmektedir:
"(...) seçimler karşısında halkımız adaylar hakkında bir karara
varmak isterken kadınlık erkeklik gibi bugünkü şartlara uyma-
yan sebepler üzerinde hiç durmamalıdırlar. Kimin fikirleri bi-
zimkilere uyuyor? Kim bizim davalarımızı benimseyerek çalı-
şır? Meclis'te bizi kimler temsil edebilir? Düşünülecek, üzerin-
de ısrarla durulacak nokta budur. Kim dediklerimiz arasında
Ahmed, Mehmed, Ayşe, Fatma hep beraber ve bir hizadadır."
Görüldüğü gibi artık kadın ve erkek eşitliği söylem ve uygula-
maları, kadınlar lehine olumlu bir ayrımcılık eğilimi sürdürül-
mediği için bir anlamda kadınlar aleyhine bir nitelik kazanmak-
ta; kadınlar koşullarına, içeriğine yabancı oldukları bir ortam-
da/siyasette, doğaldır ki başarısız bir sonuç almaktadırlar.

Nadir Nadi'nin yukarıda değinilen yazısı kemalist zihniyetin,
ki bu zihniyet birinci dalga feminist hareketinin inanç ve amaç-
larıyla büyük benzerliklere sahiptir, kadının siyasal temsiline
bakışını özetlemesi açısından şöyle yorumlanabilir: "Özgün bir
kadınlık durumu yoktur; çıkarların farklılıkları cinsiyetlere de-
ğil, kişiliklere göre belirlenir. Kadın ve erkeğin eşit olmadığı
düşünülemez, ancak yasalar önünde eşitlik yeterli bir çözüm-
dür. Bütün ötesinde bir mücadele gereksizdir ve ayrımcılıktır.
Bir adayı kadın diye küçümseyip desteklememek kadar, yalnız-
ca kadın diye desteklemek de hatalıdır." Kuşkusuz böyle bir
yaklaşım kişileri cinsiyetlerine dair kalıp yargılarla değerlendir-
meyen, bir anlamda weberien içerikteki ideal toplumlar için ge-
çerlidir; ancak buna ulaşmak için çabalama sürecinde önce, ka-
dınların toplumların yaşantılarına kendilerininkini eklemeleri
gerekir. Zira, aksi taktirde kadınlar erkek değerleriyle genel
toplumsal değerlerin özdeş tutulduğu bir ortamda ya onlar gibi
ya da onların istediği gibi oldukları zaman onay bulabilirler; ya-
saların değişmesi otomatikman cinsiyetlerin eşitliği açısından
'ideal toplumu' yaratamaz. Siyaset gibi halihazırda erkek çıkar-
larının genel çıkarlarla özdeş tutulduğu bir ortamda kadın çı-
karlarını değil, Nadir Nadi/kemalistler/birinci dalga feministle-
rin önerdiği gibi genel çıkarları savunmak otomatikman ataer-
kil düzeni savunmak anlamına geldiği için kadının siyasal tem-

silindeki nitel ve nicel güdüklük kaçınılmazdır.

Bu seçim döneminde gündeme gelen ve daha sonra sık sık yinelenen bir uygulama da siyasal alanda saygınlık kazanmış erkeklerin yakınlarının, onların ölümü veya uzaklaştırılması ertesinde siyasete girmeleri, en azından aday olmaları durumudur. Aslında bu durum erkekle kadının birebir eşitliğinin sembolik bir yansıması olduğu kadar, yasal eşitliğe karşın kadının 'ikinci cinsliği'nin de bir kanıtıdır. Fevzi Çakmak'ın ölümü üzerine Millet Partisi'nden adaylığını koyan eşi Fıtnat Çakmak böyle bir örnek olup, 13 Nisan, 29 Nisan ve 2 Mayıs 1950 tarihli *Cumhuriyet* gazetelerinde konu edilmiştir. Ayrıca İstanbul'dan gösterilen CHP, DP, MP'nin kadın adayları ve bağımsız aday Neyire Işık da 2, 3, 8 Mayıs 1950 tarihli *Cumhuriyet* gazetesinde yer almışlardır. Neyire Işık bağımsız aday olup, gazetenin başlığında kendisinin "partilere meydan okuduğu" belirtilmiştir. Kısa saçlı ve fötr şapkalı fotoğrafının da bulunduğu aynı yazıda N. Işık'ın kadın ve çocuk sorunlarını ele almak için aday olduğunu açıkladığı bildirilmektedir. Kamuoyu/sivil toplum etkinliklerinin seçimdeki önemini göstermesi açısından kendisinin üyesi bulunduğu derneklere özellikle yer verilmesi ve kadın hareketindeki eylemlerinin süreklilik ve eskiliğinin belirtilmesi ise ayrıca önemlidir. "Bayan Neyire Işık, tâ Birinci Cihan Harbinden beri muhtelif sosyal hizmetler ifa etmiştir. Kendisi halen aşağıdaki kurumlarda fahriyyen vazife görmektedir:

Turing Otomobil Kulübü, Darüşşafaka Okutma Kurumu, Türkiye Pakistan Dostluk Cemiyeti, Millî Abideleri Koruma Derneği, Gayrimenkuller Derneği vesair sosyal cemiyetler." Bu seçim döneminde, yeniden açılan Kadınlar Birliği'nin yayın organı *Kadın Gazetesi*, kadınların görüşlerini yansıtan niteliğiyle araştırmamıza anlamlı bir katkıda bulunmuştur. İlk sayısındaki başyazıda, Kadınlar Birliği ve *Kadın Gazetesi*'nin amacı "Memlekette bir kadın teşekkülüne ihtiyaç vardır. Fakat geriye dönerek süfrajetlik yapmak için değil, tabir yerinde ise, misyonerlik yapıp kadınlığımızı ve geri kalan orta şark kadınlığını yetiştirmek için"[78] diye tanımlanmış; ancak 1950 seçimleri için partilerin aday saptadıkları Nisan ayından itibaren söz konusu gazete-

---

[78] İ. H. Oruz; "Kadınlar Birliği", *Kadın Gazetesi*, 5 Nisan 1947, s.1

de 'kadınlık devrimi'nin tehlikeye girdiğini bildiren ve buna karşı uyarılar geliştiren siyasal boyutlu yazılara sıklıkla yer verilmiştir. 10 ve 17 Nisan tarihlerinde İffet Halim Oruz tarafından kaleme alınan başyazılarda demokrasinin gelişmesiyle kadınların seçme seçilme hakkının sarsıntı geçirmesindeki 'şaşırtıcı' eşzamanlılık vurgulanarak CHP ve DP'nin aday listelerinde kadınlara yer vermesi talep edilmektedir: "Adetâ Cumhuriyet rejimimiz kadar övündüğümüz bütün dünyaya ilân ettiğimiz kadın inkılâbımız, bu hamlenin en yüksek mertebesi olan seçme ve seçilme konusunda birdenbire bir sarsıntı hali gösteriyor ve bu sarsıntının demokrasinin inkişafı yolunda kendini göstermesi büsbütün üzücü bir mâna ifade ediyor. 1946 seçimlerinde sezinlemiş olduğumuz ve ilk adımın buhranıdır diye, bütün iyi niyetlerimizle tefsire çalıştığımız bu hal, yazık ki 1950 seçimlerinin ilk anında daha dikkate değer bir durum arzetti.(...) Şimdi ümit ediyoruz ki, CHP programını yürütmek için (...) kadın isimlerini de ilâve edecektir. (...) Demokrat Partinin de büyük muhalefet partisi olarak dâvamızı korumasını bekliyoruz." Aynı yazılarda dikkat çeken bir diğer saptama 1990'lar Türkiyesi'yle benzerlikler taşımakta, " (...) laiklik prensibimizin arkasından, Türk kadın inkilabımızı baltalayıcı kımıldamaları görmekle, son derece üzüntü içine düşüyoruz. (...) unutmayalım ki, şeriat isterük diyen kara taassubun içinde bir çarşaf, bir taaddüdü zevcat ve kafes de vardır." denilmektedir. Bu dönemde basının konuyla ilgili görevi üzerinde de ayrıca durulmaktadır.

Kadın Gazetesi'nin 14 Mayıs 1950 genel seçimleri öncesindeki kadınlar ve siyaset konulu diğer yazılarını ise üç ana grupta toplamak olanaklıdır:

1. Kadın seçmenlerin talepleri,
2. Kadın milletvekili adaylarının tanıtılması,
3. 1950 seçimlerinde kadınların görevleri.

Bir çıkar grubu bilincini hissettiren ilk kategori, 24 Nisan-15 Mayıs 1950 tarihleri arasında yayımlanan bir yazı dizisinden oluşmaktadır. Doktor, öğretim üyesi, kimyager, diş hekimi, ev kadını gibi çeşitli meslek gruplarından kadınlarla gerçekleştirilen görüşmelere göre kadın milletvekillerinin ve adayların azlığı herkesin dikkatini ve tepkisini çekmektedir. Ancak birinci dalga kadın hareketinin kadını erkekle özdeşleştirme-ye/aynılaştırmaya yönelik idealinin sürdüğü, kadına ayrıcalığın ancak eviçi rollerin uzantısı olan kamusal görevlerde gündeme geldiği görülmektedir. Nitekim bir "Aile kadını" olarak tanımlanan Sevim Saran, "Bir Cumhuriyet çocuğu olarak kadın erkek ayırt etmeyi aklımdan geçirmem. Fakat memlekette öyle meseleler vardır ki, kadın eline muhtaçtır. Meselâ mesken davası ve çocuk meseleleri gibi..." diye görüş bildirmektedir. [79] Ayrıca yurtdışına yapılacak propaganda açısından kadın milletvekili sayısının önemi üzerinde durulmakta, böylece Cumhuriyet'in 1930'lu yıllardaki kadın çıkarlarını ulusal çıkarların aracı olarak değerlendiren siyasasının kadınlarca da içselleştirildiği ortaya çıkmaktadır. Bu sözcüklerle tanımlanmasa bile, toplumsallaşma süreci içerisinde öğrenilen kadın-erkek rolleri açısından yapılan değerlendirmede, "kadınların az miktarda seçilmesi yine kadının kabahatidir, kadın çocuğunu büyütürken zorla kadın erkek farkı doğuruyor, çünkü erkeğe kıza ayrı muamele ediyor."[80] gibi bir sonuca varılarak, kadın-siyaset uzlaşmazlığında bugün de tartışılan sorunlar ortaya atılmaktadır.

3 Nisan-8 Mayıs 1950 tarihleri arasında yer alan kadın milletvekili ve milletvekili adayı tanıtım yazılarında Hasene Ilgaz, Fakihe Öymen, Mebrure Aksoley, Makbule Diblan, Meliha Avni Sözen, Nazlı Tlabar, gibi isimlerin özgeçmişleri sunulurken, gazetenin 8 Mayıs 1950 tarihli başyazısı DP listesinden İzmir bağımsız milletvekili adayı Halide Edip Adıvar'a ayrılmıştır. Daha önceki bölümlerde değindiğimiz gibi, Cumhuriyet'in ilanından önce, yasalar uygun olmamasına karşın seçimlerde oy kazanan H. E. Adıvar Meclis'e, umulduğu gibi 1920'li yılların başında değil, bu seçim döneminde girebilmiştir. Bu yazı için kendisiyle yapılan görüşmede İ. H. Oruz'a belirttiği gibi Cumhuriyet'ten önce başlayan 'kadın devrimi'nin aktif katılımcısı olan H. E. Adıvar, "ben, kadın milletvekillerinin kemiyeti üzerinde fazla durmuyorum. Fakat keyfiyet mühimdir" saptamasıyla siyaset içindeki kadınların nitel katkılarının önemine dikkati

[79] "Kadın Seçmenler Ne İstiyor?", *Kadın Gazetesi,* 15 Nisan 1950, s.1, 4.
[80] *ibid.,* 1 Mayıs 1950, s.1, 5

çekerek, yirminci yüzyıl sonundaki tartışmalardan birini ilk kez gündeme getirmiştir. Ayrıca seçmenlerin yarısını oluşturan kadınların bir çıkar grubu gibi çalışarak kendilerini doğrudan ilgilendiren konularda seçtikleri kişileri göreve çağıracak bir güç oluşturmalarını önermiştir. "Kadınlar bütün bu meseleler üzerinde seçtikleri kimseleri vazifeye çağırabilirler. Zira mevzuat itibariyle bütün haklara sahiptirler." Sonuç olarak bu yazıda kadınların Meclis'teki zaten az olan nicel varlığı sorgulanarak yetersizliğine değinilmekte, meclis dışı siyasal kararları etkileyici örgütlenmeler gündeme getirilerek siyasal katılımla ilgili klişelerin dışına çıkılmaktadır.

1950 seçimlerinde kadınlara düşen görevler hakkındaki yazılarda da yeni fikirlerin doğduğu, grup bilincini yükseltici önerilerin yapıldığı gözlemlenmektedir. 20 Mart 1950 tarihli "Kadınlar Arasında" başlıklı yazı hem kadına özgü anlatımı, hem içeriği açısından bu konuda anlamlı bir örnek oluşturmaktadır: " 'Efendim bir onlardan olur bir bizden' diyorlardı. Sesler birbirine karıştıkça, yarısının kadın olması hususunda ısrar edilen bu hararetli mevzuun; bütününün ve diğer parçasının kimler olacağını öğrenmek merakına kapıldım.(...)
- Yapılan işlere bakalım. Onlarınkinde fazla olarak söz var, bizimkinde sadece iş.
- Kabahat bizde. Kendimizi ihmal edişimizde ve bu ihmale göz yumuşumuzda.
- Birbirimizi desteklemeyişimizde, ortaya atılmayışımızda, propaganda yapmayışımızda.(...)
- Avukatsalar avukatız. Doktorsalar doktoruz. Sanatkârız, öğretmeniz, ev kadınıyız, daha ne istiyorlarsa biz oyuz. Bugün orada dokuz kişi isek yarın yarı yarıya olmalıyız.

Orası dedikleri yer neresi idi? Karşı taraftakiler kimlerdi?(...) Nihayet:
- Seçim sandığı başındaki aday listelerinde adlarını gördüğümüz erkek adaylardan hangisini kendimizi tanıdığımız kadar tanıyoruz, deyiverdiler.

Bu suretle görüşülen meselenin mahiyetini anlamış oldum. Yerden göğe haklı oldukları bu seçim davalarında,(...) ben de

'Evet.. Sahi neden hâlâ yarı yarıya değiliz?' diyorum." 15 Mayıs 1950 tarihli "Kadınlar Partisi" başlıklı, anlam bütünlüğü açısından değerlendirildiğinde yukarıdaki yazının devamı niteliğinde olup, aday listelerinde kadınların azlığı üzerine kadınların suçlanmasının yanıtlandığı yazıda "sağlarını sollarını görmeden senelerdir kendi kendilerini beğenerek, birbirlerini seçip duran" erkekler eleştirilerek, bu haksızlığı önlemek amacıyla kadınların akın akın siyasal partilere girmesi veya bir kadınlar partisi kurulması" tartışılmakta, kadınların isterlerse erkeklere oy vermeyip, onlara Meclis'te tek bir iskemle bile bırakmayabilecekleri ileri sürülmektedir. *Kadın Gazetesi*'inde kadınlık bilincinin yansımasını gösteren diğer öneriler ise şöyle sıralanmaktadır: "Bir defa fazla oya iştirak etmek suretiyle inisiyatifi elden bırakmamak icap eder. Ondan sonra da her kadın kendi kanaati çerçevesi içinde kadın adayları korumalıdır."[81], "İşleyen telefonlarımızdan gelen seslere bakınız! -Sandık başında tetkik edeceğim listede, kadın adayların isimlerini görmezsem reyimi kullanmayacağım. -Ben de herkese söyleyeceğim listedeki kadın isminden başka gördükleri isimleri silsinler ve bu haksızlığı böylece protesto etsinler. -Kocalarımıza, çocuklarımıza müstakil kadın adaylara reylerini vermelerini söyleyelim."[82]

1950 seçimlerinde üç kadın milletvekili seçilmesi üzerine yapılan değerlendirmeler de *Kadın Gazetesi*'nin, seçimleri izleyen ilk iki sayısının (29 Mayıs 1950, 5 Haziran 1950) başyazılarında yer almıştır. Bu konudaki yorumlar şöyle sınıflandırılabilir:

1. Sonuçlar seçme açısından lehte, seçilme açısından aleyhtedir: "1950 seçimleriyle, demokrasi inkılâbı, istenilen olgunluğa doğru yol alırken, bir taraftan da, kadın âlemimizde lehe ve aleyhe kaydedilecek tezahürler gösterdi. Denilebilir ki, bu belirtiler, seçme bakımından çok lehte, seçilme bakımından da, o nispette aleyhtedir."

2. Kadının kendini seçtirme yeteneği gündeme girmiştir: "Fiili olarak partiler, fazla kadın aday göstermekten çekindiler (...) Ve bu olay karşısında efkârı umumiyede bir reaksiyon uyandı;

---

[81] "1950 Seçimlerinde Kadınlarımıza Düşen Görev", *Kadın Gazetesi*, 27 Mart 1950, s.1, 2

[82] "Sandık Başında", *Kadın Gazetesi*, 24 Nisan 1950, s.1, 4.

bizzat kadınlar sandık başlarını doldurup, varlıklarını isbat ettiler. (...) demokrasi mücadelesi olduğu gibi kabul edilince, kadının kendini seçtirme kabiliyeti meselesi ortaya çıkar."

3. Kadınlar 'zümre mücadelesi' yapmamışlardır: "Durum bize öğretmiştir ki, partilerin türlü hesapları içinde kadınlar bir zümre mücadelesi yapamadılar. Seçim neticesine dahi tesir eden kuvvetimizi evvelden toplayarak dokuzuncu devre TBM Meclisine kadınlığımızı temsil edecek zümreyi gönderemedik. (...) (Oysa) herşeyden önce kadınlarımız kendi kuvvetlerine dayanmasını bilmelidir. Böyle şuurlu bir zümre kadınları ilgilendiren bilumum mevzularda olduğu kadar süfraj haklarının kullanılmasında da partileri keyiflerine göre hareket etmekten kurtaracak, halka değerler üzerinde durabilmek için imkân hazırlayacaktır."

4. Partilerüstü bir kadın örgütüne gereksinim doğmuştur: "Şu hale göre partilerüstü kadın teşkilâtına olan ihtiyacımız, bugün bütün şiddetiyle kendini gösteriyor. Bu teşkilât iyi işler ve bizim memleketimize göre hangi mevzular üzerinde çalışması lâzım geliyorsa böyle çalışır bir halde elimizde olsaydı katiyen bugünkü durum hasıl olmazdı. Meselâ bütün memlekete şümulü olan ve köylü kadının, işçi kadının, annenin, çocuğun, genç kızların, kadını küçük düşüren ahlâkî meselelerin dert ve davalarını eline almış misyonerler gibi samimiyetle çalışan bir kadın teşkilâtını düşünün. Umumî efkâr karşısında müsbet rolünü ve vazifesini yapıyor ve seçim anında da Millet Meclisi ve Belediye Meclisi gibi teşrii organ içinde bu dert ve davalarını müdafaa edecek temsilcilerini çıkarmak istiyor. Yurdumuzun bugünkü inkişaflı ve kanun bakımından engelli olmayan durumu içinde böyle plânlı harekete herhalde geniş yer verilirdi. Şu hale göre (kadınların) partilerin kendi prensipleri etrafında kadın veya erkek üyeleri toplamalarıyla davanın hallolmadığını idrak etmeleri ve bir kadın organizasyonu meydana getirerek cinsimizi ilgilendiren ve kabiliyetlerimize göre sosyal meseleleri destekleyecek bir hareket yaratmalıyız."

Özellikle *Kadın Gazetesi*'inden derlediğimiz veriler ışığında,1950 seçimlerini sayısal başarısızlığa karşın kadınların siyasal bilinç açısından önemli dönüşümlere ulaştıklarını gösteren bir dönem olarak değerlendirmek olanaklıdır. Nitekim bu nitel değişiklik siyasal karar mekanizmalarına da yansımıştır: Yeni Meclis'te üç kadın milletvekilinden biri olan DP İstanbul milletvekili Nazlı Tlabar TBMM Başkanlık Divanı'na kâtip seçilmiştir. Seçim sonuçlarından çıkarak kadınların, kendi çıkarları için erkek yönetimli partileri ilk kez sorguladığı gözlemlenmektedir. Parti liderleri de kadınlarla ilgili gerçek görüşlerini belki ilk kez bu seçim döneminde gündeme getirmişlerdir. Örneğin İsmet İnönü İstanbul'daki konuşmasında "Demokrasi için kadının siyasî eşitliğinin elzem bir unsur olmayacağını, İngiltere'de kadınların siyasî haklarını almadan önce de demokrasi rejimi bulunduğunu, bugün İsviçre'de kadınlar bu hakları almadığı halde, ileri bir demokrasinin hüküm sürdüğünü"[83] belirtmiştir. Kısacası belki Tanzimat döneminden bu yana ilk kez kadınlar erkek desteğini sözel olarak da yitirmişlerdir; zira erkeklerin en azından bu dönem için kadınlara siyasal anlamda gereksinimi bulunmamaktadır. Böyle bir ortam kadınların kendi gerçeklerini, güçlerini ve sorumluluklarını kavramaları açısından, özellikle ileriye dönük bir önem taşımaktadır. Ayrıca siyasal gündemin böylesine dışında tutulmalarına karşın günlük gazetelerden özellikle *Cumhuriyet*'te başyazar Nadir Nadi konuyu basın gündeminde yansıtmıştır; hatta *Kadın Gazetesi*'nde, konuyu ele almaları ve kadınlığa bu yolla hizmetleri dolayısıyla Nadir Nadi ve Şevket Rado'ya teşekkür edilmiştir.[84] Bir çıkar grubu gazetesi olarak *Kadın Gazetesi*'nin ulaşabileceği okuyucu kitlesi sınırlı olsa da, nitel açıdan o güne dek gündeme gelmemiş yorum ve önerilere yer vermesi belki anlık sayısal sonuçlara yansımamış, ancak kadınlık bilincine kuşkusuz katkıda bulunmuştur. Siyasal gündem, basın gündemi, kamuoyu ilişkisi bağlamında değerlendirildiğinde belirgin ve yaygın olarak her üçünde de kadın ve siyaset konusu yer almamaktadır. Ancak hedef kitlesi kısıtlı *Kadın Gazetesi* ile kamuoyunun çok kısıtlı bir bölümünü oluşturan bilinçli kadınlar söz konusudur. Bir anlamda okuyanı ve yazanı aynı dar gruptur; bu yüzden kadın partisi, kadın adayların des-

---

[83] İ. H. Oruz; "Kadınlık Alemimize Dair Müşahedeler", *Kadın Gazetesi,* 29 Mayıs, 1950, s.5

[84] *ibid.*

teklenmesi, cinsiyetçi toplumsallaşma gibi çok cüretkâr talepleri kitleleri, basını ve siyaseti anlamlı ölçüde etkileyebilme şansına sahip olamamıştır.

Kadınların erkeklerle birebir eşit yasal donanımla, ancak toplumsal farklılıklara karşı erkeklerin ve dolayısıyla sistemin olumlu ayrımcılığından yararlanmaksızın bir serbest rekabet ortamında seçim faaliyetlerine katılmaları içeriğindeki dönüşümün bir diğer halkası da 1954 genel seçimleridir. Bu seçim döneminde basın gündeminden çıkarak ne siyaset gündeminde ne de en geneliyle kamuoyunda kadının siyasal temsili konusunda yoğunlaşma söz konusu değildir; ancak *Kadın Gazetesi*'nde yine, bir önceki seçim dönemindeki ilgiye rastlanmaktadır.

Cumhuriyet gazetesi seçim öncesinde yurttan izlenimler aktardığı yazı dizisinde kadın ve siyaset ilişkisini hissettirecek kısa ve az sayıda yazı yayımlamıştır. Bunlardan biri 22 Nisan 1954 tarihli "Seyhan DP. Kadınlar Kolunun Mitingi", diğeri 25 Nisan 1954 tarihli "Rize'de CHP'lilerin Ekserisi Kadın" başlıklı yorumsuz haberlerdir. Konumuzla doğrudan ilgisi olmasa da ele aldığı kişilik dolayısıyla kadınların siyasal yetkinliklerini konu alan Hasan Ali Yücel'in "Nakiye Elgün" başlıklı yazısı önem taşımaktadır.

4 Nisan 1954 tarihli *Cumhuriyet* gazetesinin ikinci sayfasında yer alan bu uzun makale Nakiye Elgün'ün ölümünün ardından, onun kişiliğinde Türk kadınının dönüşen toplumsal ve yasal statüsünü, bu uğurda verilen mücadeleyi anlatmakta, bu arada bir kadın milletvekili olarak N. Elgün'ün başarılarına ayrıca değindiği için kadın-siyaset ilişkisini dolaylı olarak gündeme getirmektedir. " Nakiye Hanım, Meşrutiyet inkılâbından sonraki kadın hürriyeti mücadelesinde yer almıştı. (...) Kadınların bütün hayatlarını evin duvarları arasında geçirdiği o zamanlarda çıkıp herkesin içinde konuşabilmek, kolay değildi. Mütareke zamanında İzmir'in işgalini protesto etmek için yapılmış büyük mitinglerden birinde, Ayasofya meydanında nutuk söylerken millet ve memleket sevgisinin onu nasıl coşturduğunu, nasıl güzel ve dokunaklı söylettiğini dinleyip de takdir etmemek imkânsızdı. (...) Erzurum milletvekili Nakiye Elgün, Meclis işlerini en yakın takip edenlerimizden biri idi. Her gün vestiyerdeki gözle-

rimize bırakılan deste deste basılı kağıtları birer birer okur; alâkalandığı olursa hemen notlar alır, umumî heyette, çıkar konuşurdu. Fakat onun Meclis hayatında en faydalı olduğu yer Dahiliye Encümeni (İç İşleri Komisyonu) idi. Orada bayan Nakiye Elgün, müzakereler sırasında *erkekleşir* (vurgu bana aittir. A. Y.), kalın ve tok sesile konuşur, Bakanları tenkid eder, doğru bulmadığı kanun hükümleri hakkında düşündüklerini açık açık döküp dizerdi. (...) Nakiye Hanım, İstanbul Daimî Encümeninde senelerce stajını yapmış bir dahiliyeci idi. Kanunları bilir, teşkilâtı tanırdı. Herhalde onun müdahelesile, konularını şimdi tayine imkân olmıyan bir çok işlerde müteleaları memlekete pek çok faydalar getirmiştir. (...) Dikkati, bilgisi ve tecrübesi bu imkanı hazırlayacak kuvvette idi. Ciddî meselelerde hatır gönül dinlemez; bazan katı katı konuşarak fikirlerini açıklardı." Bu kısa alıntıdan açıklıkla görüldüğü gibi, söz konusu makale Nakiye Elgün örneğiyle bir yandan kadın mücadelesinin sürekliliğine diğer yandan ise yine kişi özelinden çıkarak da olsa kadın milletvekili özelliklerine değinmektedir. Bu anlamda kadının ülkesinin geleceğini tayin sürecindeki rolünün, diğer bir deyişle yurttaşlığının altı çizilmektedir. Ancak yine aynı alıntıda göze çarptığı gibi söz konusu kadın tipi, birinci dalga kadın hareketinin amaçlarıyla sınırlıdır; görevi sırasında 'erkekleşmesi' olumlu özelliğidir. Ayrıca, yukarıdaki dolaylı değinmelerin dışında, kadın ve siyaset ilişkisinin bu seçim döneminde *Cumhuriyet* gazetesinin gündemine pek girmediği görülmektedir.

Öte yandan kadın basını kadın ve siyaset konusunda radikal taleplerini bu dönemde de sürdürmektedir. 3 Nisan 1954'te, *Kadın Gazetesi*'ndeki "Kadınlığın Dileği" başlıklı kısa yazıda İ. H. Oruz, partilerin hazırladığı listelerde kadın adayların sayısındaki azlığa değinmekte ve bir önceki dönemde olduğu gibi kadın adaylar içeren listelerin desteklenmesini istemektedir. Bu yazıda önemli olan çözüm yolu olarak çıkar grubu mücadelesinin gündeme getirilmesidir: "Demokratik harekette mücadele esastır. Kadınlar için de Kadınlar Birliği mücadele etmek durumundadır." 24 Nisan 1954'te Zehra Celasin'in "Atatürk'ün Türk Kadınına Verdiği Siyasal Haklar" başlıklı yazısında ise, sert ve genel anlamıyla feminist bir dil kullanılmakta ve 'hak ederek' kazandıkları siyasal hakların 'gayrimeşru' bir biçimde kadınlardan geri alındığı belirtilmektedir. Bu 'tertip'te erkekleri suçlu bulan Z. Celasin, "(...) yirmi beş milyon nüfusumuzu temsil eden (540) erkek mebusumuzun mükemmel olduğu, kendilerinden milletin beklediği işleri layıkıyla başardığı iddia edilemez." demekte ve "1954 seçimlerine aday kadınların seçim kurulları süzgeçinden geçeme"melerini erkeklerin "bu hoş köşeyi kadına kaptırmamak endişesine" bağlamaktadır. Zira, Z. Celasin'e göre kadınlar bu uğurda üzerlerine düşeni yapmışlardır: "Meşrutiyetle başlayan Türk kadının fikrî gelişmesi, Cumhuriyet devrinde tam bir tekâmüle ulaşmıştır. (...) 1934'te Atatürk Türk kadınına siyasal haklarını *liyakatlarına* (vurgu bana aittir. A. Y.) binaen vermiş, (...) kadın vazifesinde ve rolünde muvaffak olmuştu. (...) Köylü kadını, ev kadını, sosyal kadın ve meslek kadını olarak ilk mebus kadınlarımız (...) bu siyasî hayatı yadırgamadılar. Muvaffak da oldular." Siyasetteki erkek tekeli ve yasalara karşın uygulamadaki erkek egemenliğiyle ilgili saptamalar yalın ve açıktır; ancak bu saptamalardan çıkarak çözüm yolları önerilmemektedir; zaten seçim öncesi engelleyici gelişmeler seçim sonuçları konusunda kadınlar adına bir umut bırakmamıştır. Nitekim 2 Mayıs 1954 seçimlerinde Meclis'e yalnızca dört kadın milletvekili girebilmiştir. Bu dönemde siyasal gündemdeki kadın aleyhine boşluğa neden olarak kamuoyunun gösterilmesi çabaları ortaya çıkmıştır; ancak İ. H. Oruz'un görüşüne göre bu gerekçe yanlıştır; asıl neden siyasal partilerin çıkarlarıdır: "Bu hali memleketin arzusuna hamledenler çoktur. Halbuki bu iddiaya hemen cevap verebiliriz. 1950 seçimlerinde DP'nin iki kadın adayı vardı. Millet çoğunlukla DP'ye oy verirken kadını listeden silme gibi bir hareket yapmamıştır. Binaenaleyh 1950'de Meclis'te kadın sayısının azalmasının sebebi CHP'li kadınların seçilmemesinden ileri gelmiştir. Bunun tek istisnası Kars'tan Tezer Taşkıran'ın seçilmesidir.

O halde meseleyi başka bir taraftan mütalaa etmek gerektir. Yani teşkilât içinde kadının neden seçilmediği üzerinde durmak icap eder. Millete bir takım geri fikirlilik isnat edenler kendi menfaatleri icabı bu hikayeyi ortaya atmaktadırlar."[85] Görüldüğü gibi gerek Z. Cilasin gerek İ. H. Oruz siyasal alandaki kadın sayının azlığına gerekçe olarak sistemdeki erkek egemenliğini gündeme getirmektedirler. 1954 genel seçimlerinden kadınların çıkardıkları sonuç geçmişte aldıkları kararların sorgulanması niteliğindedir: 6 Mayıs 1954'te *Kadın Gazetesi*'ndeki başmakalesinde İ. H. Oruz, "Bizlere artık Kadınlar Birliği'ne ne lüzum var, İşte Halk Evleri kurulmuştur, orada kadın, erkek, milletin yetişmesi bahis mevzuudur diyenlerin başında Kemal Atatürk vardı. İnkilâpçı gözükenlere katıldık. (...) bütün siyasî teşekküllerin kadınlığı bir tahta'da çizivermesi halinin kadınlığın teşkilâtsız ve biraz da uyuşturucu fikirlerle şu veya bu şekilde arkasından sürüklenmesinden ileri gelmektedir. (...) bir kadın teşekkülüne artık lüzum yoktur fikrini çok savunduk. (...)" saptamasının ardından seçim öncesinde yayımlanan ve yukarıda alıntıladığımız yazısındaki 'çıkar grubu olarak kadın örgütlerinin mücadelesi' içeriğindeki mesajını yinelemektedir: "Kadınlığı teşkilatsız bırakmanın artık caiz olmayacağı besbellidir. Demokrasilerde buna bilhassa lüzum vardır. (...) Kadınların seçimi davası realitede gene kadınlar tarafından desteklenmeğe muhtaç durumdadır." Kadın tarihi açısından bakıldığında birinci dalga kadın hareketi ardından girilen suskunluk döneminin hatalı olduğunu ortaya koyan bu saptamaların yeni bir uyanışa yol açması gerekmektedir; oysa Türkiye'nin siyasal dalgalanmaları bunu uzun bir dönem erteleyecek, kimi zaman araya özünde ataerkil ama yeni ideolojik ambalajlarda başka duraklamaların girmesine neden olacaktır.

1954 seçim döneminde kadın ve siyaset ilişkisi açısından nicel duraklama sürmüş, ancak düşünsel planda ancak 1980'lerde yeniden ele alınacak gelişmeler gözlemlenmiştir. Siyasal gündemde kadınların yer almayışı kamuoyuna bağlanmış, basın gündemi de bu doğrultuda kurulmuştur. Ancak siyasal çıkarların kamuoyuna paralel olmadığı durumlarda siyasetle içiçe geçmiş olan basın gündeminin bu çıkarlar doğrultusunda bir yönlendirme yapması da beklenebileceği için, aslında siyasal çıkar-

---

[85] İ. H. Oruz; "Kadınların Seçilmesine Dair"; *Kadın Gazetesi,* 24 Nisan 1954, s.1, 2

ların da kadından yana tutum ve davranışlarla örtüşmediği zımnen kabul edilebilir; zaten bizzat İsmet İnönü'nün yukarıda alıntılanan konuşması da siyasetin tarihin o noktasında kadın simgesine gereksinimi olmadığını belgelemektedir.

1954-1957 döneminde baş gösteren ekonomik sıkıntılar ve muhalif güçlere yönelik sertleşmeler, 1957 seçimlerinde, kadının daha önceki dört seçim döneminde giderek azalan simgesel öneminin siyasal iktidar tarafından yeniden kullanılabileceği bir ortam hazırlamıştır; ancak günlük basın gündeminde bu yönde bir hareketlilik, *Cumhuriyet* gazetesi örneğine dayandığımızda, pek gözlemlenememiştir. Hasan Ali Yücel'in 13 Ekim 1957 tarihli *Cumhuriyet* gazetesindeki "Seçimde Türk Kadını" başlıklı kapsamlı yazısında siyasal partilerin aday listelerindeki kadın sayısının azlığından yola çıkarak kadınların konuya karşı ilgisizliği eleştirilmektedir. Kadının aslında ev içi rollere konumlandırıldığını, ama "Kadınlara siyasî hak tanımayan memleketler, kolayca gericilik damgası yedikleri" için "medenî bir riyakârlığın" hüküm sürdüğü belirtilmekte, "hâsılı zihindeki tasarılar hayattaki uygulamalara uymuyor" diye teşhiste bulunulmaktadır. Bir başka deyişle yasal düzenlemelerin hayata geçirilemediği savlanmaktadır. Öte yandan öğrenim derecesinin kadının seçilmesi için bir bahane oluşturamayacağını, zira aday erkeklerin de birçoğunun eğitimsiz olduğu öne sürülmekte, kadın siyasal temsilcilerin sayısal yetersizliği konusunda kadın örgütlerinin erkekleri suçlamasına da aslında kadınların üstlerine düşen mücadeleyi yerine getirmediklerinin eleştirisiyle karşı çıkılmaktadır. Yazıda, Kadınları Koruma Derneği'nin seçimler konusunda yaptığı, yeterli kadın aday konulmadığı için hiç bir partinin desteklenmeyeceğini bildiren açıklamaya da yer verilmekte, aydın kadınların kuracakları bildirilen siyasal partiye aşağıdaki nedenlerden dolayı başarılar dilenmektedir: "demokrasilerde kadın kadını, erkek erkeği seçecektir diye bir kural olamaz"sa da, H. A. Yücel'e göre kadın milletvekili sayısındaki bu düşüklüğün birincil nedeni "kadının kadını seçmek" istememesidir.

"Eğer kadınlarımız medenî ve millî haklarında âlakalı olsalardı (ki kadınlar partisi bu ilginin oluşmaya başladığının göstergesi olarak değerlendirilmektedir.) erkekler onlara ehemmiyet vermemezlik edebilirler miydi? Kadınların alâkasızlığından başka hangi sebep erkekleri onlara karşı böyle kayıdsız kılardı?" Alıntılanan makalede özetle, kadınların siyasal temsilciliğinin bir çıkar grubu olarak mücadeleleriyle ilişkili bulunduğu işlenmiştir. Aynı görüşün kadınlar arasında da yaygınlık kazandığı görülmektedir. Partilerin az sayıda kadın aday göstermelerine tepki olarak Kadınları Koruma Derneği Başkanı Mediha Gezgin "Kadınlar Partisi" kurmaya karar verdiklerini açıklamış, 1962 yılında olacağı beklenen seçimlere katılacaklarını, mevcut partilerin gösterdikleri kadın aday sayısı kadar erkek aday göstereceklerini belirtmiştir.[86] "Kadınlar Atatürk'ü Bulamayacaklarını Anladılar" başlığıyla 19 Ekim 1957'de *Kadın Gazetesi*'nde de bu konuyla ilgili olumlu bir yorum yer almıştır: "Memlekette yeniden süfrajetlik canlanıyor. Kadınlar siyasî parti kuruyor." Ancak konuya muhalif erkek bakışının Recep Bilginer'in kaleminden, 26 Ekim 1957 tarihinde yine aynı gazetede yer alması ilgi çekicidir. "Bizim bildiğimiz Türkiye'de kadınlar bütün haklarına sahip... Hatta fazlasıyla... Eğer bu da kâfi gelmiyorsa, o zamanlar kadınlarımızın niyetleri fena demektir. Eski devirlerin amazonları gibi, memlekete tamamen hâkim olacaklar ve erkekleri oyuncak gibi kullanacaklar. Tabiî kadınlar iktidara gelince cümle erkekler ev işlerine transfer olacaklar. Mağazalar ruj, pudra, vesair kadın eşyasından başka bir şey satamayacak. Hele dedi-kodu... Kapılarının eşiğinden Meclis sıralarına kadar, bütün memlekette tek madde haline gelecek... Biz zavallı erkeklerin çektikleri yetmiyormuş gibi, bir de kadınlar partisi iktidarının baskısı altında inleyeceğiz demektir."

İ. H. Oruz 12 Ekim 1957'deki "Yükselen Ses" başlıklı başyazısında Kadınları Koruma Cemiyeti'nin bu kararını desteklemekte ve kadınların ortak çıkar mücadelesinin gerekliliğini vurgulamaktadır: " bu geri zihniyet perdesini yırtan ses, Kadınları Koruma Cemiyeti çevresinden yükselmiştir. Neşriyat alanı dışında bir kadın derneğinden yükselen bu ses, dâvanın en tabiî ve onun için de en kuvvetli sesidir. Zira artık olayın bizzat kendi ilgilileri tarafından kullanılması zamanı çoktan gelmiş ve geçmiştir bile..." Zaten İ. H. Oruz bir hafta önceki başyazısında

---

[86] "Kadınlar da Siyasî Parti Kuruyor", *Cumhuriyet*, 9 Ekim 1957, s.1, 5

da[87] kadınların partiler üstü ve muhalif bir çıkar grubu olarak siyaseti dışarıdan da etkileyebileceklerinin üzerinde durmuştur: "Kadınlar Birliğine düşen bir vazife vardır. O da partiler üzerine tesir edici rol oynamasıdır. Yani her partinin daha fazla aday göstermesi için teşebbüslere geçmesi, yarı reyi elinde tutan kadın vatandaşı uyandırarak bu teşebbüsünü müessir hale getirmesidir. (...) Kadın haklarını umumî şekilde savunma Birliğin ana fonksiyonunu teşkil edeceği gibi savunmalar, hiç bir zaman partiler siyasetine karışma manasına gelmez. " Gerek siyasetin içinden bir kadın partisi , gerek siyasetin dışından bir kadın derneği aracılığıyla gerçekleştirilecek mücadelenin amacı aynı makalede şöyle özetlenmektedir: "Şunu iyice bilmek icap eder ki, insan kendi hakkını aramazsa, başkalarından medet ummamalıdır."

Oysa daha önceki bir tarihte, 21 Eylül 1957'de İ. H. Oruz "Kim İnkılapçı" başlığıyla yayımladığı baş makalesinde, CHP'nin Atatürk'ün ölümünden sonra 'resmî olmayan kota'yı sürdürmeyerek reformlara sahip çıkmadığına, yeni kurulan Hürriyet Partisi'ni kurucuları arasında hiç kadın bulunmamasının yarattığı düş kırıklığına, ancak C. Bayar'ın bu seçimlerde kadın aday sayısına çok önem verdiğini duyduğuna ve DP'den umutlu olduğuna değinmektedir. C. Bayar'ın, muhtemelen kötüye gitmeye başlayan ekonomik ve siyasal tartışmaları geri plana çekebilmek için siyasal gündemde kadınlara yer verebileceği fikri *Kadın Gazetesi*'nin 1950'lerin başından itibaren sürdürdüğü bilinçli propagandayla birleşince "Milletvekili Seçimi Yapılırken TBMM'e Otuz Kadının Girmesini Bekliyoruz"başlıkları manşete yükselmiştir.[88] Ama aday belirleme sürecinde tüm partilerde kadınlar aleyhine ortaya çıkan durum gerek derneklerin gerek yazarların çıkar grubu olarak kadın mücadelesini gündeme getirmesine neden olmuştur.

Öte yandan *Kadın Gazetesi* 5 Ekim-26 Ekim 1957 tarihleri arasında Seçim Anketi yayımlamıştır. Nagâhan Orbay tarafından hazırlanan ankette üç soru yer almaktadır:

---

[87] İ. H. Oruz; "Seçimler ve Kadın Birliği Çalışmaları", *Kadın Gazetesi,* 5 Ekim 1957, s.1, 5

[88] *Kadın Gazetesi,* 28 Eylül 1957, s.1

1. Önümüzdeki seçimlerde BMM'e kaç kadın girmelidir?
2. Bu kadın milletvekillerinin hangi vilayetlerden seçileceğini tahmin ediyorsunuz?
3. Kadın milletvekillerinin ne gibi vasıfları olmalı?

Yazar, avukat, ev hanımı, tiyatrocu, dernek yöneticisi, doktor, şarkıcı, kaymakam, muhtar, viyolonist, sigortacı, memur kadınlara ve erkeklere yöneltilen bu soruların yanıtlarına göre, %10-50 arasında değişen oranlarda kadın milletvekili bulunması istenmekte; bunların genellikle İstanbul, İzmir, Ankara başta olmak üzere büyük kentlerden seçilmesi beklenmekte; saygın, seçkin, özverili, meslek sahibi, kısacası ayrıcalıklı/seçkin kadınlar bu göreve uygun görülmektedir. Her ne kadar kamuoyunu temsil edici niteliği olmayan bir 'örneklem' söz konusuysa da, özellikle nicel beklentinin yüksekliği dikkat çekicidir. Yukarıdaki gelişmelerin dışında, çeşitli yazılardan anlaşıldığı kadarıyla kadın milletvekillerinin azlığının kamuoyu talebinden kaynaklandığı savı yaygındır. İ. H. Oruz'un 12 Ekim 1957 tarihli *Kadın Gazetesi*'ndeki başyazısında bu sav, bir önceki seçim dönemindeki gibi şöyle çürütülmektedir: "Tek parti, çok parti kurucuları, güdücüleri sanki birbiriyle yarış edercesine, kadın mebus ve belediye üyesi aday sayılarını düşürmeye savaştılar. Bunun neticesinde de teşrii meclislerimizde yer alan kadınların sayısı azaldıkça azaldı. Mevzu hakkında ortaya atılan parola şudur: Umumî efkâr kadını tutmuyor. Halbuki işin içyüzü bütün bütüne başkadır. Milletin hiç de böyle geri zamiri yoktur. Midelerine ideallerinden çok düşkün beyler, bu menfaat çemberinin içinde bir fazla yer daha kapabilmek için her türlü fikirleri ortaya atmaya, her çeşit hareketi yapmaya hazırdırlar. Onun için bu gibi yerlerde gözü olmayan milletin tümüne de gerilik izafe etmekte tereddüt bile etmezler. Halbuki millet (...) 25 yıl önce Millet Meclisine giren 17 kadına karşı hiç bir kötü tepki göstermemiştir. Çalışan ve iyi hizmet eden kadın mebuslara daima sevgi ve saygı göstermiştir."

Seçim ertesinde yayımlanan yazılarda ise, bir önceki dönemin iki katına çıkan (8) kadın milletvekili sayısının beklentilerden çok düşük olduğu vurgulanmakta, kadınların oylarına/çıkarlarına sahip çıkmamasından yakınılmakta ve ilk kez, on dokuz kişilik 5. Menderes kabinesinde neden bir kadın bakanın bulunmadığı sorgulanmaktadır.[89] "Meselâ, sosyali sağlıktan ayırarak neden onu bir kadının eline bırakmayız. Neden kadından bir Çalışma Vekili yapmayız? Bir Maarif Vekili kadın bulunamaz mı? Bu yerler kadınlarımızın içinde bulunabilen şahsiyetlerle pekâlâ doldurulabilir."

Öte yandan seçilen kadınların azlığına karşın onların çalışmalarıyla ilgili bir çıkar grubu beklentisi gündeme gelmiştir. İ. H. Oruz, 23 Kasım 1957'de *Kadın Gazetesi*'nde yayımlanan "Beklemek Doğru mu?" başlıklı başmakalesinde bu yönlendirmeye yer vermektedir: " (4) yerine (8) rakamının da fazla bir kemiyet kudreti edemeyeceğini de düşünerek, kendilerinden fazla bir şey beklemenin doğru olmayacağını ifade ediyoruz. Bu demek değildir ki, hiç bir şey beklemiyoruz. Hayır; çok şeyler beklenebilir. İlk önce sekiz kadın milletvekilimizden sıkı bir tesanüt havası bekliyoruz. Muhalif, muvafık, kadınlara taallûk eden mevzuları partiler üstü tutarak iş çıkarmaları mümkündür. Ondan sonra birinin ele aldığı konuyu diğerinin desteklemesi de mümkündür. Sosyal sigortanın şumullendirilmesi, sosyal asistans mevzuunun ele alınması ve çeşitli, çocuğa ve kadına taallûk eden konular bu arkadaşların eline bakmaktadır."

Kadın muhalefetin varlığına karşın etkileyemediği siyasal gündem, 1957 genel seçim döneminde de, kamuoyunu gerekçe göstererek kadınları dışlamıştır. 1950'li yıllar boyunca ciddi bir kadın muhalefeti sergileyen *Kadın Gazetesi*'nin, basın gündemini yönlendirici niteliğinden yararlanılabilecek derecede belirleyememesi dikkat çekicidir. Bilinç düzeyi açısından, seçilen kadın milletvekili sayısının çok ötesinde beklentilere neden olan bu gazetenin etkisinin kısıtlılığı ulaştığı kitlenin sınırlılığına dayansa gerektir. Nitekim, daha önce alıntıladığımız *Cumhuriyet*'te yayımlanan 13 Ekim 1957 tarihli yazısında Hasan Ali Yücel, *Kadın Gazetesi*'nin yayın organı olduğu Kadınlar Birliği'nin sesini duyuramadığı için eleştirmektedir: "Galiba bizim bir Kadınlar Birliği'miz var. Çarşaf meselesinde bir kere seslerini duyar gibi olmuştuk. Sonra, nedense sustular." Kısacası kadınların

---

[89] İ. H. Oruz; "Neden Bir Kadın Vekil Yok?", *Kadın Gazetesi*, 30 Kasım 1957, s.1, 5

seçme ve seçilme hakkı lehine ciddi ve bilinçli bir muhalefet sergileyen *Kadın Gazetesi* dışında basın, siyaset gündemi ve kamuoyunun ilgisizliği, bir önceki dönemin iki katına ulaşmasına rağmen kadın milletvekillerinin sınırlı sayıda kalması üzerindeki etkisini 1957 seçimlerinde de sürdürmüştür.

Sayısal başarısızlığa karşın, *Kadın Gazetesi* gibi siyasal iktidardaki erkek egemenliğine karşı muhalif bir yayın organının ortaya çıkması özellikle kadın bilincinin vardığı aşamayı göstermesi açısından önem taşımaktadır. Birinci dalga kadın hareketinin ilk eleştirileri burada yapılmış, kadınların seçme ve seçilme hakkının hayata geçirilmesi için bir çıkar/baskı grubu olarak mücadelesi burada tartışılmış, milletvekillerinin %50'sinin kadınlardan oluşması, kabinede kadın bakan gibi fikirler burada gündeme girmiştir. Gazete varlığını uzun yıllar sürdürecek, ancak değiştiremediği düzenin dinamiklerinin etkisiyle kimlik değiştirip siyasal konuları büyük ölçüde dışlayacaktır. Ancak tüm kazanımların böyle görünen/görülmeyen tuğlalar üzerinde yükseldiği gözden kaçırılmamalıdır; bir başka deyişle toplumsal bilinçaltında hiçbirşey yok olmaz.

3. Sorunlarının Çözümünde İdeolojilere Bağımlı Kadınlar ve Siyasal Gündem, Basın Gündemi, Kamuoyu İlişkisi (1961, 1965, 1969, 1973, 1977)

27 Mayıs 1960'da kesintiye uğrayan parlamenter yaşam genel seçimlerin tarihinde bir gecikmeye neden olmamış ve Şubat 1961'den itibaren siyasal parti faaliyetlerine yeniden izin verilmiştir. Cumhuriyet Halk Partisi, Cumhuriyet Köylü Millet Partisi, Adalet Partisi yeni dönemin siyasal partileridir. 15 Ekim 1961'de genel seçimler gerçekleştirilir. 1961 Anayasası'nın kabulü üzerine gerçekleşen seçimler dünya ve Türkiye kamuoyunda kendi başına 'demokrasi' göstergesi sayıldığı ve cinsiyet farkını söylemine dahil etmeyen toplumsal bir muhalefetin mücadelesi sonucunda gerçekleştiği için bu dönemde kadın ve siyaset konusu ne siyaset ne basın gündeminde önemli bir yer bulamamıştır. Anayasa, yeni partiler ve zaman yitirilmeden yapılan seçimler gündemin ana başlıklarıdır.

25 Eylül 1961 tarihli *Cumhuriyet* gazetesinde Feridun Er-

gin'in kaleme aldığı "Kadın Adaylar Meselesi" başlıklı başyazı geriye dönük eleştirilerin yanısıra kadınların toplumsal siyasal katılımına yönelik güncel tehlikeleri işlemektedir. Yazara göre 1960 öncesinde göreve gelen kadın milletvekillerinin en yetkini H. E. Adıvar'dır; zira "yabancı parlamento heyetleriyle yapılan temaslar esnasında, memleketimize puan kazandırmıştır." Görüldüğü gibi kadın milletvekilinin önemi yabancı ülkelerde bıraktığı etkiyle ölçülmeyi sürdürmektedir. Ancak F. Ergin'in seçim sistemine yönelik saptamaları, bugüne kadar yapılan kadın araştırmalarından çıkan sonuçları da onaylar niteliktedir. "Nispî temsil sisteminde yoklamalar hararetli geçtiği ve merkez kontenjanları daraltıldığı ölçüde, kadın adayların artan güçlüklerle karşılaşmaları mümkündür." Zira, özellikle CHP'de zaten az sayıda olan kadın adayların seçim bölgelerindeki yoklamalarda seçilme şansı düşük sıralara geri çekildiği belirtilmektedir. Yine F. Ergin'e göre AP bazı kadın adaylara ön sıralarda bazı şansı yüksek yerler sağlamıştır; ancak buradaki amaç da kadınları parlamentoya taşımak değil, bu kadınların isimleri aracılığıyla eski demokrat oylara ulaşmaktır. CKMP'nin kadın adaylara en geniş yeri vermesi ise, irticaya ödün verdiğine dair suçlamaları bertaraf etmekle derin bir ilişki içinde bulunsa gerektir. Tek bir yazıdan anlaşılacağı gibi, daha önceki seçim dönemlerinin açmazları kadınlar açısından 1961 genel seçimleri öncesinde de yürürlüktedir. Olumlu bir ayrımcılık anlamındaki resmî olmayan 'kota'dan yararlanmayan kadınlar, ataerkil geleneklerin toplumsal yapılara egemen olduğu serbest rekabet koşullarında erkeklere rakip olabilecek donanımdan/birikimden yoksun bulundukları için seçilme şansını yakalayamamaktadırlar. Diğer taraftan kadınların, siyasetten zorunlu olarak uzak bulunan erkek yakınlarını temsil etmeleri söz konusudur; dolayısıyla bu nedenle seçilme şansına ulaşsalar dahi ne derece kadınları temsil edebilecekleri tartışmalıdır. Öte yandan kadınların, bu kez irtica suçlamalarına karşı, ama yine çağdaşlık simgesi olarak kullanılmaları da gündemdedir.[90]

---

[90] Aslında 1957 seçimleri öncesinde yalnız CMP'nin on üç kadın aday göstermesinin nedeni de gerici bir parti olmak savlarının çürütülmesinde aranmıştır. bkz. O. Akbal; "600 Erkek, 7 Kadın", *Kadın Gazetesi*, 9 Kasım 1957, s.3

Cumhuriyet gazetesinde, seçim bölgelerinden yayımlanan haberler içinde kadınlarla ilgili bilgilere zaman zaman yer verildiği göze çarpmaktadır. Daha önceki dönemlerde olduğu gibi Rize'de yine kadınların seçimlere hâkim olduğu bildirilmektedir. 1 Ekim 1961 tarihinde *Cumhuriyet* gazetesinde yayımlanan bu haber kadınların özellikle seçmen olarak kazandığı bilinci vurgulamaktadır. Bitlis ve İçel'den verilen haberlerde[91] ise, bir propagandacı veya 'fanatik' partili olarak tekil kadın örneklerine değinilmektedir. Türkiye genelinde bir kamuoyu yoklaması niteliğinde olan bu haber dizisinde seçilmeye aday kimliğiyle bir kadının yer almayışı dikkate değer bir durumdur.

Basındaki farklılaşmalar açısından bir başka dikkat çekici veri ise, *Hürriyet* gazetesinde 1961 seçimleri döneminde kadın ve siyaset konusunu içerdiği düşünülebilecek tek yayın, AP'li bir kadın olan Nebahat Arslan'ın DP propagandası nedeniyle tutuklanışının üç gün boyunca baş sayfadan haber olarak verilmesidir. Ancak gerek *Cumhuriyet* gerek *Hürriyet* gazetelerinde, farklı uslûp savlarına rağmen, yorum yazısı dışında büyük bir yaklaşım benzerliği bulunmaktadır. Her iki gazetede de kadının siyasetle ilişkisi ikincildir, istisnaidir. *Kadın Gazetesi*'nin konuya yaklaşımlarında da, en azından daha önceki dönemlere göre bir yoğunluk kaybı göze çarpmaktadır. Ayrıca konuyla ilgili yazıların içeriğindeki temkinlilik de dikkat çekicidir. 27 Mayıs 1960'dan sonra eski DP milletvekili Nazlı Tlabar'ın başkanlığındaki Kadınlar Birliği'nin Merkez İdare Heyeti'ne ve bazı illerdeki yönetimlerine işten el çektirilmesi de, *Kadın Gazetesi*'nin, artık Kadınlar Birliği çizgisinde bulunmadığı halde, siyasal konularda belli bir çekingenlik içerisine girmesinde payı olsa gerektir.. İ. H. Oruz 30 Eylül 1961 tarihli *Kadın Gazetesi*'nde, "Kadın Adaylar Meselesi" başlığıyla kadın ve seçim konusunu ele almış, biri yukarıda *Cumhuriyet* gazetesinden alıntıladığımız olmak üzere çeşitli yayın organlarında yer alan yazılardan söz etmiştir: "Basınımızın bu konu üzerindeki düşünceleri şöyle özetlenebilir. 1. CHP kadını TBMM'ye getiren devrimci bir parti olduğuna göre, onun listelerinde bu kadar az kadına rastlanması

---

[91] "Bitlis'te 65 Yaşında Bir Kadınla Tanıştım", *Cumhuriyet*, 6 Ekim 1961, s.4; "İçel'de Bir Aday AP'ni Yıkıverdi", *Cumhuriyet*, 12 Ekim 1961, s.4

üzücüdür. 2. Demokrasiyi onayladığımıza göre kadın da artık bir lütuf beklememeli, savaşmalı ve yerini almalıdır. 3. Listelere devrim ideali ve memleket yararı değil, şahıs yararı hakimdir. Bunun önüne geçecek çare aranmalı, yoklamalarda başka esaslar ele alınmalıdır." Ancak 1950'li yıllar seçimlerinde sık sık yer alan 'bir çıkar grubu olarak kadın mücadelesi' fikrinin yerini soyut ve tanımlanmamış bir 'kadın-erkek birarada mücadele' söylemine bırakmış olması dikkat çekicidir: "Ölçüleri gözden uzak tutmamalı, kadın erkek davaya el koymalıyız." Ayrıca bu 'yeni' söylem uyarınca daha önce erkek çıkarı egemenliğinde olduğu savlanan partilere de, kuşkusuz dönemin olağanüstü koşullarının da etkisiyle daha hoşgörülü yaklaşıldığı göze çarpmaktadır: "CHP topluluğu bizim sosyal yapımızdan ayrı bir şey olmadığına göre teorisi ile tatbikatı arasındaki derin boşluğu normal görmek (...) gerekir.

7 Ekim 1961 tarihinde, İ. H. Oruz'un kaleme aldığı "Sağduyu" başlıklı başyazıdan çıkarak bu değişikliğin nedeni şöyle açıklanabilir: Ülke bir düşmanlaşma döneminden geçmiştir; 'normal'e ulaşılan bu seçim öncesi günlerde birlik, beraberlik ve sağduyu egemen olmalıdır. Bu yüzden seçimlerden bir hafta önce, *Kadın Gazetesi*'nin başyazısında kadın konusu ele alınmaz; herhalde bu tercihin dahi birlik ve beraberliği zedeleyebileceği düşünülmektedir; ülkenin çıkarları, kadınların çıkarlarının önündedir. Zaten gazetenin manşeti, "Sağduyuya Güvenerek Seçime Gireceğiz" biçiminde, cinsiyetötesi içeriktedir. Bununla beraber aynı sayıda ve yine birinci sayfada "Bağımsız Kadın Milletvekili Adaylarının Seçim Beyannamesi" yayımlanmıştır. Bu bildiriden anlaşıldığına göre bir önceki seçim döneminde (1957), bu seçim döneminde kurulacağı bildirilen kadınlar partisi 'bazı sebeplerle' kurulamamış, mevcut partiler de kadın adaylara fazla yer vermedikleri veya onları listelerin sonlarına koydukları için bağımsız adaylık gündeme gelmiştir. İşsizlikten memur maaşlarını yükseltmeye, ev kiralarını indirmekten her vatandaşın ev sahibi olmasını sağlamaya, mahkemeleri süratle sonuçlandırmaktan cehaleti yok etmeye, kırtasiyeciliği kaldırmaktan partiler arası dengeyi sağlamaya uzanan amaçlar arasında kadınlara doğrudan yönelik bulunanlar şöyle sıralanmak-

tadır:

1. Kadın ve erkek işçilerin haklarını eşitlendirmek,
2. Atatürk'ün kadınlara sağladığı hakları tamamiyle korumak,
3. Fena yollara sapan kadınları kurtarmak için ıslahhanede atölyeler açarak iş sahası temin etmek,
4. Beyaz kadın ticaretini önlemek.

14 Ekim 1961 tarihli *Kadın Gazetesi*'nde ise, çeşitli partilerin kadın adaylarını tanıtan ve CKMP'nin adayı Halide Nusret Zorlutuna'nın 7 Ekim 1961 günü Saraçhanebaşında yaptığı konuşmayı içeren bir yazı yer almaktadır. Bu konuşmanın içeriğinde aile reisinin erkek olduğunun altının çizilmesi, kadının aile için öneminin sık sık yinelenmesi, Fatihler, Atatürkler, mehmetçikler yetiştirecek annelik rolünün vurgulanması ve böylece geleneksel rollerin yenidenüretimi propagandasının, hangi siyasal oluşuma ait olursa olsun bir kadın milletvekili adayından gelmesi dikkat çekicidir.

Siyasal gündemin yeni Anayasa, yeni partiler, yeni hak ve özgürlükler çerçevesinde oluştuğu 1961 seçim döneminde kadınların ne siyaset ne basın gündeminde ne de kamuoyunda yer almayışının yine üç kadın milletvekili hezimetiyle son bulduğu görülmektedir. *Kadın Gazetesi*'nde, 21 Ekim 1961 tarihinde yer alan başyazısında İ. H. Oruz seçim öncesi rolünü sürdürmekte ve sonuçları değerlendirirken öncelikle birlik ve beraberlik üzerinde durmaktadır. Ancak yine de " Kadınlığa gelince, 1961 seçimlerinde kadın hakları tam bir fiyasko vermiştir. (...) devrimin kadınlık yönü ciddi bir kriz içindedir." saptamasının ardından "Aydın kadınlığımız dikkatini bu yöne çevirmeli ve teşkilatlanmalıdır." önerisini getirmektedir. Nitekim aynı tarihli gazetenin ikinci sayfasında bir örgütlenme biçimi olarak partilerin kadın kolları işlenmekte, ancak "siyasî parti bir hayır derneği değildir ki ayrı ayrı hizmetlerle fonksiyonlara katılmak mümkün olsun. Parti idarecileri, üyelerini parti programlarına uygun olarak çalıştıracak, yetiştirecektir ve partinin dinamizmi ikiye ayrılamaz. Kadın, erkek ayrılığı diye bir bölüm kabul edilmemelidir. Toplantılarda kadının varlığı ve düşünceleri yer almalıdır." diyerek bu olguya karşı çıkılmaktadır.

Böyle bir seçim döneminde gündemde simgesel niteliğiyle bile fazla bir yer bulamayan, 'birlik beraberlik ruhu'nun gereği sayılarak kendi çıkarları için yayımlanan bir gazetede dahi hakları ikinci plana itilen kadınların, parlamentoda bir kez daha en düşük temsil sayısına inmeleri şaşırtıcı görünmemektedir.

1965 seçim döneminde ise, kadın ve siyaset konusu basın gündeminde tam anlamıyla bir yoklukla ifadelendirilebilir. 1961 Anayasası ışığında güçlenen ideolojik örgütlenmeler siyaset, basın gündeminin ve giderek kamuoyunun ayrıcalıklı konusunu oluşturmaya başlamıştır. Kadın ve seçim sözcüğünün, genel seçimler öncesinde *Cumhuriyet* gazetesinde yanyana geldiği tek haber "Parti propagandasına kızan bir kadın meyhanenin altını üstüne getirdi" başlığını taşımaktadır. Dönemin *Hürriyet* gazetesinde, *Yön* dergisinde ve hatta *Kadın Gazetesi*'nde konuya hiç değinilmemektedir. Fakat böylesine bir suskunluğa karşın sekiz kadın milletvekilinin Meclis'e girdiği görülmektedir. Bu sonuçta seçim yasasında yapılan değişiklikle millî bakiye sisteminin benimsenmesinin payı bulunmaktadır. Bir seçim çevresinde değerlendirilmeyen artık/fazla oyların ülke düzeyinde birleştirilerek kalan milletvekilliklerinin partiler arasında paylaştırılmasını öngören bu sisteme bağlı olarak çeşitli partiler kendi bulundukları yerlerden seçilemeyen adaylarına bu sayede seçilme olanağı sağlamışlardır. Bu sistem kadınlar için üstü örtülü bir 'kota' işlevini görmüş, böylece basının suskunluğundan çıkarak beklenmeyecek bir biçimde sekiz kadın milletvekili seçilmiştir.[92]

Egemen tartışmaların ait olduğu ideolojilerin kadınlık durumunu toplumsal sorunlardan ayırmayan çözümler sunmasına bağlı bir biçimde kadın ve siyaset ilişkisinin genel toplumsal, siyasal söylem içinde eritildiği ve ne siyaset ne basın gündeminde bu konuya ayrı bir yer ayırma gereğinin duyulmadığı bir diğer seçim dönemi de 1969 yılına rastlamaktadır. 12 Ekim 1969 tarihli *Cumhuriyet*'te seçime doğru yurdun çeşitli bölgelerinden haberler yayımlanan bölümde yer alan Muğla'nın CHP adayı Mualla Akarca'nın fotoğrafı, bu konunun gazetede tek ele alı-

---

[92] Bkz. "Türkiye'de Kadının Siyasal Temsili" başlıklı bölüm.

nışı olmuştur. Ayda bir yayımlanan *Kadın* gazetesinin Eylül 1969 sayısında ise İ. H. Oruz'un "Başarı Dileklerimle" başlıklı yazısı yer almaktadır. Bu kısa yazıda aynı yazarın aynı gazetede daha önceki seçim arefelerinde görmeye alışılan yazılarından çok daha heyecansız ve durumu kanıksamış bir içerik söz konusudur. Ancak yine de, ailenin erkek yakınlarını, bu arada eşleri temsil gibi bir amaçla kadınların milletvekili olmalarına değinilerek, dünya ve Türkiye tarihinde çok sık rastlanan bu durumun sakıncaları üzerinde durulmuştur.

12 Ekim 1969 seçimlerinin ertesinde seçilen milletvekili kadınların sayısı ise, 15 Ekim 1969 tarihli *Hürriyet* gazetesinin "Yeni Millet Meclisi Eskisinden Daha 'Erkek' Olacak" başlıklı yazısında eleştirilmektedir. Meclis'te kadınların %1 oranında yer almaları ve her üç milyon kadına bir kadın milletvekili düşmesi gibi çarpıcı rakkamlar içeren yazı Nail Güreli tarafından kaleme alınmıştır. Ayrıca yine seçimler ertesinde, 16 Ekim 1969 tarihli *Cumhuriyet* gazetesinde İstanbul'un tek kadın milletvekili olan Naima Tokgöz'ün fotoğraf ve görüşlerine yer verilmiştir. N. Tokgöz, "erkek seçmenlerin hasisliğinden şikayet etmiş ve bu arada ev kadınlarına emeklilik hakkı tanınmasını istemiştir."

Türkiye siyasal tarihinde yaklaşık iki yıl süren 12 Mart 1971 yönetimi seçimlerin olağan tarihinin aksamasına neden olmuştur. Böyle bir dönem içinde bir yandan ideolojik tutum ve davranışların daha keskinleşmesi bir yandan da 1960'lı yılların başında da tanık olunan zorunlu yahut gönüllü 'birleşme ve bütünleşme' fikri, kadın ve siyaset konusunun siyaset, basın gündeminde ve kamuoyunda yer bulamamasına yol açan etmenlerdendir. Nitekim *Cumhuriyet* ve *Millî Gazete* gibi seçimler sonucunda koalisyon kuran, ama siyasal yelpaze üzerindeki konumları birbirinden çok farklı iki partinin (CHP-MSP) görüşlerini yansıtan yayın organlarında bu konunun hiç işlenmediği görülmektedir. Bir kadın, moda, magazin dergisi hüviyeti ağır basmaya başlayan *Kadın* gazetesinde ise, Eylül 1973 sayısında, beşinci sayfada, İ. H. Oruz'un kaleme aldığı "Seçim ve Kadınlar" başlıklı bir yazı yayımlanmıştır. Kadın milletvekili sayısının yine düşük olacağını öngören bu makalede İ. H. Oruz, seçim sistemini eleştirmekte ve dar bölge seçimi veya karma listeli ve tek dereceli seçim önermektedir. Seçimlerin halk iradesine dayanmadığını ve bu yüzden kadınların seçilemediğini belirten yazar bir anlamda 1950'li yıllardaki saptamalarını yinelemektedir. İ. H. Oruz kadının siyasal temsili konusunda hâlâ kamuoyunun onayına inanmakta, siyasal iktidara egemen olan erkeklerin bu kez seçim sistemi aracılığıyla kadınların seçilmesini engellediklerini ima etmektedir. Halkın gerçek temsilinin, "sine-i milletin", kadınların seçilmesini artıracağını düşünmektedir. Satır aralarından çıkan siyasal gündemin kamuoyuyla çakışmadığı fikridir. Kadınların siyasal temsili artık açıkça siyasal iktidarın desteğine değil, engeline maruz kalmaktadır.

1970'lerin ikinci yarısından itibaren gelişen ve parlamenter sistemin tam bir acze düştüğü terör ortamında yapılan 5 Haziran 1977 genel seçimleri kadınlar ve siyaset ilişkisinin sağ ve sol ideolojik kamplar adına dışlandığı bir ortamda gerçekleşmiştir; basının gündemi de bu saptamayı doğrular niteliktedir. *Cumhuriyet* gazetesi 6 Haziran 1977 tarihinde, kadın kimliğine hiç değinmeksizin B. Boran'ın İzmir'de TİP'nin düzenlediği açık hava toplantısında yaptığı konuşmaya yer vermiştir; zaten söz konusu kadın parti liderinin konuşmasında da kadınlara yönelik bir içerik göze çarpmamaktadır.

Bu seçim döneminde haftada bir gün yayımlanan kadın sayfasıyla dikkati çeken *Politika* gazetesi de yukarıdaki saptamaları doğrular bir gündeme sahiptir. 26 Nisan 1977'de, anılan gazetede yayımlanan "1973'den 1977'ye Çoğaldık" başlıklı yazıdaki "Sömürücüler, faşistler, faşizmden medet umanlar, 1977'de emekçi kadınlar sizlere gerekli dersi verecekler. Haklı talepleriyle 1 Mayıs'ta meydanlarda, Haziran'da seçim sandıklarında tırmanan faşizmi onların güçlü sesi bastıracak." ifadesinden bir kez daha anlaşılacağı gibi kadın ve siyaset ilişkisi belli ideolojik mekanizmaların 'cinsiyetlerötesi' olarak sunulan engeline takılmaktadır bu kez. Yine aynı gazetede, 18 Mayıs 1977 tarihinde yayımlanan bir başka yazıda ise, kadınların geleneksel 'ana' kimliklerinin ön plana çıkarıldığı ve "evlatlarını sokaklarda vuranlara karşı, evlatlarını koruyabilmek için oy" kullanmalarının önerildiği görülmektedir. Böylece kadın, oy kullanmanın, ki bu da bir anlamda anne oldukları gerekçesiyledir, dışında bir siyasal kimlikle özdeşleştirilemeyecek denli, güya ilerici ama özünde ataerkil bir konuma koşullanmaktadır. 24 Mayıs 1977 tarihli *Politika* gazetesinde ise, "Seçimler ve Kadınlarımız" başlıklı yazıda tüm siyasal partilerin bu seçimlerde kadınlara afişler, toplantılar yoluyla özel olarak seslendiğinin altı çizilmektedir. Ancak CHP'nin "Evlat acısına son" sloganından da anlaşıldığı gibi partiler terörün yarattığı olumsuz ortamı annelerin/kadınların duygularına hitap ederek oya çevirmek amacıyla kadın seçmenlere özel olarak yönelmektedirler; kadını aktif siyasete çekmek hedeflenmemektedir. Yine CHP'nin aynı dönemde kullandığı başka afişlerin içeriği de bu saptamayı doğrular niteliktedir: "Değerli Türk kadını çocuğunun geleceği, ailenin güvenliği, evinin bereketi, toplumun birliği için CHP. Çocuklarınızı oylarınızla koruyun.(...) Çocuklarınızın geleceği için CHP'ye oy verin, oy verdirin. "

31 Mayıs 1977 tarihinde yine *Politika* gazetesinde yayımlanan "Kadınlar, analar, bacılar 5 Haziran'da Sandık Başına" başlıklı bir diğer yazıda ise, "bebeklerimiz için süt, gıda; eşlerimiz için iş, güvenlik; kendimiz için özgürlük eşitlik (...)[93] istiyorsak, siyasetin, siyasal mücadelenin içinde, tam ortasında olacağız."denilmektedir. Böylece geleneksel, bağımlı eviçi rollerini daha iyi ifa edebilmek için siyasete yönlendirilen kadına önerilen davranış doğaldır ki siyasal temsile yönelik olmayıp oy hakkının kullanılmasıyla sınırlıdır. Kadınlara yönelik yayınlara gelince, Mayıs 1977 tarihli *Kadınların Sesi* dergisinde ilk sayfada yer alan "5 Haziran Seçimleri İçin İleri! MC'ye Verilecek Tek Bir Oyumuz Yok" başlıklı yazıda yayımlanan emekçi kadınların siyasal talepleri arasında can güvenliği, güvenlik kuvvetlerinin tarafsızlığının sağlanması, siyasal tutukluların serbest bırakılması, devlet dairelerinin 'faşistlerden' temizlenmesi, TCK'nun 141-142. maddelerinin kaldırılması, seçme ve seçilme yaşının düşürülmesi, tüm çalışanlara sendikal hakların verilmesi,

---

[93] Yazının sonunda işçi, emekçi kadınlara değiniliyorsa da, bu noktada kadının çalıştığını varsayan bir tutum bile söz konusu değildir; diğer bir deyişle kadın çalışsa bile birincil görevi eviçi rollerdir.

MHP'nin kapatılması, NATO-CENTO-AET'den çıkılması bulunmaktadır. Kadınlarla ilgili talepler ise şunlardır:

1. Kadınların ve on sekiz yaşından küçük çocukların gece çalıştırılması yasaklanmalıdır.

2. Kadın ve çocuk emekçilerin çalışmalarında eşit ücret alabilmelerini engelleyen ekonomik ve toplumsal koşullara karşı mücadele edilmelidir.

Görüldüğü gibi 'cinsiyetlerüstü' ideolojik bir dil kullanan bir kadın dergisinin talepleri arasında kadınların toplumsal siyasal temsiline yönelik bir madde bulunmamaktadır. 5 Haziran 1977 seçimleri sonucunda ancak dört kadın milletvekili seçilebilmiştir.

1960'lı ve 1970'li yıllar genel olarak değerlendirildiğinde giderek keskinleşen bir siyasal kutuplaşmaya paralel olarak özellikle seçim dönemlerinde gerek ülke gerek ideolojiler çapında 'birlik ve beraberlik ruhu' söyleminin kadınlık durumunu ikinci plana ittiği gözlemlenmektedir. Bunun sonucunda kadınlar ne iktidar, ne her renkten muhalefet içinde siyasal temsil gibi kendi özel çıkarlarını gündeme getirememişlerdir. Politizasyonun, dolayısıyla bölünmüşlüğün yansıdığı basın gündemi ve kamuoyu için de kadının siyasal temsili gereksiz bir lüks niteliği taşımaktadır. Böyle bir ortamda kadın temsilci sayısında her seçim sonucunda yaşanan ve zaten istatistiksel açıdan da pek anlamlı olmayan nicel değişiklik siyaset, basın gündemi, kamuoyu üçgeni ilişkisinin dinamiklerinden neredeyse bağımsızdır.

4. II. Dalga Kadın Hareketi ve Siyasal Gündem, Basın Gündemi, Kamuoyu İlişkisi (1983, 1987, 1991, 1995, 1999)

12 Eylül 1980'de başlayan parlamenter sistemdeki bir başka kesintinin ardından ancak 6 Kasım 1983'te gerçekleştirilen bir sonraki genel seçimlerde ise, basın gündemi ve kamuoyu tümüyle 'demokrasiye geçiş' süreciyle meşgul olduğu için kadın ve siyaset ilişkisinin yine fazla önemsenmediği görülmektedir. Yeni partiler, vetolar, dolayısıyla yeni adaylar basının ayrıcalıklı konusu olup, Türkiye kamuoyu bu gelişmelerle ilgilenmiştir. Uluslararası kamuoyu ise, bizatihi seçimlerin yapılmasıyla demokrasinin geri dönmekte olduğu propagandasına mâruz kılın-

mıştır; daha önceki ve özellikle sonraki dönemlerde gözlemlenen söz konusu kamuoyunu etkilemek amacıyla kadın aday kullanımı bu dönemde pek ortaya çıkmamıştır. Zaten gerek vetolar, gerek güdümlü partiler ve gerek açıkça yönlendirmeler, seçimler boyunca iktidarın "oy kullanma" dışında pek demokrasi göstergesi sunmak kaygusu taşımadığı izlenimini vermektedir. Ancak iktidara aday partilerin özellikle seçim sonrasında uzun zamana yayılacak etkilerini hesaba katarak kadınların 'Atatürkçülük' ve 'demokrasi' simgesi işlevine önem verdikleri, seçimleri önceleyen dönemde böyle bir siyaset ve basın gündemi ile kamuoyu bulunmamasına karşın on iki kadın milletvekilinin seçilmesiyle belgelenmektedir.

Bu seçim döneminde *Cumhuriyet* gazetesinde bir kaç kadın adayın duyurulması dışında bir yayına rastlanmamaktadır. 21 Ekim 1983'te yedinci sayfada Edirne'de ANAP'ın birinci sıradaki adayı Türkan Arıkan ile; 5 Kasım 1983'te ise, altıncı sayfada MDP'nin İstanbul adayı Necla Tekinel ile ilgili birer haber bulunmaktadır.

12 Eylül 1980 ertesinde siyasal parti, sendika ve derneklerin kapatılması üzerine 1980 öncesindeki söylemleriyle değil, ama adları ve üyelerinin cinsiyetiyle kadın olan örgütler de kovuşturmaya uğramışlardır. Böyle bir ortam içerisinde kadınların cinsiyetlerine dönerek, az da olsa gecikmiş bir biçimde, dünyada 1960'lı yılların ikinci yarısından itibaren gelişme gösteren ikinci dalga kadın hareketinin Türkiye'deki ilk eylemlerine giriştikleri görülmüştür. Bu hareketin aydın ve seçkin kadın çevresinden daha geniş halkalara yayılmasında *Kadınca* dergisinin büyük işlevi bulunmaktadır. Ancak 1970'lerin sonundan itibaren yayımlanmakta olan bu derginin özellikle 1980'lerin ortasına dek kadın ve siyaset konusuna pek yer vermediği görülmektedir. Nitekim Kasım 1983 sayısında da magazin, sağlık, moda, cinsellik, yemek, burç, fal gibi konulara ayrılmış sayfaların yanında, kadınların kamusal alanla ilişkilerini irdeleyen 'sosyal yaşam' bölümünde Medenî Kanun'daki değişiklikler tartışılmakta, erkeklerdeki değişmeler incelenmekte, evlilik sorunlarına yer verilmekte, bir kadın mesleği olarak öğretmenlik değerlendirilmekte, Atatürk'ün yaşamındaki kadınlar tanıtılmakta ve

erkekler kahvesine kadınların gidememesi durumu sorgulanmakta, ama dolaylı dahi olsa seçimlerden hiç söz edilmemektedir.

1983 seçim döneminin, ne günlük basın ne kadın dergilerinin gündeminde kadın ve siyaset konusu bulunmasa da, eski simgelik görevi depreşen kadınlar için on iki milletvekilliği gibi bir kazanımla sonuçlandığını savlamak monolitik bir yaklaşımdır. Bu geleneksel açıklamanın dışında ele aldığımız yayın organlarına henüz yansımamış olsa da Türkiye'de kadın hareketinin (yeniden) doğuşu söz konusudur. Üstelik 12 Eylül 1980 darbesinden itibaren iktidarın, geçmişin özellikle sol örgütlerinin kitle tabanını etkisizleştirmek için İslamcı görüşleri desteklediği gibi, yine sol grupları bölmek amacıyla, çoğu bu gruplardan gelen yeni feministlere, her türlü muhalefet ve örgütlenme hatta biraraya gelme engellendiği halde hoşgörülü davrandığı söylentisi yaygındır. Öte yandan dünyada 1975 Kadın Yılı'ndan itibaren kadınlara karşı pozitif ayrımcılık merkezli bir söylem yükseliş trendine girmiştir. Dolayısıyla bir anlamda 'icazetli' de olsa ulusal ve diğer yandan uluslararası kamuoyunda kadınlara yönelik talepler gündeme girmeye başlamıştır; ve bunlara ek olarak gerek simgesel kullanım gerek ideolojik açıdan siyasal iktidarın çıkarı kadınlarınkiyle bir paralellik arzetmektedir.

1987 genel seçim dönemi ise, Türkiye'de ikinci dalga kadın hareketinin sesini çeşitli toplum katmanlarına duyurduğu ve toplumsal meşruiyet kazandığı yıllardan birine denk gelmektedir; yalnızca seçim döneminde değil, tüm yıl boyunca Medenî Kanun değişiklikleri, aile içi şiddet, evlilik kurumuna yönelik tartışmalar, cinsellik gibi konular, özellikle çeşitli kadın örgütlerinin ilgili eylemleri sonucunda basın aracılığıyla gündeme gelmiştir. Eylemlerin sürekliliği, sorunların yaygınlık ve taleplerin yalınlık niteliğiyle birleşince toplumsal algıyı kadın konusuna duyarlılaştırmış ve en önemlisi geniş kitlelerin gündemine kadın sorununun girmesine neden olmuştur. Kökenini günlük yaşamda bulan bir sorunsalla eyleme geçen kadın hareketinin söylemine eleştiriler yöneltilse ve hatta karşı çıkılsa bile; bu söylemi temel alan saptama, talep ve değerlerin, özellikle günlük basında aldığı yer sayesinde yadırganmamaya başladığı görülmüştür. Bu gündem bağlamında günlük basının partilerle ilgili seçim haberleri içinde sıklıkla yer alan kadın ve siyaset konusu, şaşırtıcı bir biçimde kadın dergilerinden aynı ilgiyi bulamamıştır. Nitekim çeşitli feminist taleplerin geniş kitlelere duyurulmasını sağlayan ve ataerkil söylemin dışına çıkmayı başarabilen *Kadınca* dergisinin Kasım 1987 sayısında, bir önceki seçim dönemindeki gibi bu konuya hiç yer ayrılmamıştır. İdeolojik konumlanışındaki farka karşın bir başka kadın dergisinde, *Mektup*'un Kasım 1987 tarihli genel seçim öncesi sayısında da kadın ve siyaset konusuna hiç değinilmediği saptanmıştır. Ancak genel seçimlerin ertesinde Aralık 1987 sayısında, *Kadınca* dergisinde seçim sonuçlarının değerlendirilmesi bağlamında "Meclis Erkeklerin Tekelinde" başlıklı bir yazı yayımlanmıştır. Öncelikle, seçime aday olup önseçimlerde elenen veya seçilemeyecekleri bir bölgeye kaydırılan kadınlardan ve onların saptamalarından yola çıkarak siyasal mekanizmalardaki erkek egemenliğine değinilen yazıda, daha sonra geleneksel cinsel rollerin ket vuruculuğuna ve 1943-1950 dönemi milletvekillerinden Hasene Ilgaz ile 1980'lerin kadın hareketindeki etkin isimlerden Ş. Tekeli'nin görüşlerine yer verilmektedir. Çizilen tablo son derece olumsuzdur; ancak, önemli bir misyonu olduğuna inanmasına karşın *Kadınca* dergisi hiç özeleştiride bulunmamakta, örneğin seçim öncesinde, geniş kitlelere ulaşan bir dergi olarak siyaset ve kadın konusunda niçin yayın yapmadığını, böylesine bir propaganda kaynağını nasıl boşa harcadığını hiç sorgulamamaktadır.

Öte yandan Hatay ve Çorum'un eski milletvekili H. Ilgaz'ın, "sorunların çözümü için birlikte çalışmak gerekir. Bu yüzden kadınların da birlikte uğraşması gerekiyor." diyerek kadınlar arasındaki dayanışmanın ve oluşturacakları çıkar gruplarının etkisini vurgulaması ile Ş. Tekeli'nin " Dünyada olanlara bakmak lazım. Türkiye'deki durum vahim, ama tek örnek değil. Yakın zamana kadar Batı ülkelerinde de durum aynıydı. Kadınların mücadelesiyle bu durum değişmeye başladı. Ve kadınlar erkekler tarafından engellendiklerini saptadılar. Bu engellemeyi ortadan kaldırıcı, eşitsizlik durumunu telafi edici önlemlerin alınması gerekiyor. Parti yönetiminde ve milletvekili seçiminde kota sisteminin getirilmesi gerek." saptaması birer çözüm önerisi niteliğindedir; ancak daha sonraki seçimlere yol gösterebilecek denli geç gündeme girmiştir. H. Ilgaz ayrıca, "Evde oturarak milletvekili olunmaz. (...) Kadınların biraz ev dışına çıkmaları gerekiyor." diye eklemektedir. Bu iki röportaj karşılaştırıldığında tarihsel açıdan beklenmedik bir çelişki ortaya çıkmaktadır. Ş. Tekeli kadınların siyasal temsilciliği açısından kota çözümünün üzerinde dururken; 1940'lı yılların milletvekili, siyasal alanda çoğalabilmek için öncelikle kadın mücadelesi ve kadının kamusal diğer etkinliklere katılması gerektiğini öne sürmektedir. Her ne kadar, Ş. Tekeli'nin sözünü ettiği "kadın mücadelesi"ni içeren toplumsal dönüşümün yarattığı bir baskı sonucunda gündeme gelse de kota kadını edilgin bir konuma düşürmektedir; nitekim gerek resmi tarih gerek kadın araştırmacıları 1930'lu yıllardaki örtük kota sonucunda ulaşılan görece yüksek orandaki kadın milletvekiline karşın kadınların edilgen konumda bulunduklarını ima etmektedirler. Oysa H. Ilgaz, "Atatürk bize 'siz kadınlar çalışmasaydınız bu hakları alamazdınız' derdi." diyerek bir yandan o dönemdeki kadınların hiç de yalnızca siyasal iktidarın çıkarı gereği değil, aynı zamanda kendi çabalarıyla bu başarıya ulaştıklarına tanıklık ederken, bir yandan da kadınların bireysel ve grupsal faaliyetlerinin siyasal katılımın asıl çözümü olduğunu öne sürmektedir. Aslında bu iki görüş çelişik olduğu kadar birbirini tamamlayıcıdır; her ikisi birbirini içerdiği ve birbirine dönüştüğü oranda kadınların siyasal temsilciliğinde nicel ve nitel sıçramalar yaşanacaktır. Öte yandan Sema Dinçer ve Filiz Koçali'nin kaleme aldığı aynı yazıda seçim sonrasında yapılabilecekler üzerinde de durulmaktadır: "Şimdi Meclis'teki kadınlarımıza sesleniyoruz, erkek klübü haline gelen partilerde ters düşmemek adına, her düşünceye 'evet' demeyelim. Birbirimizi destekleyelim ve her şeyden önce siyasal haklarımızı kullanmanın gerçek yolunun 'kadın sorunlarıyla' ilgilenmek ve onların üzerine gitmek olduğunu gösterelim."

Oysa nicel sınırlılığın ötesinde yazıda sözü geçen iki temel eksiklik bu amaca ulaşılmasını kuşkulu kılmaktadır: Birincisi, Ş. Tekeli'nin belirttiği gibi kadın milletvekillerinin çoğunluğa uyma davranışı göstererek kendi sorunlarını seslendirememeleri, bir anlamda 'erkekleşmeleridir': "Rastgele seçilmiş kadın temsilcilerin girmesi, sorunu çözmüyor. Ben kadın sorunlarını kabul eden, bu sorunlar için bir şeyler yapılması gerektiğini düşünen ve o anlamda belli bir kadın hareketinden gelen temsilcilerin girmesi gerektiğine inanıyorum. Şu anda kadın temsilciler beş-on tane olduğu için kadınla ilgili sorunları yüksek sesle söyleyemiyorlar." İkincisi ise, milletvekili Rezzan Şahinkaya'nın belirttiği" kadının siyaset eğitimindeki eksikliktir: "Biz kadın milletvekilleri Meclis'te eşantiyonuz. İki yıl içinde parmak kaldırıp indirmeyi öğrendim."

Diğer taraftan *Cumhuriyet* gazetesinde konunun bir yazı dizisi içerisinde ele alındığı görülmektedir. Semra Somersan tarafından hazırlanan "Kadınlar ve Siyaset" başlıklı dizi 21 Kasım 1987-23 Kasım 1987 tarihleri arasında yayımlanmış olup, çeşitli kadın araştırmacılarının yanısıra milletvekilliğine aday kadınların görüşlerini içermektedir. Bu yazı dizisinden çıkarak 1987 yılı seçimleri öncesinde günlük basında kadın konusunun oldukça sıklıkla yer aldığı anlaşılmaktadır. "Gündelik basını izleyenler bu genel seçimlerde partilerin (kadın) aday sayısını artırmak konusunda birbiriyle yarıştığı, kadın sorununun çözümü için de önerilerle dolup taştığı sonucuna varıyor."[94] Bu durum değerlendirilirken bir çıkar grubu olarak kadınların kamuoyu, siyaset ve basın gündeminde yarattığı değişiklik vurgulanmaktadır: "1980 sonrası bir avuç kadının çıkardığı ses oldukça etkili oldu. Kadın haklarına ilişkin bazı temel ilkeler, toplumun giderek geniş bir kesimine yayılmaya başladı. İktidar partisi bile kadın adayları ön plana çıkararak, kadınlara kaymakamlık vaat ederek bundan nasibini aldı."[95] Ancak kadın hareketi kadar etkili olduğu düşünülen kadının siyasetteki simgesel konumudur. Örneğin, "tutumunu 'milliyetçi ve muhafazakâr' bir parti olarak belirleyen ANAP'ın, kendini öteki sağ partilerden ayırmak (ve bu amaçla) 'kadın haklarına da saygılıyız' görüşü yaratmak iste-

---

[94] S. Somersan; "Kadınlar ve Siyaset", *Cumhuriyet*, 21 Kasım 1987, s.8
[95] *ibid.*

diği"[96] ya da Avrupa Topluluğu'na girebilmek için kadın haklarına önem verildiği öne sürülmektedir. Öte yandan görüşüne başvurulan ANAP, DSP, SHP, DYP'nin kadın adaylarının feminizme tam anlamıyla katılmasalar dahi, hiçbirinin feminizm aleyhine tutum sergilememesi dönemin kadın hareketinin kamuoyundaki etkisini gösteren bir başka veridir: ANAP İstanbul 6. Bölge adayı İmren Aykut "Feministlere sempatiyle bakıyorum.", DSP İstanbul 1. Bölge adayı Yıldız Ökten "Feministlere saygı duyuyorum, ama ben feminist değilim.", SHP İstanbul 5. Bölge adayı Tülay Öney "Feminizmin haklılık kazanacağı tabiidir. (...) bu akımın güçlenmesini olumlu karşılıyorum.", DYP İstanbul 4. Bölge adayı Nezihe Sönmez "Feministlerin bazı fikirlerini paylaşmamak mümkün değil.", SHP İstanbul 5. Bölge adayı Kiraz Biçici "Feministlerin bazı yöntemlerini haklı görmesem de, çıkış noktalarını haklı buluyorum.", SHP İstanbul 8. Bölge adayı Ayla Akbal "Bana saldırılar hep feministlerden geliyor.(...) Oysa ben onların hakkında kötü düşünmek istemiyorum" içeriğindeki demeçleriyle kadın hareketini , gönüllü ya da gönülsüz, ama muhakkak ki seçmenin yani kamuoyunun baskısını hissederek olumlu, en azından olumsuz değil, değerlendirdiklerini bildirmişlerdir. Genel olarak ele alındığında, bu yazı dizisinde görüşüne başvurulan araştırmacılar kota, kadın sorunlarının meclise taşınması, kadın siyasetçi sayısının artırılması gibi açılardan kadın-siyaset ilişkisini irdelerken; kadın siyasal temsilci adaylarının daha çok kadınların toplumsal sorunları üzerinde durdukları görülmektedir.

29 Kasım 1987 tarihinde yine *Cumhuriyet* gazetesinde yayımlanan "Vapurla Propaganda" haberi kadın adayların farklı propaganda tekniğini belgeleyen küçük ama önemli bir yazıdır. Genellikle RP'li kadınların seçim öncesinde hemcinsleriyle yüzyüze bir propaganda tekniği uyguladıkları, ama bu ilişkinin özel alanda (ev) veya kapalı mekânlarda gerçekleştirildiği bilinmektedir. Oysa ANAP İstanbul 6. bölge adayı İ. Aykut tarafından Eyüp bölgesindeki kadın seçmenlerle düzenlenen Haliç'te vapur gezisi alternatif bir propaganda niteliğindedir. Zira öncelikle bir kadın siyasetçi için kadın seçmenlere yönelinmiştir; oy-

---

[96] *ibid.*

sa RP uygulamalarında kadın seçmenlere kadınlar aracılığıyla erkekler için bir propaganda söz konusudur. Öte yandan RP'li kadınlar gibi kadınlar arasında bir propaganda söz konusuysa da, havanın soğuk olmasına karşın bu amaçla kamusal mekân kullanılması dikkat çekici bir farktır.

Bu seçim döneminde yoğunlaşan siyasal parti reklamları S. Somersan'ın yazı dizisinde sözü edilen partilerin kadınlara gösterdikleri ilginin yoğunluğunu belgeleyen bir kanıt niteliği taşımaktadır. Yazılı basında yer aldığı oranda incelememiz kapsamında değerlendireceğimiz bu reklamlar siyasal partilerin gündemini doğrudan yansıttıkları için önemli bir belge niteliği taşımaktadırlar. *Cumhuriyet* gazetesinde yayınlanan SHP, DYP ve ANAP reklamlarında, kadınlara değişik biçimlerde seslenilmektedir. Oya Tokgöz'ün konuyla ilgili incelemesinde[97] belirtildiği gibi kadınlara yönelik reklamlarda öncelikle sağlık ve sosyal güvenlik sorununa yer verilmektedir. Örneğin DYP reklamında "iktidarımız emeklilik süresini kadınlarda 20 yıla (...) indirecektir." vaadi yer alırken; ANAP reklamında kadın sözcüğü özel olarak bulunmadığı halde içerdiği kadın ve çocuk fotoğrafından çıkarak kadınlara yönelik bir mesaj olarak düşünülebilecek "evlatların, torunların mutluluğuna, huzurlu emeklilik günlerine" cümlesi görülmektedir. Her iki reklamda da emekliliğin vaadedilmesi kadınların çalışma hayatına katılımının zımnen kabul edildiğini gösterse de, bunu zorunlu, geçici ve kurtulunması gereken bir durum olarak ele alındığını belgelemekte, dolayısıyla kadınları özel alanla sınırlayan ataerkil zihniyeti yansıtmaktadır; kadınların çalışma koşullarını iyileştirerek cinsiyet ayrımcılığı yapmayan yeni bir işbölümü oluşturmak söz konusu değildir. Öte yandan geçim sıkıntısı, pahalılık, eğitim de önemli bir tema olarak sıklıkla işlenmiştir. Yalnızca SHP reklamında "eşit işe eşit ücret; yuva ve kreşlerin yaygınlaştırılması, Kadın Sorunları Bakanlığı'nın kurulması gibi" feminist taleplere yaklaşan vaatler yer almaktadır.

[97] O. Tokgöz; "Siyasal Reklamlarda Kadın Söylemi Ve Kadın İmgeleri, Örnek Olay Olarak 1987 ve 1991 Genel Seçimleri", N.Arat; *Türkiye'de Kadın Olmak,* Say Yayınları, İstanbul, 1996

Ancak günlük basının gündemindeki bu yoğunluk seçim öncesi propagandayla sınırlı olup, 29 Kasım 1987 seçimlerinin sonucunda kadınlar altı milletvekilliğiyle yetinmek zorunda kalmıştırlar. Zaten yoğunluk kadın milletvekili sayısının artmasına değil, siyasal parti reklamlarındaki vaadlerden ve partilerin kadın aday sayısının düşüklüğünden[98] açıkça anlaşıldığı gibi kadın oylarına yöneliktir.

20 Ekim 1991 seçim döneminde ise, kadınların siyasal tavır alışlarında nicelik ve nitelik açısından önemli bir artış basın gündeminde yer bulmaktadır. Doğrudan kadınların milletvekilliğine yönelik yazıların çoğalmasının yanısıra, özellikle RP'yi destekleyen İslamî kesimde aday gösterilmemelerine karşın kadınların siyasal ilgilerinin oy verme ve propaganda düzeyinde belirgin bir biçimde yükseldiği göze çarpmaktadır. *Cumhuriyet* gazetesinde siyasal katılım ve kadın konusundaki haberler kadar bu konudaki yorumlar da dikkat çekmektedir. Seçimler yaklaşırken kadın ve siyaset tartışmalarının da gündeme girdiğinin belirtildiği "Kadınlara Seçimde Ayrıcalık Yok" başlığıyla 22 Ağustos 1991'de yayımlanan yazıda, "parlamentoda kadınların daha fazla oranlarda temsil edilmesi fikri siyasî partilerin hemen tümü tarafından onaylanıyor." denilmekte; ancak gerek SHP ve gerek DYP'nin bu konuda kota gibi somut girişimlerden kaçındığı bildirilmektedir. Aynı yazıda SHP Genel Sekreteri Hikmet Çetin'in yaptığı saptama kadınların siyasette serbest rekabet konusunda hâlâ başarılı olamadıklarını göstermektedir: "Bizde milletvekili adaylarının saptanmasında önseçim yöntemi uygulanmaktadır. Kadın arkadaşlarımız ise maalesef önseçimde gerekli başarıyı gösterememektedirler." Bilindiği gibi merkez ataması yerine gerçekleştirilen önseçim delegelerin gerçekten bağımsız iradesine dayandığında daha demokratik bir parti yapısının göstergesidir ve bu durumda kontenjan oluşturmak, bunun bir uzantısı olarak örneğin kadınlar için kota belirlemek güçleşmektedir. Kimi zaman böyle önseçim gerekçe gösterilerek olumlu bir ayrımcılığın olanaksızlığı belirtilse bile,

---

[98] Bu seçim döneminde partiler 39 kadın aday göstermişlerdir; oysa örneğin 1969 seçimlerinde 5 kadın milletvekili seçildiği ve ne kamuoyu, ne siyaset ve basın gündemi konuya fazla yer vermediği halde 88 kadın aday gösterilmişti.

aslında diğer yöntemlerle belirlenen listelerde de kadınlara karşı olumsuz ayrımcılığın sürdüğü görülmektedir.

Nitekim 4 Ekim 1991 tarihli *Cumhuriyet* gazetesinde verilen "Kadınlar Listezede" başlıklı haberde, kadın örgütlerinin kadınların siyasetteki 'simge' anlamına karşı çıktığı duyurulmaktadır. Türk Hukukçu Kadınlar Derneği Başkanı Prof. Dr. Aysel Çelikel, Çağdaş Yaşamı Destekleme Derneği Başkanı Prof. Dr. Türkan Saylan, İÜ Kadın Sorunları Araştırma ve Uygulama Merkezi Müdürü Prof. Dr. Necla Arat, Kadın Sorunları Araştırma ve Uygulama Derneği Başkanı Gülsevil Erdem, Türk Soroptimist Klüpleri Genel Başkanı Prof. Dr. Zeynep Davran, Türk Kadınlar Birliği İstanbul Başkanı Gültekin Baktır, Kadın Hakları Koruma Derneği başkanı Gönül İşler, Türk Üniversiteli Kadınlar Derneği Başkanı İnci Başkurt, Çağdaş Yaşamı Destekleme Derneği Ankara Başkanı Dr. Demet Işık'ın bulunduğu kadın örgütleri başkanlarının saptaması şöyledir: "Partiler ve liderler seçim öncesi kotalarla ve vaatlerle kadın adaylara gereken yeri vereceklerini ilan etmelerine rağmen parlamentoda mevcut kadın milletvekillerinin sayısını bile korumadılar. Yasak savmak için seçilemeyecek yerlerde kadın aday göstererek kadın oylarını almayı planladılar." Bu saptamadan çıkarak kadın seçmenlerin oy verecekleri partilerin listelerindeki kadın adaylar için bu seçim döneminde geçerli olan tercihli oy kullanmaları talep edilmektedir. Partilerin çoğu kez merkez yoklamalarıyla belirledikleri listelerdeki aday sırasına seçmen müdahalesi olanağını getiren tercihli oy yöntemi kadınların grup çıkarlarının yaşama geçirilmesi için bir inisiyatif olarak önerilmiştir. 14 Eylül 1991 tarihinde, Oktay Akbal imzasıyla *Cumhuriyet* gazetesinde yayımlanan "Seçim Yarışında Kadınlar" başlıklı yazıda ise, kota sistemine geçilmeyişi eleştirilmekte, önseçimler öncesindeki kadınlar açısından umutsuz durum sergilenmekte, ancak önseçim yapılmayan partilerde durumun daha vahim olduğunun altı çizilmektedir. Önseçimler kadın adaylar açısından olumlu sonuçlar getirmemekteyse de, merkez atamasının önseçimden daha önemli bir engel oluşturmaya başladığı biçimindeki bu görüş yenidir ve yukarıda H. Çetin'den yapılan alıntıya da ters düşmektedir. Bir diğer deyişle halkın (önseçimi yapan delegeler bağlamında), kadın adayları, göreceli olarak parti merkez yöneticilerinden daha çok desteklemeye başladığı savunulmaktadır.

Dolayısıyla 1950'li yıllardan itibaren merkezden görevlendirilme olanağını yitirdikleri için siyasal temsilci sayıları önemli oranlarda düşen kadınların artık merkez atamaları azaldığı, önseçimle adaylar belirlendiği oranda seçilme şanslarının arttığı savlanmaktadır. Bu görüşün en önemli kanıtı yine yukarıda alıntılanan bir diğer haberde kadın adayların parti merkez yönetimlerince seçilemeyecekleri yerlere konulduğunun bildirilmesidir. Ancak seçilen kadınların çoğunun da parti merkez yönetimlerince o yerlere atandıkları gözden kaçırılmamalıdır. Dolayısıyla kamuoyundaki kadın lehine duyarlılık kuşkusuz delegelere de yansımaya başlamıştır ama kuramsal olarak böylesi bir dönüşüme kapalı olması gereken oligarşik parti örgütlenmeleri kimi zaman pratik çıkarlar gereği kadın siyasal temsilciye delegelerden daha çok olanak tanıyabilmektedir.

Kadın bakışının işlendiği "Kadınsız Son Seçim" başlıklı yazı, Necla Arat'ın imzasıyla, 18 Ekim 1991 tarihinde yine *Cumhuriyet* gazetesinde yayımlanmıştır. Bu yazıda söz konusu seçim dönemine dair pratik önerilerden çok, uzun erimli bir program sunulmakta, Anayasa'da her iki cinsiyetin eşit temsiline dair bir değişiklik yapılmadığı ve sağdaki ve soldaki tüm partilerin eşit kadın kotaları oluşturmaları sağlanmadığı taktirde kitlesel bir 'seçime hayır' kampanyası örgütleneceğinden söz edilmektedir. Bu amaçla çalışan Kadın Koordinasyon Kurulunun söz konusu dönemdeki seçimlerden sonra eyleme geçeceği bildirilmektedir: "20 Ekim 1991 sonrasında tüm kadın örgütlerinin, parti kadın kolları ya da komisyonlarından temsilcilerin katılacağı Kadın Koordinasyon Kurulu, 'Gerçek demokrasi cinsler arasında eşitliğe yer verir', 'Kadını dışlayan düzenler, otoriter, tutucu, cinsiyete dayalı, ayrımcı düzenlerdir.', 'Yetki, sorumluluk ve gücü paylaştığımız zaman kadın-erkek eşitliği vardır.' sav sözlerini bu toplumun yarısını oluşturan kadınların siyasal bilinç göstergesi olarak meydanlarda haykıracaklardır." 1991 genel seçimlerine dair bir öneride bulunulmaması ilginçtir. Ayrıca bu kurulun çalışmalarına bir sonraki dönemde de rastlanılmaması kadınların bir çıkar grubu olarak eylem birliğinde düşünü-len/düşlenen başarıyı hayata geçirmekte engellendiklerini gös-termektedir.

Bir diğer günlük gazete *Hürriyet'in Kelebek* ekinde de, 1989'da yapılan "Kadınların Siyasal Yaşama Ve Karar Meka-nizmalarına Katılımı Semineri'ni kitaplaştırması üzerine Necla Arat'la yapılan bir görüşme yer almaktadır. N. Arat yaklaşan seçimler konusunda yukarıdaki yazısından da anlaşıldığı gibi kadınlar adına umutsuzdur; ve somut bir öneri getirmemekte-dir. Öte yandan aynı röportajda N. Arat'ın kadın başbakan fik-rini "hoş bir fantazi" olarak değerlendirmesi, söz konusu seçim döneminde seçilecek olan T. Çiller'in bir buçuk yıl sonra başba-kan olduğu dönemde kadınlar arasında yarattığı kısa süreli se-vinç durulduğunda ortaya çıkan durumu çok önceden saptama-sı açısından önem taşımaktadır. " Bence hoş bir fantazi ama bi-zim istediğimiz sembol bir ya da bir kaç kadınla görüntüyü kur-tarmak, fantazilerle avunmak değil. Çünkü gerçek demokrasi-nin, kadınların kitlesel olarak yönetime katılımları ve eşit tem-silleri ile gerçek anlamda yeşereceğine inanıyoruz." Ancak ka-dınların bu seçim dönemiyle ilgili karamsarlığı seçim sonuçla-rında kadın milletvekili sayısıyla doğrulansa bile, kadınlar lehi-ne başka siyasal kazanımlar gündeme girmiştir. 11 Ekim 1991 tarihli *Hürriyet* gazetesinde SHP genel başkanı Erdal İnö-nü'nün Niğde, Konya ve Antakya'da gerçekleştirdiği açık hava toplantılarında yaptığı konuşmaların "Kadın Bakanlığı Kuraca-ğız" vaadinden kaynaklanan başlık altında verilmesi, konunun gerek basın gerek kamuoyu açısından diğer vaadlere göre daha önemli bulunduğunu gösterdiği için dikkat çekicidir. Üstelik bu vaade alkışlayarak olumlu tepkide bulunan yöre kadınlarının fotoğrafı da habere eşlik etmektedir. Yine *Hürriyet* gazetesinde kadın ve siyaset konusunda başka haber ve yazı dizileri de yer almıştır. Celalettin Çetin'in hazırladığı "Politikaya Soyunan Ka-dınlar" yazı dizisi 22 Eylül'de yayına girmiştir. Dönemin kadın milletvekili adaylarının tanıtıldığı bu araştırmada özel yaşamla-rı ve partilerinin propagandası doğrultusunda sorgulanan kadın milletvekili adaylarının kadınlara yönelik projelerine pek yer verilmemiştir; daha çok magazin bilgileri derlenmiş olduğu için yazının kadın siyasetçileri sıradanlaştıran ve böylece siyaseti kadınların gözündeki ulaşılmazlığından uzaklaştıran bir boyutu bulunduğu savlanabilir.

Diğer yandan bu ele alış biçiminin, kadınları siyasal kimlik sahibi olsalar dahi siyaset gibi 'önemli' işlerle değil, günlük yaşamın 'sıradan' uğraşlarıyla sınırlamaya çalışan bir zihniyetin ürünü olduğu da ileri sürülebilir. Ancak söz konusu yazı dizisinin ilk bölümünde yer alan bir anlamdaki sunuş yazısındaki "1991 Türkiye'sinde, politikaya soyunmuş ya da soyunacak olan kadınlarımızın sayıları giderek artıyor. (...) lokallerde, kürsülerde, meydanlarda görünen, 'artık biz de varız' diyen kadınlarımızın sayıları çoğalıyor." saptamasının, diğer bir deyişle kamuoyunun kadın-siyaset ilişkisine artan duyarlılığının yüksek tirajlı bir gazetenin üç gün üstüste birer sayfasını bu konuya ayırmasının nedeniyle önemli bir ilişkisi olsa gerektir. Öte yandan kadınların aday listelerindeki konumlarını bildiren bir başka yazı 26 Eylül 1991 tarihinde yine *Hürriyet* gazetesinde yayımlanmıştır.

Kadın dergilerinin de bu seçim döneminde çeşitli açılardan siyasete yer verdikleri görülmüştür. *Kadınca* dergisi Ekim 1991 tarihli sayısında "Seçime 20 Kala" başlıklı yazıda, liderlerin açık hava toplantılarından kadınların vaad olarak bile dışlandığına dair izlenimlere ve çeşitli kesimlerden kadınların, bu arada erkeklerin de liderlerle ilgili görüşlerine yer verirken, bir anlamda *Mektup* dergisinin tutumunu paylaşmıştır. Her iki kadın dergisi de kadının seçmen rolünü pekiştirici yazılar yayımlamışlardır. *Kadınca* bunu parti ayırmaksızın, bir anlamda hepsini eleştirerek gerçekleştirirken *Mektup*, kadınları milletvekili adayı bile göstermeyen RP'ye yoğun bir destek vererek[99] kadınların siyasal temsil çıkarlarıyla açıkça çatışan bir tutum sergilemiştir. *Marie Claire*, Ekim 1991 tarihinde yayımlanan"Siyasî Partiler Kadınlara Neler Vaat Ediyorlar?" başlıklı yazıda *Kadınca* ve *Mektup*'tan ayrılarak, en azından kadınları ilgilendiren yönelimleri açısından partileri ele almakta, ama yine de, bu bilgiler seç-

---

[99] Bkz. *Mektup,* Ekim 1991, Yıl:7, Sayı:81'de E. Şenlikoğlu; "İslam Hareketin Güçlenmesi İçin Refah Partisi'ni Destekliyoruz"(s.2-4), B. Eraslan; "Seçim Ve Bin Yılın Olayı"(s.5-7), Telefonla Röportaj/Seçimde Oyunuzu Kime Vereceksiniz?"(s.15-19), vs.

men kadını hedeflediği için diğer dergilerden ciddi bir fark·
içermemektedir. Ancak yine de her partinin görüşü, olanaklı
olduğunca o partinin kadın adayı aracılığıyla aktarıldığı için
özellikle bir retrospektif değerlendirmede değinilmesi gerek·
mektedir. SHP'nin kadınlar için gerçekleştirmek istediklerini
Ayla Akbal şöyle açıklamaktadır: "Kadın Sorunları Bakanlığı
ülkemiz kadınlarının en büyük güvencesi olacaktır. Kadınla er-
kek arasında var olan eğitim düzeyi açığının kapatılması için
okuma-yazma dahil kalıcı ya da geçici eğitim programları dü-
zenlenecek ve uygulanacaktır. (...) eşit ücret, eşit işlem görme
hakkı sağlanacaktır. (...) işletme düzeyinde kreş ve yuvaların
açılması için yasal ve idari düzenlemeler yapılacaktır. Kadınlara
özel (...) danışma ve tedavi merkezleri kurulacaktır. Ev işlerin-
de ve kırsal kesimde çalışan kadınlarımız sigortalanacaktır. Ev
kadınları da sosyal güvence kapsamına alınacaktır. Doğum ön-
cesi ve sonrası ücretli izinler artırılacak, yeniden düzenlenecek-
tir. Ev kadınlarının el emekleri kooperatifler aracılığıyla pazar-
lanıp üretime katkıları sağlanacaktır. (...) En önemlisi de yasal
düzenleme yapılarak kadınların örgütlü politika yapmaları sağ-
lanacaktır." DYP adına görüşlerinden yararlanılan Tansu Çiller
ise, "İnsan Hakları Bakanlığı kurularak eşit işe eşit ücret öden-
mesi (...) sağlanıyor. (...) Çocuklara okul öncesi eğitim olanağı
sağlanıyor. Ev kadınları için ve işsizlik sigortası geliyor. Tüm
kadınlar sosyal güvenceye sahip kılınıyor. Özel beceri belirleme
ve geliştirme kursları açılıyor. İstihdam olanakları genişletile-
rek, kocaların ve evlatların işsiz kalması önleniyor. Kendi evle-
rinde iş sahaları ve kreş açma imkanı tanınıyor." demektedir.

ANAP'ın kadınlarla ilgili amaçlarını ise İmren Aykut aktar-
maktadır: "Kadınların sosyal, ekonomik, siyasal ve kültürel
alanlarda statülerinin yükseltilmesi, sorunlarının azaltılması
hükümetimizin (...) üzerinde durduğu konuların başında yer al-
maktadır. Bundan dolayıdır ki ulusal ve uluslararası platformda
kadınlarımızın refahına yönelik pek çok toplantıya üst düzeyde
katılmış bulunuyoruz. (...) Kadın Statüsü ve Sorunları Genel
Müdürlüğünü kurduk. (...) çalışan kadınlarımızın en ciddi so-
runlarından biri çocuk bakımıdır. Bu konuda iş yerlerinin ge-
rekli hassasiyeti göstermeleri ve çocuk bakımının sorun olmak-

tan çıkması için İş Kanunumuzda gerekli düzenleme çalışmaları başlatılmıştır. (...) Kadınlarımızın (...) girişimcilik imkanların-dan yararlanmaları amacıyla (...) kredi sistemi oluşturulacaktır. (...) Kadınlarımızın kamu hizmetinde olduğu gibi politikada da hak ettiklere yere gelebilmeleri için gerek sosyal, siyasal ve psi-kolojik ortam ve olanak tarafımızdan sağlanacaktır."

DSP'nin görüşleri ise, "Kadınların Siyasal Yaşama ve Karar Mekanizmalarına Katılımı" konulu seminerde Genel Başkan B. Ecevit'in yaptığı konuşmadan aktarılmıştır: "Yalnız sosyal amaçla değil, aynı zamanda siyasal amaçla, çocuk yuvalarının yaygınlaştırılmasını ve kadınlara yaygın temel eğitim, meslek ve sanat eğitimi aynı zamanda sendikacılık ve kooperatifçilik eğiti-mi verilmesini öngördük. (...) Mahallelerde köylerde ve sandık bölgelerinde çalışma grupları oluşturmaya çalışıyoruz. Böylece kendi yakın çevresinde siyasal etkinlik kazanma olanağı bula-caktır kadın." Kadın milletvekili adayı göstermeyen RP'nin ka-dınlarla ilgili görüşlerini ise İstanbul İl Başkanı Recep Tayyip Erdoğan iletmiştir: " RP erkek kadın ayrımı güden bir parti de-ğildir. (...) Bu yüzden 'Kadınlara ne vaat ediyor'sunuz sorusunu da kendi adımıza pek anlamlı bulmuyoruz. (...) biz kadının vah-şi kapitalizmin daha çok kazanç aracı olarak kullanılmasına karşıyız. (...) biz iktidara gelirsek kadınlarımız ekonomik, sosyal ve siyasal hayatın ayrılmaz unsurları olarak işlevsel bir konum-da bulunacaklardır. (...) öncelikle çalışan kadınlarımızın prob-lemlerini çözeceğiz. (...) kendilerine özgü rahatsızlık ve hastalık günlerinde izin kullanma hakkı tanıyacağız. Doğum öncesinde ve sonrasında da gerekli olan izni kullanmalarını sağlayacağız. Doğum masraflarını ve çocuğun belli bir yaşa kadarki ihtiyaçla-rını devletin karşılaması gerektiğine inanıyoruz. Çalışan kadın-larımızın çocukları için ücretsiz veya çok az bir ücretle hizmet veren kreşlerin açılması gerektiğine inanıyoruz. Kadınlara özgü okulların sayısını çoğaltmaktan yanayız. (...) halkımız kız çocu-ğunu sadece kız okullarına göndermek istiyorsa, başkalarının kalkıp buna müdahale etmesini demokrasi ile asla bağdaşır bir tutum olarak görmüyoruz. Ayrıca sırf kadınlar için hastahane-ler oluşturmaktan yana olduğumuzu da belirtmek istiyorum.

(...) kadınlarımızın problemleriyle ilgili bir bakanlığın kurulmasını diliyoruz."

Görüldüğü gibi partiler, gerek izolasyon gerek entegrasyon gerek asimilasyon amacıyla ve konuya duyarlılaşan kamuoyunun ve oyu erkekten farklılaşan kadın seçmenin etkisiyle programlarında kadın konusuna yer ayırmışlardır. Kreşlerin ve kadın sorunlarıyla ilgili bir bakanlığın kurulması, eğitim olanaklarının artırılması ve siyasal katılımın desteklenmesi çoğunluğun paylaştığı yönelimlerdir. Ancak seçim sonuçlarında yalnızca sekiz kadının parlamentoya girebilmesi ve bu seçimleri izleyen yasama döneminde vaadlerin ne denli gerçekleştirildiği yukarıdaki demeçlerin içtenliğini sınamak için önemli bir veri sunmaktadır. Ama o noktada önemli olan partileri böyle bir propagandaya yönelmek durumunda bırakan kadınlar lehine toplumsal dönüşümdür. Basında yer alan parti reklamlarının kadınlara yönelik olanları ise şöyle değerlendirilebilir: Öncelikle, biraz sonra belirteceğimiz gibi kadınlara yönelik bir reklam metni bulunmasına karşın, ANAP'ın *Kadınca* dergisinde tek ve tam sayfalık "Türkiye'de barış ve hoşgörü siyasete hakim olacaksa" diye başlayan bir ilanına değinmek anlamlıdır. *Kadınca* dergisinin gerek daha önceki seçim dönemi gerek Ekim 1991 tarihli sayılarında kadın ve siyaset konusuyla ilgili haber ve yorumlar, dikkat çekildiği üzere nicel ve nitel açıdan tatmin edici boyutta değildir; bir başka deyişle kadınlara özgü bir siyasal bilinç ve propaganda derginin belirleyici yönelimlerinden birini oluşturmamıştır. Bir siyasal partinin de benim yorumuma uygun bir saptamada bulunduğunun kanıtı *Kadınca* için söz konusu reklamın seçilmiş olmasıdır. Kadının siyasal temsilciliği konusunda böylesine suskunluk, *Kadınca* 1980'ler kadın mücadelesini yansıtan dergilerden biri olarak ele alındığında kadınların düşük milletvekili sayısıyla ilişkilendirilebilecek denli vahimdir.

Bir çıkar grubu olarak kadınlar siyasal temsil konusunda ısrarlı değillerse ve dolayısıyla bu konu güncel diğer talepleri ileten bir kadın dergisine yansımıyorsa siyasal gündemin kadınlara bu ölçüde, bir anlamda cinsiyetsiz seçmen statüsü dışında yer ayırmaması doğaldır. Oysa ANAP'ın diğer yayın organlarında yer alan "Türkiye'de kadınlar hakettikleri yere gelecekse" başlıklı ilanı kadın haklarının bilincinde, kamusal bir kimlik olarak kadın seçmenlere seslenmekle kalmamakta, aynı zamanda siyasal ve toplumsal karar mekanizmalarındaki kadınları da önemsemektedir. " Bugün Türkiye'de hükümet sözcüsü bir kadın. Cumhuriyet tarihinin ilk kadın valisi, iki ay önce göreve geldi. (..) Bundan böyle kadınlarımız kaymakam olabilecek. Hepsi de son sekiz yıl içinde gerçekleştirildi. Çünkü biz Türk kadınına güvendik. (...) Türk kadını evde işyerinde, toplum hayatında, siyasi hayatta Türk erkeğiyle eşit imkan haklara sahip olmalı. Yasalar önünde ve gündelik hayatta bu eşitliği mutlaka kuracağız. Kadınlarımız siyasi kararlarda çok söz sahibi olacak. Devletin her kademesinde çok daha fazla görev alacak. Ev kadınlarımız isterlerse yarım gün çalışabilecekler. Çalışan her annenin çocuğunu gönül rahatlığıyla bırakabileceği kreş ve yuvalar hızla çoğalacak. (...) Kadınlarımızın erkeklerle eşit söz sahibi olduğu bir Türkiye için desteğinizi istiyoruz." Bu reklamın içeriğinden çıkarak günlük basın aracılığıyla yönelinen kamuoyunun, kadın talepleri açısından *Kadınca*'nın hedef kitlesinin özlemlerinden farklılaştığını savlamak olanaklıdır.

Öte yandan, O. Tokgöz'ün yukarıda adı geçen araştırmasında belirtildiği gibi,1991 genel seçimleri öncesinde RP'nin on iki gazete reklamından altı tanesinde kadın fotoğrafı kullanılmıştır. Bunlar, çağdaş kadın, çevreci kadın, gecekondulu kadın, memur karısı, işçi kızı ve hayat kadını olarak sıralanmaktadır. Söz konusu kadın imgeleri aracılığıyla mevcut düzen, yani kapitalizm eleştirilmektedir. Ev içi emekten dayağa, düşük ücretten, alınıp satılabilirliğe uzanan kadın sorunlarına "insanlık onuru" adına çözüm aranırken, asıl sorumlunun "modern dünya" olduğu öne sürülmekte, böylece yine kadının 'kullanıldığı' bir siyasal anlatım denenmektedir.

Bu dönemde çeşitli partilerin, daha önce siyasal karar mekanizmalarında önemli sorumluluklara yükselen kadınları reklamlarında kullandıkları göze çarpmaktadır. Televizyonda gösterilen ANAP reklamlarında bir resmiyle yer alan dönemin Muğla Valisi Lale Aytaman ve SHP'nin gazete reklamlarında rastlanan dönemin Şişli Belediye Başkanı Fatma Girik bu konuya örnek gösterilebilir. L. Aytaman, görüntüsünün reklamda kullanılması üzerine, "Türkiye'de kadınların vali olmasını bu hükümet (ANAP) gerçekleştirdi. Bu konuda geç de kalınmıştı. Belki bunu vurgulamak istediler ve kadınlarımıza bir mesaj vermek istediler. Ama bu reklam halk arasında 'benim reklam için atandığım' şeklinde bir kanı yaratırsa çok yazık olur. Herşeyden önce kadınlar için üzülürüm.", diye yaptığı açıklamada kadının parti imajı için kullanılması durumunun sakıncalarını dile getirmiştir. Ancak SHP'nin F. Girik'i reklamlarında kullanması benzer bir tepki doğurmamıştır. F. Girik de, bir anlamda kendi partisince (SHP) önemli bir siyasal karar mekanizmasına getirilmiştir. Birinci durumda atama, ikincisinde seçim söz konusu olsa bile, her ikisi de yer aldıkları makama erişmek için ait oldukları, biri açıkça diğeri zımnen bilinen partilerinin büyük etkisini görmüşler, dolayısıyla her iki parti de bunu kullanmak istemiştir. Oysa F. Girik'in yer aldığı SHP reklamına tepki gösterilmezken, L. Aytaman'ın yer aldığı ANAP reklamı eleştirilmiştir. Bu karşılaştırmadan anlaşıldığı gibi, aslında tepki çeken kadının kullanılmasından çok, hükümetçe atanmasına karşın tarafsız olması gereken bir makam sahibinin (valinin) bir siyasal parti reklamında yer almasıdır.

Öte yandan SHP'nin kadınlara yönelik reklamlarında "laiklik" önemli bir yer tutmaktadır. F. Girik'in imzasıyla yayımlanan reklamda ise, Şişli Belediyesi uygulamalarından çıkarak kadın sığınma evleri örneğiyle kadın hak ve özgürlükleri gündeme getirilmektedir. DYP reklamlarında ise, geleneksel roller çerçevesinde aile içinde kadın işlenmektedir. Ancak bu bağlamda ele alınan "ev kadınlarına sosyal sigorta hakkı" dikkate değer bir duyurudur. Bu reklamlardan bir çoğunda çeşitli nedenlerle kadınlık durumu yer aldığı halde, kadınların siyasal temsilciliği ancak F. Girik aracılığıyla dolaylı yoldan vurgulanarak veya T. Çiller, N. B. Arıtan, S. Ş. Komşuoğlu gibi kadın adaylar tanıtılarak gündeme gelmiştir. Gerek basın gündemi, gerek bu gündemin önemli bir parçasını oluşturmaya başlayan siyasal reklamlar açısından değerlendirildiğinde, sekiz kadın milletvekilinin seçildiği 1991 genel seçim döneminde siyasal gündemde ve kamuoyunda kadınların önemli bir yerinin bulunduğu izlenimi doğmaktadır; ancak kadının seçilme değil, seçme hakkı ön planda olduğu için bu durumun kadın milletvekili sayısına yansımadığı görülmektedir. Kadın hareketinin etkin kişi ve yayınlarının peşin karamsarlığı yeni bir durgunluk döneminin başladığının göstergesi olarak ele alınabilir; sonuçlarda bu suskunluğun da payı büyük olsa gerektir.

24 Aralık 1995 genel seçimleri bir kadın başbakan yönetimindeki Türkiye'de gerçekleştiği için varsayımsal olarak farklar içermesi beklenmektedir. Ancak 'Laik-antilaik' söyleminin çok güçlendiği ve iktidar mücadelesinin, bu ikisi arasındaki mücadeleye indirgendiği aynı seçim döneminin konumuz açısından en belirgin özelliği kadınlık durumuna yaklaşımın siyasal bağlamda turnusol kağıdı niteliği kazanmasıdır. Bu yüzden medyada kadın ve siyasetle ilgili tutum ve davranışların değerlendirilmesinde bu iki 'cephe'yi incelemek âdeta bir zorunluluk arzetmektedir. Bu seçim döneminde, 26 Kasım 1995'te *Cumhuriyet* gazetesinde "Siyasette Kadının Adı Yok" başlığıyla yayımlanan haberde, 1995 yılında Birleşmiş Milletlerin hazırladığı bir rapora göre dünyada kadınların meclislerde temsil oranı %11 olup, ülkelerin %34'ünde bakanlar kurulunda hiç kadın bulunmadığı üzerinde durulmaktadır. Görüşüne başvurulan Necla Arat ve Türkan Saylan, daha önceki seçim dönemlerindeki gibi yine kota uygulanmamasını eleştirmekte, ancak bu kez, siyasetin içerik itibariyle ataerkil niteliğinin ve geleneksel işbölümünün kadınların konuya ilgisini azalttığını belirtmektedirler. "Siyaset bizim toplumumuzda ve dünyada bir erkek mesleği olarak algılanıyor. Kadınların yaşam biçimi de siyasete zaman ayıramamalarına neden oluyor. (oysa) Hiçbir erkek kadını ve kadın sorunlarını bir kadın kadar anlayamaz" görüşünün de altı çizilmektedir. Görüldüğü üzere, kota gibi üstyapısal taleplerin yanında ataerkil işbölümü, bir çıkar grubu olarak kadınların kadınlar tarafından temsili Türkiye gündemine girmiştir. Aynı yazıda, ayrıca altı siyasal partiye (DYP:135, ANAP:100, HADEP:100, YDH:90, CHP:40, MHP:38, RP:16) ancak 519 kadının adaylık için başvurduğu belirtilmektedir; dolayısıyla kota formülünün tek başına bir çözüm oluşturmayacağı fiilen ortadadır. *Cumhuriyet* gazetesinin daha sonraki yayınlarında, her seçim döneminde ol-

duğu gibi, illerdeki seçim değerlendirmelerinde kadın adaylara ve partili kadın propagandacılara yer verildiği görülmektedir. Yine *Cumhuriyet* gazetesinin 5 Aralık 1995 günü, kadınların siyasal haklarının 61. yıldönümü nedeniyle yayımlanan "Kadın, Siyasette Figüran" başlıklı yazıda, Türkiye'nin kadınların siyasal temsilciliği açısından çok gerilerde bulunduğu vurgulanmaktadır. Mor Çatı Kadın Sığınmaevi çalışanı Sema Babalık ile yapılan görüşmede yasal eşitliğin toplumsal eşitsizliği aşamadığı üzerinde durulmakta, "kararsız oyların %70'i kadınlara ait. Partiler kararsız oyları etkileyebilmek için verecekleri mesajın kadınlar tarafından algılanması gerektiğinin farkında. Kadınlara ulaşmak için de kadınları kullanıyorlar. " denilerek bir kez daha kadın adayların 'kullanılması' fikrine değinilmektedir. Bu açıklamalarda yeni olan biçimsel/yasal eşitliğin yetersizliğidir. Öte yandan S. Babalık, kadınların yalnızca kadın oldukları için değil, ancak kadın bakışına sahip oldukları taktirde Meclis'e girmelerinin desteklenmesi gerektiğini belirtmektedir. Nitekim 8 Mart 1995'te İstanbul'da otuz beş kadın kuruluşunun birlikte yayımladıkları bildiriye göre, "Bundan böyle tüm siyasî partilerin ara veya genel seçimlerde, listelerinde kadınlara yapılan ayrımcılıklara karşı tutum alan; onların özgül sorunları karşısında duyarlı davranan; politikayı kişisel çıkar aracı olarak değil, halka ve ülkeye hizmet etme fırsatı olarak değerlendiren 'kadınlardan yana' kadın adaylara yer vermelerini öneriyoruz."[100] denilmektedir. Artık bir çıkar grubu olarak kadınların siyasal temsilciliği gündeme girmiştir. Ayrıca kadınların siyasal hakları kazanmalarının 61. yıldönümünde, cumhurbaşkanı, başbakan ve Türk-İş'in yayımladığı bildirilerde alışılageldiği üzere biçimsel yasal eşitliğin övülmesinin yanısıra konuyla ilgili güncel beklenti ve eksikliklerin de dile getirildiği görülmektedir. Yine aynı tarihli *Cumhuriyet* gazetesinde N. Arat, "Siyasal İktidarın Cinsiyeti Var mı?" başlıklı yazısında "geçen 60 yıla ve o görkemli başlangıca karşın, bu seçimlerde de kadın temsili açısından gerçek demokrasiye yaraşır bir yol alamayacağımızı" kestirmekte-

---

[100] S. Tanilli; "Sevgi Eyleme Geçsin", *Cumhuriyet,* 14 Nisan 1995 Ancak aynı yılın genel seçim döneminde böyle bir propagandanın yaygınlaşmadığı görülmektedir.

dir. Bu yazıda ayrıca Türkiye'de kadınların iktidarla ilişkisinde son dönemlerde yaşanan deneyimlerden de ders çıkarıldığı ve siyasal temsilcinin kadın olmasının değil kadın çıkarları için mücadele etmesinin önemi vurgulanmaktadır: "Bizler çağdaş ve demokrat bir ulus, çağdaş ve demokrat partiler, çağdaş ve demokrat bir parlamento oluşturmak konusundaki kararlılığımızı 'erkek' partilerin 'erkek' ve de 'erkek gibi' liderlerine her fırsatta yansıtmalı ve bu durumu düzeltmek için gerekli strateji, program ve projelerle bir an önce harekete geçmeliyiz."

Ancak tüm eleştiri ve düş kırıklıklarına karşın Tansu Çiller'in kadınlığı olumlu bir imge/simge olarak DYP tarafından sıklıkla kullanılmakta, bu kez daha önceki seçim dönemlerindeki gibi bir belediye başkanı yahut bir vali değil, bir başbakan olarak DYP'nin kadın propagandasının belkemiğini oluşturmaktadır. Bu gelişme doğrultusunda, DYP'nin, tepki çekmemek için sözlü bir kota uygulayacağı ve beş yüz bin kadın parti üyesi istendiği haberi yayılmıştır.[101] Haberde tepkinin kimden geleceğinin beklendiği belirtilmemekte, böylece kadın siyasetçilerin artmasını isteyen herkesin kendine göre bir ters kutup belirleme olanağı yaratılmaktadır. Zaten böyle bir uygulama gerçekleşmemiştir; bundan çıkarak haberin bir nabız yoklaması niteliği taşıdığı söylenebilir. Ancak DYP kadın üye sayısı açısından böyle bir resmî olmayan kota uygulamadığı halde, kullanmak amacıyla olsa bile kadınlara çeşitli olanaklar sunmuştur: Bu seçim döneminde DYP 135 milletvekili adayıyla en çok kadının başvuruda bulunduğu parti olmuştur. Bu sayının yüksekliğinde partinin kadınlara yönelik tutumunun payı kadar, kadınların özdeşleşme mekanizmasıyla genel başkanı kadın olan bir partiye yakınlık duymalarının da katkısı bulunmaktadır. Ayrıca seçim süresince T. Çiller'in bu kadın adaylarla çektirdiği fotoğraflar çeşitli basın organlarında sık sık yer almıştır. Bu görsel propaganda parti açısından kadınların bir vitrin olarak kullanılması anlamını taşıyabilir; nitekim T. Çiller'in "Kadın kurmaylarım" diyerek birlikte fotoğraf çektirdiği kadınların çoğunu aday 'yapmadığı' basında yer almış, hatta bu haber bile kadın adayların fotoğrafı eşliğinde yayımlanmıştır. Ancak bu fotoğraflar ay-

---

[101] "Başbakan Yarım Milyon Kadın İstedi", *Posta,* 22 Ağustos 1995, s.7

nı zamanda kamuoyunda kadın siyasal temsilci fikrinin yaygınlaşmasına da ister istemez katkıda bulunmuştur. 5 Aralık 1995'te, *Hürriyet* gazetesinde, Gündem bölümünde T. Çiller'le yapılan tam sayfalık röportajda, makyaj, rejim, jimnastik gibi konuların yanısıra yakın siyasal geleceğe yönelik görüşlere yer verilmektedir.

Bunların dışında T. Çiller'in kadınlık durumuna dair hiçbir yorum ve çözümden söz etmemesi ve hatta DYP bu yönde bir propaganda geliştirdiği halde bir kadın başbakan olmanın önemine dahi değinmemesi son derece dikkat çekicidir; kadınlığı kullanılan bir siyasetçinin dahi ne denli erkekleştiğinin göstergesidir. Böylece siyasal gündeme kadın katkısının kadın görüntüsüyle diğer bir deyişle biçimle sınırlı olduğu belgelenmektedir. Bu durumun bir yansıması olarak kadınların siyasal karar mekanizmalarındaki nicel açıdan bile simgeliklerini sürdüreceklerini bildiren ilk bilgiler olarak önseçim sonuçlarının yazılı basına yer alışına kadınların tepkileri eşlik etmiştir.

30 Kasım 1995 tarihli *Milliyet* gazetesinde "Kadının Adı Yok" başlıklı haberde partilerin toplantılarını renklendirmek ve ev ev dolaşarak propaganda yapmak için 'kullandıkları' kadınları, seçim listelerinde unuttukları belirtilmektedir. Kadından Sorumlu Devlet Bakanlığı yapmış olan CHP'li Güler İleri "ilkesi eşitlik olan partilerde bile cinsiyet ayrımı yapıldı." diyerek kendi partisini dahi kınarken, daha önce yine aynı görevde bulunan CHP'li Türkan Akyol, "Bu yıl kadın yılıydı. Türkiye'nin çağdaş bir devlet olduğunu göstermesi için bu iyi bir fırsattı." diye görüş bildirmekte, ancak bir kadın milletvekili olarak dahi kadınların siyasette kullanılmak için var olduklarını zımnen kabul etmektedir. Ayrıca, ANAP, DYP ve CHP içindeki kadınların bu duruma büyük tepki gösterdikleri belirtilmektedir. Aynı gazetede Zülfü Livaneli kadınların seçimi boykot etmelerini önermekte, "kadınları dışlayan bir meclis, uygarlığı dışlamış sayılır" saptamasıyla kadınları bir uygarlık simgesi olarak gördüğünü hissettirmektedir. Kadın yazarlar Duygu Asena ve Zeynep Oral ise, kadın adaylara yaklaşım konusunda partilerdeki ataerkil tutum ve davranışları kınamakta, propagandasını büyük ölçülerde kadın militanlarına dayandıran, ama onlardan hiç

aday göstermeyen RP'yi, şiddetle eleştirmektedirler. Kadın yazarların eleştirilerinin kamuoyuna yönelik bir çözüm yolu yahut yalnızca o seçimlere yönelik bir tepki eylemi planı içermemesi dikkat çekicidir; Z. Livaneli'nin seçimleri boykot önerisi ise öncelikle bir çıkar grubu olarak kadınların eylemini gerektirdiği için kadın kamuoyu önderleri arasında tartışılıp geliştirilmeye muhtaç fevri bir çıkış niteliğindedir. Aynı gazetede görüşleri yer alan "listezede kadınlar" meclisin erkek egemen yapısından, partilerinin kadınları kullanmasından söz etmekte, ancak tepkilerini bir çıkar grubu eylemine yönlendirmemektedirler. 29 Kadın kamuoyunun önderlerinden ikisi olarak değerlendirilebilecek N. Arat ve T. Saylan "partileri kınamak" ve "kadınlara daha iyi yer veren partilere oy vermek" gibi önerilerle yetinmektedirler. Partilerin kınanması sözel ve bireysel bir sınırlılıkta ortaya konmakta, erkek egemenliği açısından bir farkları olmayan partiler arasında kadınlara iyi yer veren parti ise pek bulunmamaktadır. Ayrıca bu önerinin kitleselleşmesi için çaba harcanacağını gösteren bir demeç de söz konusu değildir. Oysa basın gündemini oluşturan tepkilerin anlamlı bir siyasal sonuç verebilmesi, kitlelerin anlamlı somut mesajlarla buluşmasıyla olanak kazanır.

Partilerdeki ataerkil zihniyetin 1934'ten beri çeşitli nedenlerle ve herşeye karşın kadınlar lehine nicel küçük ödünlerle delindiği gerçeği ise madalyonun diğer yüzüdür; oysa bu partilerden biri örgütlenme ve oy toplama sürecinde kadınlardan diğerlerinden daha çok yararlanmakta, ama listelerde hiçbir kadın milletvekili adayına yer vermemektedir. Bu durum söz konusu RP'nin gerek örgüt içi ve gerek örgüt dışından erkek egemenliğiyle ilgili en yoğun eleştirileri toplamasına neden olmuştur. D. Asena ve Z. Oral yukarıda anılan *Milliyet* gazetesinde özellikle kadın militanları adına RP'yi kınayan ilk muhalif yazarlardır. RP'de adaylık için başvuran yirmi bir kadından hiçbirine şans tanınmamasının parti içinde de isyana yol açtığını gösteren haber , 29 Kasım 1995 tarihinde *Hürriyet* gazetesinde yayımlanmıştır. RP'nin İstanbul'daki kadın adaylarından avukat Esin Erginöz'ün tepkileri bu haberde şöyle yansıtılmaktadır: "Adil düzen derken önce bunun parti içinde sağlanması gerekirdi. Ancak bu kararın eşitlik ilkesine aykırı olduğuna inanıyorum. Bu kararın, özellikle hanım seçmenler açısından çok büyük sarsıntı yaratacağını sanıyorum." Oysa bu durum daha çok "laik-antilaik tartışması" çerçevesinde ve RP'nin "antilaik" uygulamalarının bir göstergesi olarak tepki çekmiş, bu partinin kitle tabanına yönelen *Zaman* gazetesi kadın ve siyaset konusuna hiç yer vermezken, Aralık 1995 tarihli *Mektup* dergisinde kadınların milletvekiliği konusuna hiç değinilmeksizin RP'nin desteklenmesi istenmiştir. Hatta başyazının başlığı dahi bu desteğe ayrılmıştır: "Oyları Bölmeyelim Refah'a Verelim".

Kadın basınına gelince, *Kadınca* dergisinde önseçimler öncesinde kaleme alındığı anlaşılan "Kadınlar Listeleri Zorluyor" başlıklı yazıda seçimlere yönelik iyimser bir bakış açısı hakimdir. Aynı sayıda Leyla Alaton'un kaleme aldığı "Kadınlar ve Siyaset" başlıklı yazıda diğer ülkelerden bu konudaki olumlu örneklere yer verilmekte ve Türkiye'de kadınlara kota uygulanmaması eleştirilmektedir.

Kadınlara Mahsus Pazartesi gazetesi 9 Aralık 1995 tarihli sayısının başyazısında öncelikle, kadınları Meclis'e yöneltmek için gerçekçi ve somut davranışlar bulunmadığını saptamakta, feministlerin ve diğer kadınların, kadın hareketinin içinden gelen, kadın bakış açılı adaylar çıkaramaması eleştirilmektedir. Hiçbir mevcut partinin kadın çıkarlarını asla gözetmediğine değinildikten sonra MHP ve RP'nin hem kadınlar hem Türkiye'de siyasetin gündemi açısından özel bir önem taşıdığı belirtilmekte ve bu iki partiyle ilgili özel yazılara yer verilmektedir. Bu yazılardan birinde RP'nin kadın milletvekili adayı göstermeyişi bu yayın organında da tartışılmaktadır.[102] RP Ankara Hanımlar Komisyonu Başkanı Halise Çiftçi'nin konuya yaklaşımı şöyledir: "Türkiye'nin dokusuna uygun bir parti RP. Düzenin içinde bir parti. Toplumda erkek egemen bir anlayış var. Bütün partilerde de öyle. Toplum kadına nasıl bakıyorsa öyle bakıyorlar. Kadınlar için kota uygulayacağız diyenler bile sözlerini yerine getirmiyor." diyerek konunun aslında yalnızca RP'ye özgü olmadığını vurgulamaktadır. Aynı gazetenin aynı tarihli sayısında kapak konusu

---

[102] N. Tura; "Tesettür Mücadelesi Meclisin Kapısına Kadar", *Kadınlara Mahsus Pazartesi,* 9 Aralık 1995, s.6

MHP'nin kadınları kullandığına ilişkindir. Beş sayfalık bu yazıda bir yandan MHP yöneticileriyle yapılan görüşmelere yer verilirken, bir yandan da bu partinin kadını geleneksel ataerkil konumla sınırlayan söylemi eleştirilmektedir.

1995 seçimleri öncesi yazılı basında yayımlanan reklamlarda yine kadınlar önemli bir hedef kitle olarak yer bulmaktadırlar. MHP, yukarıdaki eleştirilerle ters düşer bir biçimde, kadınlara yönelik reklamlarda en duyarlı parti izlenimi vermekte, hatta feminist kavramlar kullanmaktadır: "Kadını dış dünyaya kapatanlara, tahsilini ve çalışmasını engelleyenlere karşıyız.(...) Çalışan annelere, iş sahibi olmak isteyen girişimci kadınımıza destek olacak, eşit işe eşit ücret uygulayacağız." Oysa MHP İl Kadın Komisyonu Başkanı Rezzan Kardeşler kadınların sorunlarını tümüyle kadınlara bağlamakta, bu yüzden partilerinin kadın erkek ayrımı yapmadığını insanları bir bütün olarak kabul ettiğini söylemektedir. "Bize haklarımız büyük Atatürk tarafından verilmiş, İslamiyetten itibaren kadına büyük değer verilmiş, kadınlar bugün biz haklarımızı alamıyoruz diye bağırmayacaklar, biz bize verilen hakları kullanamıyoruz, diye bir şikayetleri olabilir ancak. (...) Biz bunları bilmiyorsak kabahat kimin?"[103] diyen R. Kardeşler'in bu ifadesiyle yukarıdaki reklam metninin çelişkisi reklamın güvenilirliğini azaltmakta, eşitlikçi bir amaçtan daha çok kadın oylarına yönelindiğini belgelemektedir.

1995 yılı seçimleri sırasında tek siyasal parti başkanına sahip olan DYP'nin reklamlarında kadınlara geleneksel roller çerçevesinde, anne ya da eş olarak seslenilmesi dikkat çekicidir. Bu reklamlar, duyuruların altında imzası bulunan T. Çiller'in ne kadar erkekleştiğinin ve başında bulunduğu partinin de ya erkekleşmiş yahut ataerkil roller içindeki kadınları yeğlediğinin göstergesidir. RP de bir alt kategori olarak kadınlara mesaj iletmekte, bir metaforla "Kadınları onurlu bir toplumun mimarları olmaya" çağırmakta; ancak, kadınları milletvekilliğine aday göstermemesi bu 'mimarlığın' kısıtlı çalışma alanlarına sahip bulunduğunu belgelemektedir.

---

[103] F. Koçali, A. Bayrak; "MHP'nin Yeni Makyajı Kadınlar", *Kadınlara Mahsus Pazartesi*, 9 Aralık 1995., s.4, 5

Sonuç olarak, yedisi Ege Bölgesi'nden seçilen on üç kadının milletvekilliği kazandığı1995 seçimlerinde günlük basının özellikle 'laik-antilaik' kutuplaşmasını öne çıkararak, bu bağlamda kadınların siyasal temsilciliğine yer verdiği gözlemlenmektedir. Ancak kota gibi biçimsel sayılabilecek bir çözümün yanısıra siyasal iktidarın ve dolayısıyla partilerin ataerkil niteliği tartışılmış, cinsiyetçi işbölümünün kadının siyasete katılımındaki engelleyici rolü üzerinde durulmuş, milletvekilliği açısından salt kadın olmanın değil, kadın çıkarlarından yana bulunmanın önemi vurgulanmış, kadınların bir çıkar grubu gibi örgütlenememelerinin eksikliği gündeme girmiştir. Partilerin ve siyasal sistemin kadın adaylara engeller çıkardıkları kabul edilmiş, ama zaten kadınların aday olmak dahi istemedikleri ortaya konmuştur; dolayısıyla yalnızca kotayla sağlanacak anayasal çözümün kadınların siyasal kadrolara girmesi için daha önceki kazanımlar gibi biçimsel bir nitelik taşıdığı ortaya konmakta, özellikle uzun erimli bir çözüm için siyasal iktidarın cinsiyetçi niteliği, ataerkil işbölümü tartışılmaktadır. Ancak bu saptamalara karşın çeşitli eğilimlerden kadın dergilerinin Aralık 1995 sayılarının gündemi, kadınların bir çıkar grubu olarak ses ve öneri getirememelerinin belgesi niteliğindedir. 1991 genel seçim dönemi için savlandığı gibi kadın hareketinde seksenli yıllara göre bir durgunluk gözlenmektedir. Sağladığı ekonomik kazanım nedeniyle basın ve doğası gereği siyaset gündemiyle doğrudan ilişkili parti reklamları ise, kadın alt grubunu bir önceki döneme göre ihmal eder niteliktedir.

18 Nisan 1999 seçimleri[104] kadınlar açısından anlamlı üç olayla birlikte Türkiye gündemine girmiştir:

1. 1980'lerdeki kadın hareketinin belirgin rolüyle birlikte çeşitli iç ve dış dinamiklerin etkisiyle 1990'lardan itibaren Meclis'teki kısıtlı sayılarına karşın kadınların tüm hükümetlerde, üstelik diğer ülkelerle kıyaslandığında önemi daha da belirginleşen konumlarda yer almalarına karşın, seçim döneminde iş başında

---

[104] Söz konusu dönemde yerel ve genel seçimler birarada yapıldığı için kadınların siyasal katılımıyla ilgili gündem değerlendirilmesi yalnızca genel seçimler göz önünde tutularak değil, daha genel bir çerçevede gerçekleştirilmiştir.

bulunan DSP'nin oluşturduğu azınlık hükümetinde hiç bir kadın bakanın görevlendirilmemiş olması;

2. Siyasal İslam tartışmalarında kadınların adaylığı ve türban konusunun laiklik ve demokrasi adına ön plana gelmesi;

3. Kadınların siyasal katılımını artırmayı amaçlayan bir baskı grubu olarak KA-DER'in varlığı.

Bu seçim döneminde *Cumhuriyet* gazetesinde kadınların siyasal katılımıyla ilgili haberleri iki ana grupta toplamak olanaklıdır. İlk gruptaki yazılar siyaset ve kadın konusundaki düşünsel tartışmalardan oluşmaktadır. İkinci grupta ise kadın adaylar ve kadın seçmenler ile ilgili haberler bulunmaktadır. Birinci grupta değerlendirilebilecek 15 Mart 1999 tarihli ve "Kadınlarımızın Birey Olma Savaşımı" başlıklı yazısında Şükran Kurdakul, konuyu tarihsel bir perspektiften değerlendirirken güncel durumu yalnızca 'yargısız infazlarda çocukları yiten analar'a indirgeyerek yaklaşmakta olan seçimlere hiç yer vermemektedir. 21 Mart 1999 günkü haberde ise, "Türkiye Baroları Kadın Hakları Komisyonu"nun toplantısında Devlet Bakanı Hasan Gemici'nin yaptığı yorumlar iletilmektedir: " 'Cumhuriyetin kadınlara sağladığı yasal hakların ve kadınların bu süreçte verdiği mücadelenin sonucunda, gelinen noktanın bu olmaması gerekirdi.' diyen bakan, demokratik bir rejim içinde kalkınmanın kadın-erkek herkesin sosyal ve siyasal yaşama eşit koşullarda katılmasıyla sağlanacağını sözlerine ekledi." Bu kısa alıntıda dikkate değer iki nokta bulunmaktadır. Resmi tarihte yadsınagelen kadın mücadelesi artık resmi bir ağızdan da dile gelmeye başlamıştır. Öte yandan kadınların eşit siyasal katılımı demokrasinin ve dolayısıyla siyasal sistemin çıkarı gereği siyasal iktidarca da desteklenmektedir. [105]

---

[105] Kadınların artan siyasal katılımının sistemle ilişkisi genç kamuoyunda da fazlasıyla destek bulmaktadır: Üniversite öğrencilerinin %32'si kadınların siyasete daha fazla katılımının öncelikle siyasetin düzeyini/kalitesini artıracağına, %24'ü ise, siyasetin bu sayede yenileneceğine inanmaktadır. Kadınların siyasete daha fazla katılımının kadın çıkarları için önemli olduğu fikri ise, ancak üçüncü derecede destek bulmaktadır.(%18) A. Yaraman; "Üniversite Gençlerinin Kadınların Siyasal Katılımına Yönelik Tutumları", *4.Ulusal Kadın Çalışmaları Toplantısı*, Ege Üniversitesi, 7-9 Eylül 1998, İzmir

22 Mart 1999 günkü haber kadın görüşünü bilimsel ve sorumlu bir ağızdan kamuoyuna duyurmaktadır ama son derece sınırlıdır: "Birleşmiş Milletler Kadına Karşı Ayrımcılık Komitesi Üyesi Prof. Dr. Feride Acar, 1935'te kadınların TBMM'deki durumlarının çok daha iyi olduğunu anımsatırken, bu durumların kadınlara aleyhine giderek kötüleşmesi nedeniyle geçici özel önlemler alınması gerektiğini bildirdi. 64 yıldan bu yana yaşananları değerlendiren Prof. Acar 'hiç bir siyasi partinin başı sonu belli kadın politikası yok.'" 24 Mart 1999 tarihinde "Feminizmin Öldüğünü Kim Uydurmuştu?" başlıklı yazısında Ergin Yıldızoğlu, Germain Greer'in "*The Whole Woman*" kitabını tanıtmakta ancak Türkiye'nin güncel durumuyla ilgili hiç bir yorum eklememektedir. "30 Mart 1999 Türk Kadın Tipleri ve Siyasa" başlıklı makalesinde ise Sibel Akyel siyasal katılımı genel olarak irdeledikten sonra kadın siyasetçilerin ana/bacı rolleri, emanetçi kadın siyasetçiler gibi tanımları tartışmakta, "salt kadınca bütünleşmeler ve körükörüne bir kadın fetişizmi yerine tümden bir toplumsal evrim"i önermektedir. Kadın sorunlarını ikinci derecede önemli bulan bu bakış, öncelikle "laik ve tam bağımsız bir Türkiye" fikrinin güncel aciliyetine dikkat çekmektedir ki bu görüş de büyük ölçüde sistemin çıkarının önceliğini, ama bu kez kadınları tümüyle yadsıyarak belirtmektedir.

İkinci gruba giren haberler ise daha çok yerel seçimlere aday kadınlar üzerinde yoğunlaşmaktadır. Bu bilgiler arasında İstanbul belediyeleri ve muhtarlıkları ile ÖDP adaylarının etkinlikleri daha fazla yere sahiptir.[106] Bu gruptaki bir diğer haber Ordu iliyle ilgilidir.[107] Habere göre, "Ordu, hem yerel düzeyde hem de genel seçimlerde en fazla kadın aday yarıştıran iller arasında yer alıyor. Kadın adaylar adeta patlama yapmış durumda." 19 Mart tarihli bir küçük yazıda ise Liberal Demokrat Parti'nin büyük şehir belediye başkan adayı Ayşe Kızılöz konu

---

[106] Bkz."Bir Ailede Çok Partili Yaşam Öyküsü", 18 Mart 1999, s.4; "ÖDP'nin Seçim Çalışmaları", 22 Mart 1999, s.7; "Beşiktaş İçin Sesinizi Sesimize katın", 6 Nisan 1999, s.4; "Kadın Eli Değen Yerin Çehresi Değişir", 6 Nisan 1999, s.17; "Fenerbahçe mahallesine Çevreci Muhtar Adayı", 6 Nisan 1999, s.17; "Mahallemizde Doyasıya Demokrasi yaşanacak", 12 Nisan 1999, s.7; "seçim Broşürlerinde Malvarlığı Açıklaması", 14 Nisan 1999, s.6 (Yazıların tümü *Cumhuriyet* gazetesinde yayımlanmıştır.)
[107] "Ordu Sandıkta Kadın Adayları Yaraştıracak", 8 Nisan 1999, s.4

edilmektedir. Öte yandan bu ikinci haber grubuna giren kadın seçmenlerle ilgili haber örnekleri de bulunmaktadır.[108] Diğer yandan bir kadın aday olarak Tansu Çiller'le ilgili bir habere de yer verilmiştir.[109]

Seçimleri izleyen günlerde ise kadınlarla ilgili ilk siyasal haber türban konusundadır. 21 Nisan tarihindeki "Gerekiyorsa Başımı Açarım" başlıklı haberde MHP Antalya milletvekili Nesrin Ünal ve onun konuyla ilgili görüşleri yansıtılmaktadır. "1935-39 ve 1939-43 yılları arasında CHP'den Meclis'e giden Antalya'nın ilk kadın milletvekili Türkan Örsbaştuğ'un ardından ikinci kadın milletvekili olma özelliği kazanan MHP'li Nesrin Ünal, 20 yıldır türban takıyor. (...) 'milletvekili olduğum için başımı açacağım diye bir şey yok. Ama Meclis İçtüzüğü başka bir imkan vermiyorsa, başımı açmadığım takdirde, Meclis çalışmalarına katılamayacaksam, partimin de kararı doğrultusunda ve çok gerekiyorsa açarım. Meclis dışında türbanımı kullanırım.'" "30 Nisan tarihinde ise *Cumhuriyet* gazetesinde bu konuyla ilgili üç yazı yer almaktadır. "Türban Bunalımı Büyüyor" başlıklı yazıda çeşitli siyasi partilerin türban konusundaki çözüm arayışları aktarılmaktadır. Birinci sayfadan başlayıp on birinci sayfada süren konuyla ilgili bir diğer haber ise, İstanbul Barosu Kadın Hakları Komisyonu Başkanı Nazan Moroğlu'nun açıklamalarını içermektedir. "41 kadın kuruluşunu içeren İstanbul Kadın Kuruluşları Birliği adına yapılan yazılı açıklamada türbanı belli bir ideolojinin simgesi olarak kullanan ya da kullandıranların yarattıkları yapay gerginliği bu kez de TBMM'ye taşımak istedikleri anımsatıldı. (...) Moroğlu, 'Anayasamızın 2. maddesinde, Türkiye Cumhuriyeti'nin demokratik , laik bir hukuk devleti olduğu yazılıdır. Dolayısıyla Meclis içtüzüğü de dahil olmak üzere, tüm yasal düzenlemeler Anayasa'ya aykırı olamaz.' dedi." Aynı günkü gazetede konuyla ilgili olarak bir de Orhan Birgit'in "Take Off Merve" yazısı yer almıştır. FP Genel Başkanı Recai Kutan'ın "Kavakçı'nın kellesini kessen başını açmaz. Halide Edip ve Satı kadınlar da başörtülüydü" demecine

---

[108] "Sarıgül Kadın Seçmenlerle Buluştu", *Cumhuriyet,* 27 Mart 1999, s.6; "Ömerli'de Siyaset Kadına Endeksli" *Cumhuriyet,* 8 Nisan 1999, s.6

[109] "Ecevit'i Başbakan Yaptım", 25 Mart 1999, s.6

karşılık Orhan Birgit, " Ama verdiği örnekler gerçek dışı İste-
yen ilk dönemden bu güne kadar yasama üyeliği yapanların bu-
lunduğu TBMM albümüne bakabilir. O albümün 97. sayfasında
5. Dönem Ankara milletvekili Satı Çapan'ın, 193. sayfasında da
9. dönem Ankara milletvekili Halide Edip Adıvar'ın fotoğrafla-
rı var" Ayrıca aynı yazıda erkekegemen toplumda kadının siya-
setteki varlık nedenlerinden biri de gündeme gelmektedir:
"Gerçekte asıl amaçları, yüzde 21'den tangır tungur yüzde
15'lere düşen oylarının parti içinde yarattığı kargaşa ortamını
bir süre gözlerden uzak tutmaya çalışmak."

Bir diğer kadın ve siyasetle ilgili seçim sonrası haberi ise An-
takya'da belediye başkanı seçilen CHP'li İris Şentürk'ün başarı-
sını ele almaktadır.[110] "Türkiye'nin 80 il merkezinin belediye
başkanlarının 79'u erkek. Yalnızca bir ilin, Hatay'ın merkezi
Antakya bir kadının hünerli ellerine teslim edildi. İris Şentürk,
Antakya belediye başkanlığını hem de diğer partilerin erkek
adaylarına fark atarak kazandı." *Hürriyet* gazetesindeki kadınlar
ve siyaset konusundaki yayınlar ise kadın adayların tanıtılması,
kadın seçmenler, lider eşleri ve bilimsel yorum/röportajlar nite-
liğindedir. Konuyla ilgili ilk önemli yayın aslında araştırma dö-
nemimize girmeyen 11 Şubat 1999 tarihinde gerçekleştirilmiş-
tir.[111] Başkanı Şirin Tekeli'yle yapılan bu röportaj bir baskı gru-
bu olarak kadınların, siyasal katılım amacıyla kurdukları ve ilk
seçim dönemini yaşayan KA-DER'in tanıtılmasına yöneliktir.
Bu seçim dönemi için hedef %10 kadın milletvekili olarak orta-
ya konmaktadır ve aday adaylığı aşamasında olunan röportajın
yayımlandığı günlerde bu açıdan sayısal hedefin tutturulduğu
belirtilmektedir. "Kesin rakkam yok ortada ama duyumlar var.
(...) eski seçimlere oranla toplam kadın aday havuzu çok artmış
durumda. Eskiden %3'ler civarındaydı kadın adaylar şimdi
%10'lara çıktı. Sadece CHP'yi alın , kadın aday (aday adayı kas-
tediliyor. A. Y.) oranı %11'i buldu. ÖDP ve DTP'de kota uygu-
lanıyor. DTP muhafazakar bir parti olmasına rağmen üçte bir
kota uyguluyor." Öte yandan KA-DER'in çalışmalarıyla ilgili
bilgi de verilmektedir. O tarihe kadar 250'nin üzerinde kadın

---

[110] "Türkiye'nin Tek CHP'li Başkanı", *Cumhuriyet,* 24 Nisan 1999, s.4
[111] "Yerel Yönetim Korkusu", *Hürriyet,* 11 Şubat 1999, s.12

adayın derneğe başvurduğu anlaşılmaktadır. KA-DER'in para kaynaklarının ise öncelikle üye aidatları ve dost bağışları olduğu belirtilmektedir; Avrupa Birliği'nden de destek sağlanmıştır. Röportajda derneğin uzun vadeli bir proje olduğu, başarı ya da başarısızlığının 1999 seçimleriyle sınırlanamayacağı, ama söz konusu seçim döneminin üye artışı, diğer bir deyişle kadınların konunun bilincine varması açısından önemli bir işlev yüklendiği belirtilmiştir: "KA-DER bu seçimler için oluşturulmuş bir proje değil. (...) Seçim atmosferinden önce üç bine yakın üyemiz vardı. Şu anda tam rakkam veremiyorum ama bu sayı ikiye katlanmıştır."

Bir diğer yazıda ise, bir yandan bir kadın aday tanıtılırken diğer yandan da söz konusu CHP milletvekili adayı Doç. Dr. Meral Sağır'ın hakkında araştırmaları bulunduğu erkekegemen toplumun siyasal alana yansımalarıyla ilgili yorumlarına yer verilmektedir.[112] Adayın seçim vaadleri de kadın bakışını içermesi açısından önemlidir: "Kadınların siyasette daha etkin yer alması için teşvik edici programlar uygulayacaklarını vurgulayan Sağır, 'Öncelikle kadınların sosyal aktivitelere katılımını artıracağız. Örgün eğitim alanlarını genişleterek, ekonomik özgürlüklerini kazanmalarını sağlayacağız.' dedi."

Tanıtım yazılarında daha çok Trabzon, İstanbul'un çeşitli ilçeleri gibi bölgelerdeki belediye başkan adaylarına yer verilmiştir. Diğer taraftan "MHP'li Aday Köyleri Geziyor" başlıklı haberde Antalya'nın ikinci sıradan milletvekili adayı Dr. Nesrin Ünal tanıtılmakta; "Müthiş Jale ..." başlıklı yazıda Isparta'nın DSP'den birinci sıradaki adayı Jale Acar'a yer verilmekte; "Gari Ecevit'i Severiz" başlıklı bir gezi/röportajda yine Jale Acar konu edilmekte; "Çiller Dini Sömürüyor" başlıklı bir diğer haberde ise Fazilet Partisi'nin İstanbul birinci bölgeden dördüncü sıradaki adayı Merve Sefa Kavakçı ele alınmaktadır. Türbanı nedeniyle seçim sonrasının bir numaralı gündem maddesini oluşturan Merve Kavakçı'nın bu röportajda seçim öncesinde daha ılımlı mesajlar verdiği görülmektedir: "TBMM iç tüzüğünü değiştirirlerse başımın üstünde yeri var. Başörtüsüyle girilmez deniyorsa girmem o zaman. (...)" Diğer taraftan Merve Ka-

---

[112] "Kadının Yeri İçin Projeler", *Hürriyet,* 31 Mart 1999, s.4

vakçı'nın kadın bakışı içeren mesajları da ilgi çekicidir: "Türkiye'nin demokrasi mücadelesinde kadınsı yönün bir göstergesidir benim milletvekili koltuğunda oturmam. Türkiye'nin %54'ü hanım. Meclisteki diğer hanım milletvekilleriyle birlikte kadın sorunlarının çözümü için adımlar atmayı hedefliyorum. Medeni Kanun'da yapılan iyileştirmeler için mücadele edeceğim." Öte yandan bir kadın siyasetçiyle ilgili olan ama olumsuz nitelik taşıyan bir haber ise DYP Genel Başkanı Tansu Çiller'le ilgilidir. 13 Nisan 1999 tarihli "Külahıma Anlat Tansu Hanım" ve "FP'yle Koalisyon Kurarız" başlıklı haberlerde Tansu Çiller'in Van'da yaptığı mitingden olumsuz izlenimler aktarılmaktadır. Aynı liderle ilgili 3 Nisan 1999 tarihli bir diğer yazıda ise, kendisinin davranışları hakkında psikologların yaptığı yorumlara yer verilmektedir. "Sosyalleşme sürecinde başarılı olan hanımlar, bilinçaltında erkeklerle rekabete girer ve diğer kadınları silerler. Bunun nedeni hem Türk kültüründe erkeğin yeri, hem de kadının ulaşabileceği en büyük başarının bir erkekten üstün olma düşüncesidir." değerlendirilmesinde neredeyse psikanalitik bir yaklaşım gözlemlenmektedir; oysa saptama ile öne sürülen sonuçlar daha çok sosyal psikolojik bir niteliktedir ve yerel değil evrenseldir.

Kadınların siyasetle ilişkilendirildikleri bir diğer haber biçimi de seçmen kadınlarla ilgili yayınlardır. 2 Nisan tarihli "Adnan Polat'ın Gönüllü Ordusu" başlıklı İstanbul'un seçkin kadınlarının ev ev dolaşarak CHP'den belediye başkanı adayı olan Adnan Polat lehine yaptıkları propagandayla ilgili yazı, 5 Nisan tarihli "ANAP'ın Arıları" başlıklı Kocaeli'li genç kızlarla ilgili yazı, 11 Nisan tarihli "Çiller'in Yalanı" başlıklı şehit analarıyla ilgili yazı, 12 Nisan tarihli "FP Pavyonda Oy Arıyor" başlıklı FP'li milletvekili adaylarının Ankara pavyonlarına yaptıkları ziyaretle ilgili yazı bu konuya örnektir.

Hürriyet gazetesinde kadınlar ve seçim konusunda yayınlanan haberlerin bir kısmı da aday eşleriyle ilgilidir. Kadınların kamusal alandaki 'başarılı erkeğin arkasında' bulunmak olan rolünü pekiştirmesi dolayısıyla bu haberler dikkat çekici niteliktedir. 4 Nisan tarihli "Fotoğrafa Uzanan Eller", 9 Nisan tarihli "Berna Hanım'ın Miting Molası", 12 Nisan tarihli "Aylin Hanım

Desteği", 15 Nisan tarihli "İnat FP'ye Yarar", 16 Nisan tarihli "Rahşan Ecevit: Tansu Hanım'a Çok Üzüldüm" başlıklı haberler ile 12 Nisan tarihli Adnan Polat ve eşiyle ilgili haber bu kategoriye örnek oluşturmaktadır.

Seçim ertesindeki haberlerde ise türban konusu öncelikli yere sahiptir. 20 Nisan tarihli haberde " Kadın Milletvekilimiz Başörtüsünü Çıkarır" başlıklı haberde MHP'nin konuyla ilgili görüşleri partinin başkanı Devlet Bahçeli tarafından açıklanmaktadır: "Meclis'in tavrı bu konuda henüz net değil. (...) Ayrıca kendisi de doktor ve ihtisas döneminde başını açtığını ifade ediyor. (...) İnanmanın gereği olarak başını örten ama herhangi bir irticai eylem içinde bulunmayı arzulamayan bir kişinin insan hakları ve din ve vicdan hürriyeti çerçevesinde okuma hakkının elinden alınması toplumu rahatsız ediyor zaten. Uzlaşmayla bu sorunu toplumun gündeminden çıkarmak lazım." 29 Nisan'da birinci sayfadan verilen haberde Bülent Ecevit'in bu konuyla ilgili tutumunu dile getiren "Merve Ricası" başlıklı haber yer almaktadır. 30 Nisan'daki, "FP'den Sürpriz: Türbanı Parti Meselesi Yapmayız" başlıklı haber FP'nin bu konudaki tutumunu sergilemektedir. TBMM'nin ilk oturumunu yönetecek DYP'li "Septioğlu: Türbanla Yemin Ettirmem" başlıklı ve aynı tarihli bir başka haberde ise türbanın Meclis'e giremeyeceğini göstermektedir.

Öte yandan 23 Nisan tarihindeki çeşitli yazılarda yine bir lider eşinin gündeme geldiği görülmektedir. CHP'nin ülke barajını aşamaması üzerine partinin başkanı Deniz Baykal'ın bu görevinden istifa etmesinin ertesinde "Sessiz Kadının Hayat Bilgisi" ve "Baykal: Çekileceğim, Eşi: İyi Edersin" başlıklı yazılarda konu olarak kendisinin eşi işlenmiştir. 25 Nisan tarihli *Hürriyet Pazar Dergisi*'nde ise iki yeni kadın milletvekiliyle yapılmış röportajlar yer almaktadır. MHP Antalya milletvekili Nesrin Ünal'la yapılan ilk görüşmede kadın seçmen desteği, aday adaylığı süreci, başörtü konusu ve ülkücü görüşteki değişmeler söz konusu edilmiştir. N. Ünal aday adayı olduğunda ön seçime gidilmiş, yirmi ikisi erkek olan yirmi dört adayın katıldığı ön seçimden birinci çıkmıştır. Tunca Toskay'ın kontenjandan birinci sıraya yerleştirilmesi üzerine ikinci sıradan seçimlere katılmıştır. N. Ünal'a göre kadınlar "Yeter ki orada Anadolu kadını olsun, Meclis'e kadın eli değsin, istiyorlar. Tansu Çiller'e vaktiyle çoğu oy vermiş. ". Kendisi de türbanlı olan ama Meclis çalışmaları sırasında türbanını çıkaran bu kadın milletvekiline göre, "Başörtüsü belli bir görüşün temsilcisi olmamalı. Kız öğrenciler başını açmalı diye düşünmüyorum. Onlar da örtüleriyle okuyabilmeli. Ama inançlarında samimi olmaları gerekiyor." İkinci röportaj ise, DSP Adana milletvekili Tayyibe Gülek'le gerçekleştirilmiştir. Bu yazıda kadınlık durumuyla ilgili deneyimsel ve kuramsal konular yer almamaktadır. İyi bir eğitim ve başarılı bir çalışma yaşamından gelmiş olmasına karşın Tayyibe Gülek'in CHP'li eski milletvekili Kasım Gülek'in kızı olma özelliği üzerinde durulmuştur.

Zaman gazetesindeki kadınlar ve siyaset konusundaki yayınlar ise özellikle seçim öncesi dönemde daha çok DYP Genel Başkanı Tansu Çiller'le ilgilidir.[113] Bu dönemde T. Çiller'in Doğan Grubu başta olmak üzere büyük basın kuruluşlarıyla yaşadığı gerginlik nedeniyle yüksek okunma ve izlenme oranına sahip medyada fazla olumlu yer alamadığı hesaba katıldığında söz konusu yayınların önemi daha iyi anlaşılmaktadır. *Zaman* gazetesinde seçim öncesinde kadınlar ve siyaset konusunda yayımlanan bir diğer haber ise 10 Nisan tarihli ve "Siyaset Babamın Vasiyeti " başlıklıdır. DSP'nin Adana'da üçüncü sıradan milletvekili adayı olan Tayyibe Gülek kendisiyle yapılan röportajda, "Aileden bir birikim olunca siyaset insanın kanında oluyor. Annemin teyzesi Esma Noyan da Atatürk'ün ilk kadın milletvekillerindendi." demektedir. Bu kadın aday aracılığıyla aile içi siyasal toplumsallaşmanın önemi bir kez daha anımsanmaktadır.

---

[113] Bkz. "Çiller Noterde Israrlı", 2 Nisan 1999, s.10; "Bana Üç Puan Yeter", 4 Nisan 1999, s.1; "Çiller'in Hedefi FP", 5 Nisan 1999, s.11; "Cahiller Değil Bilen Gelecek", 6 Nisan 1999, s.10; "Büyük Restleşme", 8 Nisan 1999, s.1; "Çekilmeye Hazırım", 8 Nisan 1999", s.5; "Taban Savaşı", 9 Nisan 1999, s.1; "Çiller Ödünç Oy İstedi", 9 Nisan 1999, s.10; "Korktunuz Biz Konuştuk", 14 Nisan 1999, s.10; "Çiller: İyi Düşünün", 15 Nisan 1999, s.10; "Türkiye'nin İlk Kadın Başbakanı Olan Çiller de Köşk'e Çıkarak İlk Kadın Cumhurbaşkanı Olmayı Arzuluyor", 16 Nisan 1999, s.1; "Çiller'in Cesareti", 16 Nisan 1999, s.5; "Çiller'e Takipsizlik", 17 Nisan 1999, s.5.

Seçim sonrasında kadınlarla ilgili ilk kayda değer yazı Güntay Şimşek tarafından "Kadınların Seçilmişleri..." başlığıyla kaleme alınmıştır. "Birçok ülkede erkeklerle aynı potansiyele sahip bayanlar politika ve iş dünyasında eşit haklara sahip değiller. Öne çıkabilmeleri ya da erkeklerle aynı haklara sahip olabilmeleri için birkaç gömlek üstünlükleri şart. Bizde ise bayanların erkekler karşısında temayüz edebilmeleri için daha fazla özelliklere sahip olmaları gerekiyor. Kadınlarla ilgili sivil toplum kuruluşları da erkekegemen bir ülkenin erkek ferdi gibi hareket ediyorlar. Bu duruma uzun soluklu bakıldığında kadınlara fayda getirmeyeceği ortaya çıkıyor. (...) Bu dönemde TBMM'ye giren kadın milletvekillerinin sayısı Cumhuriyet tarihinin en yüksek rakkamına tekabül ediyor. Sadece 1935 yılında kadınlar TBMM'de yüzde 4 oranında temsil edilmiş. 1995 yılında bu rakkam 13, son seçimdeyse en yüksek rakkama ulaşarak 24 oldu; ama 1935 yılındaki kadınların yüzde 4'le temsil edilme oranını geçemedi. Bu rakkamın gerçekleşmesindeyse DSP'nin önemli katkısı var. Çünkü DSP yönetimi kadın milletvekillerini hep seçilebilecek yerlere koyarak en fazla bayan milletvekilini Meclis'e soktu. Kadın vekillere yıllardır ölçülü yaklaşan FP'deki kadrolar tarihinde ilk kez kendi şemsiyesi altında kadın milletvekillerinin Parlamento'ya girmesine imkan sağladı. Fena mı oldu? Hayır. En azından kavga edecek adam sayısı kalite insan adediyle mübadele edildi." biçiminde bir genel değerlendirme yapılan yazıda görüldüğü gibi kadınların kadınları temsilinden çok sistemi yenileme olasılıklarının üzerinde durulmakta, kadınların kaderi bir anlamda siyasi partilerin 'iyi niyetine' bırakılmaktadır.

Öte yandan seçim ertesinde *Zaman* gazetesinde, 29 Nisan-1 Mayıs tarihleri arasında Mine Çakar tarafından hazırlanan "Politikanın Kadın Yüzü" başlıklı bir yazı dizisi yayımlanmıştır. Kadınların Cumhuriyet öncesine uzanan siyasal mücadele tarihleriyle başlayan dizide yeni dönemin başörtülü milletvekilleri, kadınların 'gözde' partisi olarak DSP, 1935-1939-1943 yıllarında üç dönem Edirne milletvekilliği yapmış olan Dr. Fatma Memik'in tanıtılması, KA-DER, kadınlara özgü sorunlar ve çözümleri yer almakta; yeni dönem kadın milletvekillerinin görüşlerine yer verilmektedir. FP milletvekili Nazlı Ilıcak ve ANAP milletvekili Nesrin Nas öncekilerinin kadın sorunları olmayacağını belirtirken; FP milletvekili Oya Akgönenç "Gücümün büyük çoğunluğunu dış ilişkiler konusunda kullanacağım. Tabii kadınlar için de birşeyler yapacağım" demektedir. DYP milletvekili Sevgi Esen ise "Tüm yaklaşımlarımda partimin programına uyacağım. Bununla birlikte Türk kadınının eğitilmesi ve ekonomik özgürlüğünü kazanması için çaba sarfedeceğim." diye açıklamada bulunmuştur. DSP milletvekili Gönül Saray'ın görüşleri ise şöyledir: "Kadınlarımızın eğitim sorunu en öncelikli meselemiz. Özellikle varoşlardaki eğitimsiz kadınlarımızı ekonomik yönden desteklemeliyiz. Kazandırılacak becerilerle bu kadınlarımızın para kazanmalarını sağlamak gerekiyor. Evli veya dul olan bütün zor durumdaki kadınlar için bir danışma merkezi kurmak istiyorum. Kadın sorunlarına çözüm bulabilmek için siyasi görüşleri ne olursa olsun kadın milletvekilleriyle ortak çalışmayı düşünüyorum." MHP milletvekili Nesrin Ünal ise özellikle Türk kadınının eğitim düzeyi üzerinde durmaktadır.

Kadın milletvekillerinden beklentiler ise bir sosyolog ve bir gazetecinin aracılığıyla ortaya konmaya çalışılmıştır. Sosyolog Fatma Karabıyık-Barbarosoğlu, "Kadın parlamenterlerden beklediğim en önemli husus bir daha seçilmemeyi göze alarak; siyasetin kirine bulaşmadan çıkabilmeleri. Bu bakımdan birinci olarak başörtüsü meselesine her partiden kadın parlamenterin biraraya gelerek çözüm bulabileceğine inanmak istiyorum. (...) Onurlu, saygın, üretken kadın tipini tıpkı Cumhuriyet'in ilk yıllarında olduğu gibi yeniden model olarak ortaya koymak ancak kadın parlamenterlerin çalışmalarıyla gerçekleşebilir. Işılay Saygın ve Ayseli Göksoy örneklerinin çoğalmamasını ümit ediyorum. (...) Özellikle mahalle ölçekli deneme projelerinin yürürlüğe konmasını bekliyorum. (...) Kadın parlamenterler sadece içinden çıkmış oldukları sınıfa değil toplumun bütün kesimlerine yakın durabilmeliler." Gazeteci Nevval Sevindi ise, "Meclis'te 7 yıldır bekleyen Medeni Kanun bir an önce kabul edilmeli. Mal paylaşımı esasını erkekler halletmediler. Çocuk sorunu kadını eve bağlıyor. Toplumsal işlev göremeyen kadının enerjisinden mahrum kalıyoruz. Kadın siyasetten de uzak tutulmak isteniyor. Parası olmadığı için de siyasete giremiyor. Kadınlar temsil edilmediği zaman çocuklar ve gençler de temsil edilmiyor. Öncelikle kadınların eğitimden eşit pay almasını sağlayacak projelere el atılması gerekir. Başörtüsü de sorun olmaktan çıkarılmalı." diyerek beklentilerini dile getirmektedir.

Dönemin kadın gazetelerine gelince, öncelikle göze çarpan durum *Kadınca* dergisinin yayın yaşamına son vermiş olmasıdır. Duygu Asena'nın *Kadınca*'yı kitleselleştirdikten sonra başına geçtiği *Kim* dergisi de aynı sona maruz kalmıştır.

Mektup dergisinin Nisan 1999 sayısında yer alıp, kadın ve siyaset konusuyla ilişkilendirilebilecek tek yazı Emine Şenlikoğlu'nun kaleme aldığı "Notlarım..."dır. Yazar, Sibel Eraslan'ın Fazilet Partisi'nde milletvekilliğine aday gösterilmemesi eleştirilmektedir. *Mektup* dergisinin Mayıs 1999 sayısında ise ne seçimler ne de kadın ve siyaset konusunda herhangi bir yazı bulunmamaktadır.[114] *Kadınlara Mahsus Gazete* Pazartesi Nisan 1999 sayısında kadınların siyasal temsiline 21 Mart 1999 günü gerçekleştirilen bir panel aracılığıyla yer vermiştir. Gülnur Savran panelden aktarılan konuşmasında " kadınların anne ve eş kimliklerinin yurttaşlık konusunda önlerine çıktığını (...) bu yüzden kadınların siyasal katılımı söz konusu olduğunda pozitif ayrımcı önlemlerin kaçınılmaz olduğunu" belirtmiştir. "Adalet ve eşitliğe dayandırılan kadınlar nüfusun yarısını oluşturduklarına göre bu oranın parlamentoya yansıması gerektiğini öne süren ve KA-DER'in de savunduğu argümanın, soyut yurttaşlık

---

[114] Ancak *Mektup* dergisinin Haziran 1999 sayısı, Merve Kavakçı ile ilgili tartışmalardan çıkarak ağırlıkla kadın, daha doğrusu türbanlı kadın ve siyaset konusunu işlemektedir. Seçimlerden iki ay sonraki bir dergi örneğini tartışmamıza katarak araştırma planımızın simetrisini bozmamak adına ayrıntılı incelemesine yer vermediğimiz bu yayının konuyla ilgili başlıklarını vermekle yetiniyoruz: "Teşekkürler Merve", "Annesi de Türban Eylemcisiydi", "Merve Kavakçı Geç Kalınmış Bir Tecrübe", "Dokunmayın Merve'ye", "Ülkemde Kızımın Geleceği Yok", "Zulüm Ters Teper", "Medyatör", "Türkiye'de Kadın Olmak", "Hz. Hatice Ve Merve", Basın Bildirisi", "Başörtüsü Dosyası" ve bir okuyucu mektubu ile Merve Kavakçı hakkında yapılmış telefon röportajlarının metinleri. Genel olarak, "Türkiye'de kadın olmak zor, fakat başörtülü kadın olmak çok daha zor." savı çerçevesinde kaleme alınan yazıların bir diğer eleştirdikleri konu da MHP milletvekili Nesrin Ünal kimliğinde ortaya çıkan türban açısından uzlaşmacı davranıştır.

kavramına dayandığı için yapısal bir tutarsızlık içerdiğini ve zayıf bir argüman olduğunu" ekleyen G. Savran, "kadınların ezilmiş bir toplumsal grup oldukları için temsil edilmeleri gerektiğini" öne sürmektedir. İngiliz radikal feminist dergi *Trouble and Strife* kollektifinden Liz Kelly ise "Kadınlar tarafından temsil ve kadınların temsili" konusunda görüş bildirmektedir. 1992-1997 yılları arasında Yeşiller'in Stutgart Fraksiyonunda Kadın Sorumlusu olan Annette Goerlich ise parti deneyimlerini aktarmaktadır. KA-DER başkanı Şirin Tekeli ise kuramsal tartışmaların ötesinde güncel durum saptamasıyla yetinmiştir.

Kadınlara Mahsus Gazete Pazartesi Mayıs 1999 sayısındaki seçim değerlendirmesi, milliyetçiliğin yükselişinin kadınlık durumuyla ilişkisi ve kadınların yirmi dört milletvekiliyle mecliste temsili konusundaki iki yazı aracılığıyla gerçekleştirilmiştir. "Susmayalım" başlığıyla Ayşe Düzkan'ın kaleme aldığı ilk yazıda DSP ve MHP milliyetçiliği kadınlar açısından karşılaştırılmaktadır. DSP'nin "kadınlar konusundaki seçim bildirgelerindeki yaklaşımı herhangi bir ilerletici yönü olmadığını bildiğimiz 'cumhuriyet kadınlara en iyi hakları verdi, mesele eğitim meselesi düşüncesi." MHP'ye gelince, "seçimden önce yapılan bir anket MHP seçmeninin %75'inin erkeklerden oluştuğunu söylüyor. (...) MHP'ye oy veren erkeklerin neredeyse tamamının kadınlara karşı penislerini bir silah gibi kullanmaya yatkın Türk maçoları olduğunu düşünüyorum."[115] Toplumsal olarak da yükselen ve meclise egemen olan bu iki 'farklı' milliyetçiliğin kadınlar açısından açmazları sergilendikten sonra ortaya koyulan siyasal İslam'la ilgili görüş ise, kadın hareketindeki heterojen yapıyı göstermesi ve bu hareket içindeki bir grubun, zımnen de olsa, milliyetçilik oylarının yükselişine katkıda bulunmakla ilişkilendirilmesi açısından önem taşımaktadır: "Siyasal İslam ilk bakışta kadınları kapattığı (hem eve, hem başlarını) için daha daha sınırlayıcı gözüküyor. Ancak (...) kadınları kendi özgürleş-

[115] Seçim sonrasında bir başka kadın yazarın görüşü de MHP çizgisinin ve o aracılıkla ülkedeki egemen siyasal anlayışın eril nitelikleri üzerinde durmaktadır: "MHP erkek, tutucu, militarist, milliyetçi zihniyettir. Ve bu ülkede ortalama insan zaten bu zihniyete yakın durur." E. Temelkuran; "Kim Korkar Hain Kurttan?", *Birikim*, No:121, Mayıs 1999, s.51

meleri için olmasa bile politikleştiriyor. Bunun konjonktürel olma ihtimali çok fazla ama bu bile MHP'nin kadınlara biçtiği rolden daha kötü değildir. Buna karşılık muhalefetin bir kısmının yanılgısı kadın hareketi içinde de karşılık buldu. Birçok kadın politik tavırlarını siyasal İslam'ın yükselmesi tehlikesine göre belirlediler. Seçim sonuçları bize 28 Şubat müdahalesinin siyasal İslam üzerinde etkili olduğunu, milliyetçiliğin ise yükseldiğini gösterdi." Nesrin Tura'nın kaleme aldığı "Milliyetçi Parlamentoda 24 Kadın" başlıklı ikinci yazıda ise seçim sonuçlarının kadınlar açısından genel bir değerlendirmesi yer almaktadır. "Yeni parlamento, 24 kadın milletvekiliyle Cumhuriyet tarihinin en yüksek kadın parlamenter sayısına ulaştı. (...) DSP, 13 kadın milletvekiliyle diğer partilere fark attı. (...) DSP'nin 5 kadını 1. sıradan aday gösterdiği doğru ama sıra kadar bölgenin de önemi var. Oy oranının yüksek olması beklenebilecek İzmir, İstanbul ve Ankara'dan DSP birinci, ikinci ve üçüncü sıralarda hiç kadın aday göstermedi. (...) Nitekim, Ankara, İzmir ve İstanbul'dan çıkan kadın milletvekilleri dördüncü, beşinci, altıncı ve hatta sekizinci sırada yer alan adaylar.

Kısacası DSP'nin 13 kadın milletvekili çıkartmış olmasını, kadın duyarlılığından çok oy patlamasına, yani bir kazaya yormak daha mümkün görünüyor. Aynı bakış açısıyla, DYP'nin kadın adaylar konusunda daha cömert davrandığını söylemek mümkün. DYP'den seçilen 4 kadının dördü de birinci sıra adayları. Bilecik, Amasya ve Kocaeli parlamentoya ilk kez birer kadın milletvekili gönderdiler. 80 il merkezinden yalnızca birinin bir kadın aday tarafından kazanıldığı yerel seçimlerde, Hatay'ın il merkezi Antakya'da belediye başkanı seçilen CHP'li İris Şentürk hem bu seçimlerin il merkezi düzeyinde tek, hem de Antakya'nın ilk kadın belediye başkanı oldu. Eşi Mardin milletvekili Mehmet Sincar'ı Batman'da uğradığı bir silahlı saldırıda yitiren HADEP adayı Cihan Sincar ise Mardin'in Kızıltepe ilçesinin ilk kadın belediye başkanı. (...) KA-DER'in desteklediği kadın adaylardan 3'ü İstanbul'da olmak üzere 6'sı muhtarlık seçimini kazanmış durumdalar. (...) Kadın sayısında bir miktar artış olsa da, seçimleri milliyetçiliğin, dolayısıyla da erkekliğin en keskin biçiminin kazandığı açık. Seçilen 24 kadının kendi parti disiplinlerini aşıp kadınlar için birşeyler yapabilmeleri, hatta içlerinde Tansu Çiller, Meral Akşener, Işılay saygın gibi icraatlarından tanıdığımız isimlerin de yer aldığı bu kadınların zaten kadınlar için birşey yapmak isteyip istemeyecekleri bile oldukça kuşkulu görünüyor." Ancak derginin aynı sayısında KA-DER başkanı Şirin Tekeli kadın seçmenin gücünü öne çıkaran iyimser bir yorum sunuyor: ""Bence Türkiye şartlarında bu kötü bir sonuç değil. Sadece DSP geçen parlamentodaki kadın sayısı kadar kadın milletvekili çıkardı. Hep savunduğum bir hipotez bu, kadın aday gösteren parti, seçmenden destek görüyor. En iyi sonucu DSP aldı. (...) CHP, ANAP, DYP belki de kaybedecekti ama bu partilerin kayıplarında oy vermeyen kadınların da bir payı oldu diye düşünüyorum. Kadınlara daha iyi bir mesaj verselerdi, belki kadınlardan daha fazla oy alabilirlerdi. 18 Nisan 1999 seçim döneminde parti reklamlarında kadınların siyasetle ilişkisine yönelik kadın aday tanıtımı dışında doğrudan bir veriye rastlanmaması dikkat çeken bir diğer durumdur.

Kadınlarla ilgili daha önce belirttiğimiz olumlu/olumsuz, dolaylı/dolaysız gelişmeler kadınların siyasal katılımı konusunun basın gündemini belirlemesini sağlamayı başaramamıştır. Sonuç olarak:

1. On bin beş yüz adaydan yalnızca bin beş yüzü kadındır; erkekegemen partiler aday olan kadınları seçilemeyecekleri sıralara koyma eğilimi göstermişlerdir.

2. Daha önceki dönemlerde rastlanmayan sayıda kadın meclise girmiştir (24); ancak oransal olarak 1935 genel seçimlerinin sonuçlarına ulaşılamamıştır. (Söz konusu seçim döneminde bu oran %4.5 iken 1999 seçimlerinde %4.3'tür). Sonuç demokrasinin eşitlik ilkesiyle bağdaşmaktan çok uzaktır.

3. Yalnızca, ülke barajını oy yüzdesi olarak aşma veya yerel seçimlerde yönetime gelecek oy toplama şansları olmayan küçük partiler (ÖDP, EMEP, DTP vs.) kadın adaylara belirgin bir biçimde çok ve öncelikli yer vermişlerdir.

4. Kadın adayların ve seçilenlerin yoğunluğu açısından en dikkate değer görev muhtarlık olarak belirginleşmiştir. Bu görev kadınların siyasal alana katılmaları açısından kuşkusuz önemlidir; ama geleneksel sınırların aşılamadığının da bir göstergesi niteliğindedir. Zira kent ve ilçelerde mahalle muhtarları ve ihtiyar kurullarının görev ve yetkilerine ilişkin bir yasa bulunmamaktadır. Bu yüzden söz konusu yerlerde muhtarların görevleri ikametgah, nüfus cüzdan örneği gibi belgeleri tanzim etmek ve ilgililere askerlikle ilgili bilgileri vermek dışına çıkmamaktadır. Dolayısıyla bir siyasal karar mekanizması işlevine sahip değildir. Ancak kadının özel alandan kamusal-siyasal alana geçişi açısından sergileyebileceği köprü görevi gözardı edilemez.

5. Seçim ertesinin ayrıcalıklı gündem maddesi türban ve dolayısıyla seçilen iki türbanlı kadın milletvekilidir. Böyle doğrudan kadınlık durumuyla ilgili gibi görünen tartışmada bile konu laiklik, kemalizm, şeriat, siyasal İslam açısından irdelenmiş; kadınların siyasal platformda bir kez daha kendi çıkarları dışında konumlandırılmaya ve hatta kullanılmaya çalışıldığı belgelenmiştir.

GENEL DEĞERLENDİRME

Kadınların, tüm dünyada genel olarak 20. yüzyılın ilk yarısında kazandığı yasalar önündeki seçme ve seçilme hakkının yaşama geçirilmesinde nicel ve nitel aksaklıklar sürmekte, özel ve kamusal yaşamdaki cinsiyetçi ayrımlar bu yasal hakkın kullanımını engellemektedir. Özel yaşama aykırı bir faaliyet gerektirmeyen seçme hakkını kullanırken katılımlarında, bu oyların nitel açıdan erkeğe bağımlılığı ne olursa olsun, erkekle denk oranlara yaklaşan kadınların siyasal temsil davranışında bu nicel eşitliğe dahi ulaşamadıkları görülmektedir. Bu saptama dünya geneli için geçerliyse de, Türkiye'deki durum oldukça çarpıcıdır. Evrensel durumun yansımalarının boyutlarını görebilmek ve yerel etmenleri ortaya çıkarabilmek amacıyla genel seçim dönemlerinde basın gündemi üzerine gerçekleştirdiğimiz araştırma şu genel sonuçları sunmaktadır:

Türkiye'de her seçimin kendine özgü bir konu çerçevesinde toplumun gündemine girdiği görülmüştür; bir başka deyişle her seçim bir ana başlık altında gerçekleşmektedir. 1935 seçimlerinde bu ayrıcalıklı başlık kadının seçme ve seçilme hakkıdır. 1939 döneminde, dünyada savaş öncesinde yükselen gerginlik konusunun öne çıkması nedeniyle seçimler basın gündeminde ikincil bir konumdadır. 1946 ve 1950 seçimleri çok partili düzene geçiş teması egemenliğinde gerçekleşmiştir. 1954 genel seçim döneminde seçimin kendisi ana gündem maddesini oluşturmuş ve böyle bir ortamda partilerarası yarış oldukça seviyeli ve sakin geçmiştir. 1957 seçimlerinin temel konusu artan baskılar ve bu baskıların meşrulaştırılmasıdır. 1961, 1973, 1983 seçimleri bir anlamda 'sivilleşme' simgesi olduğu için demokrasiye geçiş teması gündeme egemen olmuştur. 1965 ve 1969 seçimleri, ideolojik farklılaşmaların parti ve giderek 'sokak çatışmaları' boyutuyla siyaset, basın gündemiyle kamuoyunu belirlediği bir dönemde gerçekleştirilmiştir. 1977 genel seçimleri ise bir iç savaş gündemiyle sınırlanmıştır. 1987 seçimleri, 12 Eylül 1980'den itibaren yasaklı olan eski parti liderlerinin referandum sonucunda siyasal haklarını yeniden kazanması üzerine ve bu nedenle normal süresinden erken gerçekleştirildiği için sözkonusu tema üzerine bina edilen gündem tarafından belirlenmiştir. 1991 genel seçimleri, "Terörün seçim kampanyası"[116] izlenimini verecek denli terör teması egemenliğinde geçmiştir. 1995 genel seçim döneminde, siyaset ve basın gündemiyle kamuoyunun ana maddesi 'laik-antilaik' kutuplaşması olmuştur. 1999 genel seçim döneminin temel belirleyeni ise, PKK lideri Abdullah Öcalan'ın yakalanışı ertesinde bir ivme kazanan milliyetçilik temasıdır.

Dönemlerinin gündemini belirleyen tüm yukarıdaki temalar, bazen tüm basında aynı amaçla, bazan diyalektik bir bütünlük içinde yer almıştır. Kadınların seçme ve seçilme hakkının ana temayı oluşturduğu 1935 seçimlerinde ise, basın bu konuda bir *consensus* (oydaşım) durumunu yansıtmaktadır; kadınların bu kazanımları toplumsal bir gelişme olarak nitelenmekte ve onaylanmaktadır.

Tüm genel seçim dönemlerinde, 1935 seçimleri dışında ana temayı oluşturmamasına karşın, kadın konusunun basın gündeminde çok farklı yoğunluklarda da olsa yer aldığı ortaya konmuştur. Ancak günlük ve geniş hedef kitleye sahip basın ile kültürel ya da ekonomik açıdan seçkin kadınları amaçlayan kadın dergilerinin siyaset ve kadın konusunu işleyiş yoğunluğunda genel olarak bir eşzamanlılık saptanamamıştır. Günlük basın açısından değerlendirildiğinde 1980'lerin ikinci yarısından itibaren kadın ve siyaset konusunun daha yaygınlıkla ele alındığı görülmektedir. Kadın basını açısından değerlendirildiğinde ise, konuyla ilgili en yoğun ve radikal söylemin 1950'li yıllarda *Kadın Gazetesi* tarafından kullanıldığı ortaya çıkmaktadır. Ancak kadın basınının siyaset ve kadın ilişkisine bakışını değerlendirirken elde edilen en önemli bulgu, özellikle 1980'lerin ikinci yarısından itibaren yükselen eylem ve duyarlılığa, dergilerin tirajındaki yükselişe karşın konumuz açısından varolan ilgisizliktir. Basının geneli değerlendirildiğinde, özellikle seyrek rastlanan eşzamanlılık açısından dikkati çeken ise, 1960'lı ve 1970'li yıllarda kadın ve siyaset konusunun işlenişindeki nitel benzerlik-

---

[116] *Hürriyet* gazetesinin manşeti. (12 Ekim 1991)

tir. Bu dönemde ideolojik yaklaşımlar egemenliğindeki 'cinsiyetlerötesi' bakış yaygındır.

Öte yandan kadın basının kadının siyasal temsili konusunda kamuoyu, siyaset ve genel basın gündemi ile görünüşte istikrarsız ilişkisi irdelenmeye değer bir diğer önemli sonuçtur; zira kadın basının bir anlamda kadın kamuoyu veya en azından çıkar grubu olarak değerlendirilmesi olanaklıdır. Özellikle incelediğimiz dergiler açıkça ya da zımnen bu niteliklerini duyumsatmaktadırlar. 1950, 1954, 1957 seçimlerinde kadın basınının bir temsilcisi olarak *Kadın Gazetesi*'nde kadın ve siyaset konusunun nicel ve nitel egemenliğine karşın bunun siyaset gündemine yansımamasına bir gerekçe olarak derginin ve dolayısıyla kaynaklandığı grubun etki alanının sınırlılığı daha önce belgelenmiştir. Bu gerekçeyi teyid eden bir diğer veri de o dönemdeki günlük basının konuya ilgisizliğidir. 1980'lerin ikinci yarısından itibaren yaşanan genel seçim dönemlerinde ise, bunun tersi bir durum söz konusudur. Günlük yüksek tirajlı basın gündeminde kadının siyasal temsili önemli bir yer bulduğu halde, tirajı küçümsenmeyecek boyutlara ulaşan kadın dergilerinin konuya duyarsızlığı çarpıcıdır. Birinci durumda, kadınların sorunlarına sahip çıktıkları halde bunun yayın yoluyla propagandasını sınırlı güçleri nedeniyle gerçekleştiremedikleri; ikinci durumda ise, kadınların siyasal alandaki grup çıkarlarını, geniş kitlelere ulaşma potansiyeline rağmen savunmadıkları/savunamadıkları için anlamlı bir çıkar grubu oluşturup siyasal karar mekanizmalarında kadınlar lehine, en azından sayısal bir dönüşümün yolunu açamadıkları ama yaygınlaşan toplumsal talep, dönüşüm ve kimi zaman da iktidar çıkarlarının günlük basının konuyu ele almasıyla sonuçlandığı görülmektedir. Her iki durumda da, kadın basını ile geniş kitlelere yönelik günlük basının kadın ve siyasal katılım konusundaki yayınlarının yoğunluğu açısından, genel seçim dönemleri içinde değerlendirildiğinde bir eşzamanlılık görülmemektedir. Kadınların yasal olarak seçilme hakkına sahip oldukları hemen hemen tüm genel seçim dönemlerinde bu paralelliğe tam anlamıyla ulaşılamamış olması siyasal alandaki seçilmiş kadın temsilcilerin sınırlı sayılarını korumalarının önemli bir nedeni olarak öne sürülebilir. Kadınların talepleri, basın gündemi ve onun etkilediği, etkisi altında kaldığı yahut yansıttığı kamuoyu ve siyasal gündemle çakışmadığı oranda kadınların siyasal karar mekanizmalarına seçilme olanağı azalmaktadır.

Arkaplanı ne olursa olsun, kadınların yüksek sayıda siyasal katılımı açısından önemli bir tarih olarak kabul edilegelen 1935 genel seçimlerinde, 'atama' sisteminin katkıları bir yana bırakılırsa, bir kadın basını verilerine dayandırılamasa dahi tarihsel birikim içinde değerlendirebilecek kadın taleplerinin, siyasal gündem ve oluşturulmuş olsun olmasın basın gündemi ve kamuoyu ile bir paralellik içinde bulunması önceki cümledeki saptamayı olumlu bir örnekle pekiştirmektedir.

Yine aynı örnekten çıkarsanacağı gibi bir 'kota' söz konusu olsa bile toplumsal ve siyasal meşruiyet gereklidir; bu meşruiyetin yaratılması için kadınların aktif mücadelesi kadar onların çıkarlarının geniş kitlelere malolması amacıyla basının aracılığı zorunludur. 1930'lu yıllar genel seçimlerinin 'örtük kota'ya dayanan kadınlar açısından başarısı onları 19. yüzyılın ikinci yarısından başlayarak önceleyen mücadele, kazanım ve basın gündemi ile doğrudan ilişkilidir. Ancak başarının süreklilik kazanması ve hatta bir başarı gibi değerlendirilmeyip sıradanmışcasına benimsenmesi ve dolayısıyla geri dönüşsüz kılınması cinsiyete değil insana dair niteliklerin başta siyaset olmak üzere tüm kurumlara egemen olması ile olanak kazanabilir; bu amaçla ataerkil değer ve normların her aşamada sorgulanması ve alternatifiyle biraradalığa zorlanması gerekmektedir. Söz konusu alternatif kadındır; kadın çıkarıdır. Bu diyalektik bütünlüğün amacına ulaşması açısından günümüzde kadın basının işlevi günlük geniş hedef kitleli basından farklılaşmalıdır; kadın basını hem mesajı iletmek hem de kimi zaman mesajı oluşturmak, kadın çıkarları etrafında geniş kadın kitlelerini harekete geçirmek durumunda bulunduğu ölçüde dönüştürücü bir nitelik kazanır; aksi taktirde savı ne olursa olsun geleneksel kadın imgesini yenidenüretmeye yahut dışlanmaya mahkumdur.

Dışlanmamanın, kitleselleşebilmenin ve dönüştürebilmenin temel koşullarından biri de bu çıkarların başka veya daha genel nedenlerle bile olsa siyasal çıkar ve kamuoyuyla uyuşmasıdır.

Bu çıkar birliği ulaşılan amacın değerini düşürmez; onu olanaklı kılar. Bu bağlamda değerlendirildiğinde 50'li yıllarda yayımlanan *Kadın Gazetesi* kadın çıkarları açısından devrimci taleplere sahiptir; ancak uluslararası konjonktür, siyasal iktidarın çıkarları ve bunlara bağlı kısıtlı etki alanı kadınların siyasal karar mekanizmalarında sayısal çoğalmalarına neden olamamıştır. 80'li ve 90'lı yıllar kadın dergileri uluslararası konjonktür, siyasal sistemin krizi gibi nedenlerle uygun bir ortama sahiptirler; ancak söylem açısından geçiş dönemi etkilerini taşımaktadırlar. Bazıları kadının geleneksel rolleri üzerine biçimlendirilmemelerine karşın burjuva-liberal söylem çerçevesindeki genellikle çalışan 'modern ve eşit' kadının, yemek, dikiş, nakış, alışveriş gibi konularına yer vermektedirler. Kadınlar aleyhine kalıp yargıları, cinselliği tartışan, yeren bu dergilerde toplumsal cinsiyetin iktidar ilişkileri bağlamında kurumlaşma, yenidenüretim ve meşruiyet merkezi olan siyasal iktidarın yapısı ve bunun kadınlar lehine dönüşümüne fazla yer verilmemesinin nedeni geçiş sürecinin ikilemleri kadar söz konusu dergilerin erkeklerin egemenliğindeki ekonomik sisteme bağımlılıklarıdır. İslamî eğilimli kadın dergilerinde bu bağımlılığın hem ekonomik hem ideolojik oluşu söz konusu yayınların, kadınlarla ilgisi açısından siyasal temsil başta olmak üzere kamusal yaşama fazla yer vermemelerini anlaşılabilir kılmaktadır. Ekonomik açıdan erkeklerden bağımsız kadın dergilerinin ise daha popüler konu ve konuklar seçmelerine karşın üst düzey tartışma platformları niteliğini aşıp kitleselleşemedikleri görülmektedir. Kadın basını konumuz bağlamında genel olarak değerlendirildiğinde ise, özellikle 90'lı yıllar söz konusu olduğunda kadın hareketindeki yeni bir durgunluk döneminden etkinildiği gözden kaçmamaktadır. Kimi kez post-feminist olarak da adlandırılan bu dönem aslında bir durgunlaşmadan çok yaygın kitlesel sokak eylemlerinden kurumlaşmaya geçiş süreci biçiminde de tanımlanabilir. Nitekim kadınların siyasal temsili amacıyla da KA-DER adı altında bir örgütlenme söz konusudur. Bu tür çıkar grupları yalnızca tüm basındaki tartışmaları etkilemeye ve özellikle kadın basınıyla etkileşmeye değil, siyasal gündemin de kadınlarla birlikte ve kadınlar için oluşmasına katkıda bulunmaya önemli bir adaydır.

Genel olarak değerlendirildiğinde tüm bulguların seçilen milletvekili sayısıyla tam bir korelasyon içinde bulunduğunu savlamak güçtür; ancak kadın ve siyaset konusunun ana gündem maddesini oluşturduğu 1935 seçim döneminde en fazla sayıda kadın milletvekili seçilmiş olması kuşkusuz basın, siyaset gündemi ve kamuoyunun ilişkisini göstermesi açısından önemli bir veridir. Yukarıda ayrıntılarıyla irdelenen 'örtülü kota' niteliği veya siyasal iktidarın çıkarı gibi gerekçeler bu saptamayı değersizleştirmez. Zira bugün de gündemde olduğu gibi 'kota' zorunlu olarak iktidarda bulunan erkeklerden talep edilmektedir; 'hakkı veren' erkeklerdir; ancak bunu sağlayan kamuoyu baskısı veya daha mikro düzeyde kadın çıkar gruplarıdır. Bu talebin günümüzde birçok ülkede gerçekleştiği gibi sistemin krizine bir çözüm olarak siyasal iktidarın da işine gelmesi, diğer bir deyişle siyasal gündemle kamuoyunun uyuşması sonuç alınmasını kolaylaştırmıştır; ancak kadınlar ve demokrasi açısından bakıldığında bu sonucu değersiz kılamaz.

KAYNAKÇA

(Adıvar) Edip, H.; "Felaketlerden Sonra Milletler"; *Türk Yurdu,* 16 Mayıs 1329

Adler, L.; *Les Femmes Politiques,* Seuil, Paris, 1993

Akal, C. B.; *Siyasi İktidarın Cinsiyeti,* İmge Kitabevi, Ankara, 1994

Alıa, J.; "Politique: Les Femmes Arrivent", *Le Nouvel Observateur,* 15-21 Mai 1997, No:1697, s.24-28

Alkan, T., Ergil, D.; *Siyaset Psikololojisi,* Turhan Kitabevi, Ankara, 1980

Arat, Y.; *The Patriarcal Paradox,* Associated University Presses, USA, 1989

Arat, Y.; "Türkiye'de Kadın Milletvekillerinin Değişen Siyasal Rolleri" *B. Ü. Ekonomi ve İdari Bilimler Dergisi,* Cilt:1, Sayı:1

Arı, M.; "Erkek Egemen Mecliste Kadınlar", *20. Yüzyılın Sonunda Kadınlar Ve Gelecek,* TODAİE Yayınları, Ankara, 1998, s.543-551

Aybar, M. A.; *TİP Tarihi,* Cilt:3, BDS Yayınları, İstanbul, 1988

"Başbakan Yarım Milyon Kadın İstedi", *Posta,* 22 Ağustos 1995, s.7

Bektaş, A.; *Kamuoyu, İletişim Ve Demokrasi,* Bağlam Yayınları, İstanbul, 1996

Belloubet-Frier; "Sont-elles Différentes?", *Pouvoir,* No:82, s.59-75

"BSP Merkez Komitesi üyesi Barbara Schultz'la yapılan görüşme", *Kadınlara Mahsus Pazartesi Gazetesi,* No.:3, Haziran 1995

Convention On The Elimination Of All Forms Of Discrimination Against Women, 30. November.1993

Çitçi, O.; *Yerel Yönetimlerde Temsil, Belediye Örneği,* TODAİE, Ankara, 1989,

Demiröz, A.; "Kadınların Siyasal Haklarının 50. Yıldönümünde Binbir Çilenin, Acının, Engelin İçinden", *Saçak,* Sayı:11, Aralık 1984

Dreyfus, H., Rabinow, P.; *Michel Foucault Un Parcours Philosophique,* Folio, Paris, 1992

Duke, L. L.; *Women In Politics: Outsiders or Insiders?,* Prentice Hall Inc., New Jersey, 1993

Eagly, A. H; "The Science And Politics Of Comparing Women And Men", *American Psychologist,* March 1995, Vol.:50, No.:3, s.145-158

Elshtain, J.B. ; *Public Man- Private Woman,* Princeton University Press,

Princeton N. J., 1993

Engels, F; *Ailenin, Özel Mülkiyetin, Devletin Kökeni,* Sol Yayınları, İstanbul, 1978

Fan, D., Brosius, H. B., Keplinger, H. M.; "Predictions Of The Public Agenda From Television Coverage", *JOBEM,* İlkbahar 1994

Feinstein, D., Ferraro, G.; *Women In Power,* Houghton Mifflin Company, Boston, New York London, 1992

"Femme Au Pouvoir", *Paris Match,* 1 Juillet 1993, s.60-63

Frey, F. F.; *The Turkish Political Elite,* The M. I. T. Press, Cambridge Massachusetts, 1965

Garlick, B., Dixon, S., Allen, P.; *Stereotypes Of Women In Power,* Greenwood Press, New York, Connecticut, London, 1992

Güneş-Ayata, A.; "Türkiye'de Kadının Siyasete Katılımı", Tekeli, Ş.; *Kadın Bakış Açısından 1980'ler Türkiye'sinde Kadın* içinde, İletişim Yayınları, İstanbul, 1991

Güneş-Ayata, A.; "Women In The Legislature"; *Boğaziçi Journal, Review Of Social, Economic And Administrative Studies,* Vol.:8, On.:1-2, 1994, s.107-120

Güzel, Ş.; *Kadın, Aşk Ve İktidar,* Alan Yayıncılık, İstanbul, 1996

Hassan, Ü.; *Eski Türk Toplumu Üzerine İncelemeler,* Kaynak Yayınları İstanbul, 1985

İşmen, F. H.; *Parlamentoda Dokuz Yıl, TİP Senatörü Olarak 1966-1975 Dönemi Parlamento Çalışmaları,* Çark Matbaası, Ankara, 1976

Jaquette, J.; "Power As Ideology: A Feminist Analysis", H. Stiehm (der..); *Women's Views Of The Political World Of Men* içinde, Transnational Publishers, New York, 1984, , s.9-29

Jones, K. , Jonasdottir, A.; *The Political Interests Of Gender,* Sage Publication, London, New Delhi, 1988

"Kadınlara İntihab Hakkı Verilmeli Mi?", *Vakit,* 25 Teşrinievvel. 1335

Kadınlar ve Siyasal Yaşam, Eşit Hak Eşit Katılım; Cem Yayınevi, İstanbul, 1991

"Kadın Neden Siyasete Giremiyor?" *Cumhuriyet* Gazetesi, 26 Mart 1989

"Kadın Politikacılar", *Radikal,* 2 Şubat 1997, s.9

Kalaycıoğlu, E.; *Karşılaştırmalı Siyasal Katılma,* İ. Ü. S. B. F. Yayınları, İstanbul, 1983

Kleinnijenhuis, J., Rietberg, E. M.; "Parties, Media, The Public And The Economy: Patterns Of Societal Agenda Setting"; *European Journal Of Political Research,* 28, 1995

Kovanlıkaya, Ç.; *Türkiye'de Politik Alanda Kadınlar Ve Kadın Politikası,* Doktora Tezi, Mimar Sinan Üniversitesi, İstanbul, 1999

Lafferty, W. M.; "Sex And Political Participation: An Exploratory Analysis Of The 'Female Culture'", *European Journal Of Political Research,* 8(1980), s.323-347

"Les Dames De La Douma", in *Courrier International,* Hors Série No.:10, Octobre 1994

Lovenduski, J. , NORRIS, P.; *Gender And Party Politics,* Sage Publication, London, New Delhi, 1993

MC. Combs, M. , Shaw, D. L.; "The Agenda-Setting Function Of Mass Media", *Public Opinion Quarterly,* 36, 1972

Mills, W.; *The Power Elite,* Oxford University Press, London, Oxford, New York, 1959

Mossuz-Lavau, J, De Kervasdoue, A; *Les Femmes Ne Sont Pas Des Hommes Comme Les Autres,* Ed. Odile Jacob, Paris, 1997

Myers, D. G., Lamarche, L.; *Psychologie Sociale,* McGraw Hill, Québec, 1990

Nelson, B., Chowdury, N. (ed.); *Women And Politics Worldwilde,* Yale University Press, New Haven, London, 1994

Pareto, V.; *Traité de Sociologie Générale,* Librairie Droz, Genève, 1968

Phillips, A.; *Demokrasinin Cinsiyeti,* Metis Yayınları, İstanbul, 1995

Riot-Sarcey, M. (der.); *Femmes Pouvoirs,* Eds. Kimé, Paris, 1993

Rolland, G.; *Seront-Elles Au Rendez-vous? La Nouvelles Cause Des Femmes,* Flammarion, Paris, 1995

Rosenthal, C.S. ; "The Role Of Gender In Descriptive Representation", *Political Research Quarterly,* Sep. 1995, Vol.:48, No.:3, s.599-611

Rowland, R.; *Woman Herself A Transdiciplinary Perspective On Women's Identity,* Oxford University Press, Oxford, 1989

Sapiro, V.; "Research Frontier Essay: When Are Interests Interesting? The Problem Of Political Representation Of Women", *The American Political Science Review,* 1981, Vol.:75, No:3, s.701-715

Seçim Neticeleri Üzerinde Bir İnceleme, 1950-1954-1957 Milletvekili Seçimleri, Güven Matbaası, Ankara, 1959

Shlozman, K. L., Burns, N, Verba, S., Donahue, J.; "Gender And Citizen Participation: Is There A Different Voice?", *American Journal Of Political Science,* May 1995, Vol.:39, No:2, s.267-289

Sineau, M.; *Des Femmes En Politique,* Eds. Economica, Paris, 1988

Skjeie, H.; *The Feminization Of Power: Norway's Political Experiment,* Institute For Social Research, Oslo, 1988

Talaslı, G.; *Siyaset Çıkmazında Kadın,* Ümit Yayıncılık, Ankara, 1996

Tanilli, S.; "Sevgi Eyleme Geçsin", *Cumhuriyet,* 14 Nisan 1995

Tekeli, Ş., KORAY, M.; *Devlet- Kadın -Siyaset,* TÜSES Yayınları, İstanbul, 1991

Tekeli, Ş.; *Kadınlar Ve Siyasal Toplumsal Hayat,* Birikim Yayınları, İstanbul, 1982 içinde Tekeli, Ş. (der.); *80'ler Türkiyesinde Kadın Bakış Açısından Kadınlar,* İletişim Yayınları, , İstanbul, 1993

Tekeli, Ş.; "Türkiye'de Feminist İdeolojinin Anlamı ve Sınırları Üzerine", *Yapıt,* No:9, Şubat-Mart 1985

Temelkuran, E.; "Kim Korkar Hain Kurttan?", *Birikim,* No:121, Mayıs 1999, s.49-51

Tezcan, S.S.; *La Femme et La Politique En Turquie,* Lisans Bitirme Ödevi, M.Ü.İ.İ.B.F. Fransızca Kamu Yönetimi Bölümü, İstanbul, 1996

The Awakening Of Turkish Woman", *The American Review Of Reviews,* Cilt:49, Haziran 1914

Tokgöz, O.; *Siyasal Haberleşme ve Kadın,* Sevinç Matbaası Ankara, 1979

Tokgöz, O.; "Siyasal Reklamlarda Kadın söylemi Ve Kadın İmgeleri, Örnek Olay Olarak 1987 ve 1991 Genel Seçimleri", Arat, N.; *Türkiye'de Kadın Olmak,* Say Yayınları, İstanbul, 1996

Toprak, Z.; "1935 İstanbul Uluslararası 'Feminizm Kongresi' ve Barış", *Düşün,* Sayı:24, Mart 1986

Üçok, B.; *İslam Devletlerinde Türk Naibeler ve Kadın Hükümdarlar,* Kültür Bakanlığı Yayınları, Ankara, 1993

Ünsal, A.; "Systèmes Electoraux En Turquie Depuis L'Avenement Du Multipartisme: Une Tentative d'Analyse Dynamique" in *İnan Kıraç'a Armağan,* GS Üniversitesi Yayınları, İstanbul, 1994

Van Zoonen, L.; *Feminist Media Studies,* Sage Pub., London, Thousand Oaks, New Delhi, 1994

Welch, S.; "Women As Political Animals? A Test Of Some Explanations For Male-Female Political Participation Differences", *American Journal Of Political Science,* XXI, 4, November 1977, s.711-731

Yalçın, H.C.; *Seçim Üzerine Yazılar,* Ulus Basımevi, Ankara, 1946

Yaraman (Başbuğu), A.; *Elinin Hamuruyla Özgürlük,* Milliyet Yayınları, İstanbul, 1992

Yaraman (Başbuğu), A.; "Kadın Tarihinin Evrenselliği Açısından Ş.Sami'nin 'Kadınlar' Risalesi", *Toplumsal Tarih Dergisi,* Mart 1997, Sayı:39, s.61-64

Kaynakça

Yaraman, A; "L'Exclusion Des Femmes De La Représentation Politique", *La Démocratie A L'Epreuve De L'Exclusion,* Colloque Balkanique AISLF D'Istanbul, İstanbul, 3-5 Temmuz 1997

Yaraman (Başbuğu), A.; "Özel Alandan Kamusal Alana: Siyasal Temsil Ve Kadınlar", K. Lordoğlu (der.); *İnsan, Toplum, Bilim,* Kavram Yayınları, İstanbul, 1996, s.295-304

Yaraman (Başbuğu), A.;"Türk Kadınının Toplumsal ve Yasal Statüsünün Dönüşmesi Sürecindeki Önemli Değişkenlerden Biri Olarak Kadın Örgütleri", *M.Ü.İ.İ.B.F. Dergisi,* 1991, Cilt:8, Sayı:1-2, s.283-291

Yaraman, A.; "Üniversite Gençlerinin Kadınların Siyasal Katılımına Yönelik Tutumları", *4. Ulusal Kadın Çalışmaları Toplantısı,* Ege Üniversitesi, İzmir, 7-9 Eylül 1998

EK

ARAŞTIRMADA KULLANILAN GAZETE VE DERGİLER

Akşam

9 Mayıs 1918- 9Ocak 1982 tarihleri arasında İstanbul'da yayımlanmıştır. Kazım Şinasi Dersan, Necmeddin Sadık Sadak, Falih Rıfkı Atay, Ali Naci Karacan tarafından bir akşam gazetesi olarak kurulmuştur. Gazete Kurtuluş Savaşı'nı desteklemiş, 1930'lu yılların da önemli gazetelerinden biri olmuştur. 1957'de sabah gazetesine dönüşmüş, İzmir, Adana ve Ankara baskıları da yapılmıştır 1960'lı yılların sol çizgili gazetelerinden olup, 12 Mart döneminden sonra Türk-İş'e satılmış, daha sonra yine sahip değiştirdiyse de tiraj düşüklüğü nedeniyle kapanmıştır.

Cumhuriyet

Yunus Nadi Abalıoğlu tarafından kurulan bu günlük gazetenin ilk sayısı 7 Mayıs 1924'te yayımlanmıştır. Gazete yeni rejimin savunulması ve halka benimsetilmesi amacını taşımıştır. II. Dünya Savaşı yıllarında Almanya yanlısı görüşlere ağırlık verilmiş, çok partili döneme geçişte Demokrat Parti desteklenmiş, ancak 1954'ten sonra DP iktidarına karşı sert bir muhalefet yürütülmüştür. 1960-1971 yılları arasında genellikle asker ve sivil aydın kesimin ilerici görüşleri yansıtılmış, 12 Mart 1971'de yönetimin kısa süreli el değiştirmesi sırasında tutucu fikirlere yer vermiş, ancak 1973'ten itibaren eski çizgisine dönmüştür. 1990'larda Atatürkçü ve laik kimliği öne çıkmaktadır.

Hürriyet

1 Mayıs 1948'de İstanbul'da Sedat Simavi tarafından yayımlanmaya başlamıştır. Sansasyonel haberlere, canlı başlıklara, bol fotoğrafa, geniş magazin ve spor yazılarına yer vererek Türkiye'de gazetecilik açısından yeni bir akımın öncüsü olmuştur. Bunun yanısıra okuyucu çeşitliliği ve sayısı açısından da önemini her zaman korumuştur.

Kadınca

Aralık 1978'den itibaren aylık olarak yayımlanmış, özellikle Duygu Asena'nın yönetimindeyken Türkiye'de ikinci dalga kadın hareketinin mesajlarının geniş kitlelere iletilmesinde önemli bir rol üstlenmiştir.

Kadın Gazetesi

Mart 1947'den Aralık 1965'e dek haftalık olarak yayımlanmıştır. Siyasal yönü ağır basan ve kadın haklarına öncelikle yer veren yazılarıyla kadın basını açısından önemli bir yere sahiptir. 1965 yılından itibaren Kadın adıyla ayda bir yayımlanmaya başlamış içeriğinde moda ve magazin gibi konular ağırlık kazanmıştır.

Kadınların Sesi

İlerici Kadınlar Derneği'nin yayın organı olup, beş yıl boyunca ayda bir yayımlanmış ve Ağustos 1980'de 61. sayısı ile yayın yaşamı sona ermiştir.

Kadınlara Mahsus Gazete Pazartesi

Nisan 1995'ten itibaren yayımlanan bu aylık kadın dergisi "patronu ve yöneticisi olmayan, işleri ve sorumlulukları paylaşan (...) kadınlardan yana olan herşeyi destekleyip, zararına olan herşeyin karşısında olan (...) feminist politikayla uğraşan"("Merhaba", Kadınlara Mahsus Gazete Pazartesi, Nisan 1995, s.1) bir grup kadın öncülüğünde İstanbul'da yayın yaşamını sürdürmektedir.

Marie Claire

1980'lerin sonunda Türkiye'de yayımlanmaya başlayan bu aylık kadın dergisi Fransız kaynaklıdır. Derginin konularının büyük bir bölümünü Fransızca aslından çeviriler oluşturmaktadır. Daha çok üst gelir ve eğitim grubundan genç ve meslek sahibi kadınlara seslenir.

Mektup

Şubat 1985'te yayımlanmaya başlamıştır. Sahibi Recep Özkan, genel yayın müdürü Emine Şenlikoğlu'dur. Müslüman kadınlara seslenen derginin amacı şöyle tanıtılmaktadır: " el işi pasta işi, çiçek işi gibi ömrü sömürüp, ahirette hiç bir faydası olmayacak olan işleri terk edip, dinimizin sahibi olmamız gerek. (...) Haydi artık şöyle silkinerek davamızın sahibi olalım. Çünkü el işi, pasta işi derken gitti bizim din işi." (*Mektup*, Şubat 1985, s.1)

Milli Gazete

11 Ocak 1973'de Milli Selamet Partisi'nin yayın organı olarak kurumuştur. Gazete partinin programına koşut olarak, dinin toplum yaşamının düzenlenmesinde belirli bir rol üstlenmesi gerektiğini savunmuştur.

Milliyet

3 Mayıs 1950'de Ali Naci Karacan tarafından İstanbul'da yayımlanmaya başlayan bu günlük gazete 1980'de Aydın Doğan tarafından satın alınmıştır. En yüksek tirajlı gazetelerden biri olarak önemini tüm yayın yaşamı boyunca korumuştur.

Politika

1970'lerin ikinci yarısında sol görüşlü bir günlük gazete olarak yayımlanmış, birara DİSK tarafından satın alınmış, 12 Eylül 1980'den sonra yayın yaşamı sona ermiştir.

Yön

1961-1967 yılları arasında İstanbul ve Ankara'da yayımlanan haftalık siyasal dergi olup kurucuları Doğan Avcıoğlu, Cemal Reşit Eyüboğlu ve Mümtaz Soysal'dır. Yön hareketi olarak bilinen siyasal düşünce akımının yayın organı niteliğindeki bu dergi Kemalizm'in halkçılık ve devletçilik ilkelerine dayanmaktaydı.

Zaman

11 Haziran 1935'te Velid Ebuzziya tarafından çıkarılan gazetenin yayımı ılımlı da olsa muhalefeti nedeniyle ancak 19 Nisan 1936'ya dek sürmüştür.

Zaman

3 Kasım 1986'da yayımlanmaya başlamış, 6 Aralık 1987'de Fehmi Koru'nun kaleme aldığı başyazıda yayın anlayışında bir değişiklik olduğu duyurulmuş, halk ve Hak'tan yana kimliğinin altı çizilmiştir.

DİZİN

Türkiye'de Kadınların Siyasal Temsili (1935-1999)

Demirel, Süleyman 32, 63

Derviş, Suat 48

Devlet Hatun 41

Devrimci Kadınlar Derneği 58

Diblan, Makbule 86

Demokrat Parti (DP) 80, 81, 84, 86, 89, 91, 92, 97, 102, 110, 136, 138, 148, 163

Demokratik Sol Parti (DSP) 114, 123, 134, 139, 141, 142, 143, 146, 147

Demokrat Türkiye Partisi (DTP) 138, 148

Düşünsel, Sevinç 56

Doğru Yol Partisi (DYP) 63, 64, 114, 116, 117, 121, 126, 127, 129, 130, 133, 139, 141, 142, 143, 147

Ebeş (Abiş) Hatun 41

Ecevit, Rahşan 59, 140

Elgün, Nakiye 46, 51, 76, 91

Emeğin Partisi (EMEP) 148

Emine Semiye Hanım 44

Erdem, Gülsevil 118

Erkekler Birliği 51

Esen, Sevgi 143

Esma Sultan 41

Fatma Sultan Begüm 41

Fazilet Partisi (FP) 139, 145

Gandi, İndira 20

Gayrimenkuller Derneği 84

Gedik, Melahat 59

Gezgin, Mediha 96

Girik, Fatma 125, 126

Göksoy, Ayseli 144

Gülek, Tayyibe 141, 142

Gürsoy, Nilüfer 59

Halkın Demokrasi Partisi (HADEP) 127, 147

Halide Ziya, Begüm 30

Halk Evleri 94

Hasene Ilgaz 86, 111, 112

Ilıcak, Nazlı 144

Işık, Demet 118

Işık, Neyire 84

İleri, Güler 130

İlerici Kadınlar Derneği 58, 164

İlhan, Müfide 65

İslahat-ı Esasiye-i Osmaniye Fırkası 44

İşler, Gönül 118

İşmen, Fatma Hikmet 56, 57

İstanbul Barosu Kadın Hakları Komisyonu 137

İstanbul Kadın Kuruluşları Birliği 137

İstihlak-ı Milli Kadınlar Cemiyeti 44

İttihat ve Terakki Cemiyeti 44

İzlanda Kadın Partisi 37

KA-DER 66, 135, 138, 143, 145, 147, 155

Kadın Bakanlığı 120

Kadın Birliği 48, 49, 50, 51, 55

Kadın Eserleri Kütüphanesi Vakfı 62

Kadın Hakları Koruma Derneği 118

Kadın Sorunları Bakanlığı 116, 121

Kadınlar Halk Fırkası 37, 47

Kadınlara Mahsus Pazartesi 132, 157

Kadınlar Halk Fırkası 37

Kadınları Çalıştırma Cemiyet-i İslamiyesi 44